西南大學創新團隊項目『古文字與出土文獻研究』（SWU2009108）

出土文獻綜合研究集刊

西南大學出土文獻綜合研究中心
西南大學漢語言文獻研究所
主辦

劉釗題

第十五輯

巴蜀書社

中文社會科學引文索引（CSSCI）來源集刊

出土文獻綜合研究集刊

古文字和出土文獻研究的第一要義是求真、務實，亟望你們的刊物能辨出自己的特色，儘可能刊登有價值的文章。

裘錫圭

二〇二〇年一月十八日

目　録

Contents

重新認識許慎的文字發展觀與《説文》的價值*

李守奎

摘　要：《説文・叙》是第一篇漢字發展史論文，系統闡述了從文字起源到漢代文字與文字研究的發展過程。許慎具有明確的文字歷史發展觀和建構術語的認識。《説文》建立起一套自足的話語系統，古文、籀文、大篆、小篆、篆文等是義有專指的術語，有其確切的内涵，彼此明確區分，後人多有誤解。"古"與"篆"是文字發展過程中的核心要素。許慎清晰表述自前代之古文發展到西周末年，文字分爲籀文和古文兩系。籀文源自古文，其字體是大篆，籀文大篆經過選擇淘汰與規範成爲小篆，秦統一之後大篆、小篆並行，直到漢初還是史學童考試的内容。古文是文字的源頭，一直流傳，孔子寫經用古文，戰國發生分歧，秦始皇廢除，漢代開始復現，王莽時期受到重視，成爲六書之一。許慎陳述的文字歷史發展過程與出土文獻基本相合。古文既不是戰國時期的六國文字，也不是戰國之前的古文字，而是秦系文字之外的先秦古文字，不僅《説文》重文中附録，而且在"正字"中也大量存在。《説文解字》是應古文文獻研究需要而成的漢代古文字集大成之作。

關鍵詞：《説文解字》；《説文・叙》；古文；籀文；篆文

最早對漢字發展史進行全面闡述的是東漢時期的許慎，《説文・叙》是漢字學術史的源頭[①]。許慎的《叙》是一篇經典的文字學論文，沿用或創建了一套術語，概括了文字産生與演變的歷史過程，細化了文字構形的理論，闡明了創作《説文解字》的目的與體例，成爲傳統文字學的理論基礎，一千多年來被奉爲漢字研究的圭臬。20世紀初，王國維創二重證據法，對《説文》中的材料詳加審核，利用出土文獻對傳統理論加以修正。"秦用籀文六國用古文説""《説文》古文爲戰國文字説""正體中多古籀説"等重大發現影響深遠，有的觀點已被定爲"常識"。隨着出土文字的豐富，對各個時期的文字認識日漸清晰，文字學史不再過度依賴許慎所用的

*本文承蒙黄德寬先生審閲並指正，賈連翔博士、郭偉濤博士提出修改意見，王先虎助教協助處理文檔，特此致謝。

①《漢書・藝文志・小學》雖然有文字發展的簡述，但目的主要是對所收篇籍加以説明。

術語，而是直接以歷史分期爲經，以載體分類爲緯，陳述描寫日益精確而充分（唐蘭，2016:317-320；裘錫圭，2013:45；黄德寬、陳秉新，2006）。在此條件下回頭重新精讀《説文》，會理解得更加客觀，更加準確。

《説文解字》十五篇，理論與實踐相結合，猶如司馬遷爲中國歷史寫通史一樣，許慎也爲漢字作了當時的"通史"。《説文》主要有下列幾個内容：第一，勾勒出漢字發展的輪廓。從字體演變的角度，對漢字由古文、籀文、大篆、小篆、隸書和古文到孔壁古文的廢興兩條綫索叙述文字的發展過程，建立起字體演變史的框架。今天看來，除了個别地方爲了抬高古文經地位有意托古和淡化，絶大部分符合事實，許慎對文字發展史的認識長期以來被誤解或被低估。第二，明確學術研究的目的，反擊今文經學，鞏固加强古文經學的地位。第三，解字例，通神旨，開創了用六書理論闡釋古、籀與篆文的範式。第四，開啓了以歷史文獻文字爲主的研究文字的學術傳統。第五，初步建立起一套由術語構成的話語系統。

本文在審視許慎所依托的文字材料、漢代文字研究狀況與創作目的的基礎上，梳理許慎所使用的術語，重新理解許慎的文字發展觀與《説文》的體例。

一、許慎文字理論形成的時代背景

作爲學術史研究，我們首先需要回到文本本身，正確理解作者的本意。其次應將其放在當時的歷史背景下理解其意圖。最後才是立足當代學術標準歷史地看待其貢獻與不足。

許慎生卒年月不詳，東漢永元元年（89）已經完成《説文》的《叙》，安帝建光元年（121）許慎病，其子獻《説文解字》，其後不知所終。據此可確知其生活在東漢前期。這個時期所能見到的文字材料可以分爲三類：歷史文獻文字、通用文字、特殊場合應用文字。許慎研究的文字是歷史文獻文字和當時特殊場合還在應用的篆文。

（一）許慎時代的文字材料與應用

通過將文獻記載與金石考古材料相參照，我們可以比較清楚地了解許慎的材料依據。

1.西周、春秋文字

《叙》之"鼎彝銘文"即古文，《漢書・郊祀志》所載鼎銘，張敞斷言其爲周人所作，《禮記・祭統》所載孔悝鼎銘是春秋金文。許慎也説："郡國亦往往於山川得鼎彝，其銘即前代之古文。"從文獻記載看，漢代學者不僅能够見到，而且能够通讀和斷代。許慎當時見到多少這種“前代之古文”難以準確推究，但無論如何不能忽略不計、從其研究對象中排除。

2.《史籀》十五篇

這是漢代所能見到傳抄的先秦文字的字書。依許慎所説，是周宣王時期的太史籀所撰，字體是大篆。漢沿襲秦制，尉律規定“以八體試之”，大篆在考試範圍之内，既然考試，當有考試的範本。張家山漢簡《史律》記載對“史學童”考試的内容是“（試）以十五篇，能風（諷）書五千字以上，乃得爲史。有（又）以八體试之”。這十五篇，應當就是《史籀》十五篇，其字體就是八體中的大篆。東漢初亡六篇，許慎還能見到其殘餘。

3.搜集與“出土”的六國文獻

漢代出土和發現了爲數不少的古文經及其他古文文獻。

漢初，秦柱下御史張倉獻《春秋左氏傳》開其端，其後壁中書出，河間獻王等民間搜集收藏，秘府接受奉獻和搜集所得日漸豐富。這些珍稀古籍成爲秘書藏在秘府，只有少數人才得一見，孔安國、司馬遷、劉歆、賈逵、許慎等人都是以特殊身份得見秘書而有機會學習、研究古文。這些古文文獻從西漢初年到西漢末年，只是在很小的範圍内研習，在劉歆、王莽等的倡導下才得到官方的重視，在東漢成爲顯學。

漢代盗墓盛行，墓中出土古籍是情理之中事，但很少留下痕迹[①]，原因是多方面的。社會對“古文”不重視，盗墓者也没有“古文”的知識，墓中即使有竹簡也被當作廢物，這種情况一直持續到現代考古之前。

漢代的古文文獻是用戰國時期六國文字書寫的，這是王國維的一大發現[②]。

4.秦人小篆

漢代學者對秦文字的具體情况已經不甚了了，許慎説漢之尉律試學僮以“八體”，這八體顯然就是他所説的秦書八體。班固所説的同條律文是以“六體試之”，而這六體却是許慎所説的王莽六書，其中有古文和奇字。秦廢除了古文，不可能再考試“古文”，顯然許慎所説比班固更加合理。小篆從籀文大篆演變而來，秦人只在印章、刻石、詔版等特殊領域使用，官府文書、民間書信等一律是隸書。許慎寫書時距離秦滅亡已近300年，秦之小篆還有多少留存難以判斷。秦系字書《倉頡篇》作爲識字課本，大部分已經轉寫爲隸書，目前出土所見《倉頡》全部是隸書文本。

---

①《古文四聲韻・序》：“唐貞元中，李陽冰子、開封令服之有家傳古《孝經》及漢衛宏《官書》兩部合一卷，授之韓愈。愈識歸公，歸公好古，能解之，因遺歸公。又有自項羽妾墓中得古文《孝經》，亦云渭上耕者所獲。”參見曾棗莊主編（2015：117）。

②王國維在《戰國時秦用籀文六國用古文説》中云：“孔子壁中書與《春秋左氏傳》，凡東土之書，用古文不用大篆。”參見王國維（1959：305-307）。

即使有篆文的《倉頡》，代有增益，傳抄失真，到了許慎的時代，秦篆、古文、漢篆糾纏在一起，哪些是秦人小篆已經難以分辨，但秦刻石、詔版等尚完整清晰。可以肯定，許慎能够見到一定量的秦文字。總體上説，許慎對“秦書八體”的具體情况應當有比較清晰的了解。

5.東漢人使用的文字

東漢人使用的文字有篆、隸、草。通用文字是隸書及其俗體草書。篆書僅限於碑刻、印章、幡信等特殊場合，應用範圍雖然窄，也會發生變化，有字體的不同，數量的增減等。漢代人所創造的“篆文”經過許慎的選擇規範，也被收録在《説文解字》之内了。

漢代通行的隸書與草書，不是許慎的研究對象。識字應用，由《凡將》《急就》等完成教學。

總之，許慎時代的基本情况是：隸書是通用規範文字，其草寫就是以文書類漢簡爲代表的俗體字；秦人小篆在印章、幡信、碑刻等特殊領域沿襲使用並不斷變化；古文文獻不斷發現，不僅需要加强整理，而且逐漸引起重視。

（二）許慎時代的文字研究

漢代學者研究文字分爲五個方面。

第一是古文字釋讀。

孔安國能够以今文讀壁中書並加以隸定，司馬遷從其學。張敞好古文且能正確釋讀西周金文，劉歆能够用壁中古文校勘經書等。漢代部分學者能够釋讀古文字，小範圍傳承。劉歆弟子衆多，許慎就是其再傳弟子（唐蘭，2005:11）。古文字識讀方法古今没有太大的變化，字書比對、文獻比勘、字形分析三大方法漢代學者就已經掌握①。

第二是漢字分析理論。

許慎之前漢字理論已經有了相當的基礎。《藝文志》承襲劉歆《七略》而來，所説“象形、象意、象事、象聲、轉注、假借”的“造字之本”的六書很可能是本之劉歆。許慎以此理論爲基礎對古文與篆文進行了全面系統的分析與闡釋。

六書是從古文研究中歸納出來的“字例之條”。釋讀古文字的重要途徑有二，第一是通過字形分析釋字，第二是突破字形讀通文獻。六書之前四書是字形結構分析，假借與轉注是一字多義和多字同義的字形記録語言的字際關係。不明象形、形聲等則不明文字之結構，無法釋讀疑難字；不明假借、轉注則不能確知文字所記録的語言，通讀古文文獻。許慎之前，這套理論早已成型，班固、鄭衆都列出名目。

①字書有《史籀》與《倉頡》，古文經有相對應今文經，文字分析有六書理論。

可以説六書理論是古文家共同研究古文的結果。從班、鄭、許三家名目和順序不盡相同可以看出其雖然有同一來源，但各有所記，還没有完全定型。到了《説文》，給出義界，成爲傳統文字學的理論基礎。

許慎知道六書理論的價值在於分析古文字與釋讀古文文獻。

第三是文字規範與應用。

規範的釋字課本歷代都有，先秦《史籀篇》、秦之《倉頡篇》、漢之《凡將篇》《急就篇》《元尚篇》等，都是實用的識字課本。漢代這些識字用的字書取材於《倉頡篇》中的常用字，時有補充，編成韻文，便於誦讀記憶。這是傳統識字的主要方法，後來的《千字文》《三字經》作用皆相類似。

第四是古文字的整理與彙集。

許慎之前，可能已經有學者編纂古文字字書（參看徐剛，2008:13），從《倉頡篇》的收字變化可以推斷漢代學者很可能把古文字依附在《倉頡篇》之後並不斷增補。《藝文志》記載《倉頡篇》不斷增補改編，秦人李斯《倉頡》七章，趙高《爰歷篇》六章，胡毋敬作《博學》七章，漢閭里書師合併“三倉”，斷六十字爲一章，凡五十五章，合計三千三百字，其中還有重複字。也就是説秦人使用的小篆規範用字應在三千字上下，這符合實際，每個時代的常用字大都是這個數量。秦人“三倉”，“皆取史籀大篆，或頗省改，所謂小篆者也”。根據許慎所説，秦人的《倉頡篇》是小篆文本，是通過對籀文大篆加以選擇和改造而確定的規範實用文字。這個小篆文本最晚在漢初就有了隸書本。張家山漢簡《史律》對“卜學童”的考試内容是“能諷書史書三千字”。漢代的“史書”即隸書，段玉裁論之甚詳。這三千字應當就是隸書本《倉頡篇》中的三千多字。

根據《史律》可知，史學童要讀歷史文獻，所以要學習《史籀篇》，卜學童通用文字就够了，所以只學習三千“史書”就够了，漢代對不同職業的人文字考試的内容不同。源自《史籀篇》的《倉頡篇》有小篆和史書（隸書）兩種文本是合理的。隸書《倉頡篇》向應用的方向發展，篆書的《倉頡篇》成爲學者研究的對象並不斷增補。到了西漢末年，揚雄作《訓纂》順續《倉頡》，易《倉頡》中複字，凡八十九章，凡五千三百四十字。多出的兩千多字從哪裏來？如果《訓纂篇》是篆書字體，西漢人造出兩千多“漢篆”來是難以想象的。班固續補《訓纂》，已經達到六千一百二十字，較之秦人小篆已經翻了一番。“六藝群書所載略備矣”，所增補的大都應當是古代文獻用字。自書同文以來，以小篆爲代表的篆書字體從來就不是實用字體，從來没有發現用小篆字體書寫的“六藝群書”，這些多出來的文字如果是篆文，大部分應是古文“篆化”的結果。

漢代通行的《倉頡》及各種《訓纂》類字彙是篆書還是隸書？雖然考古發現

的都是隸書文本[①]，但我們不能就此否定漢代有篆書的《倉頡》系列字書存在，就像現今一樣，《新華字典》大量印行，《説文解字》也有一部分人研讀。漢代印章篆刻比現在應用得廣泛，相應的工具書就有存在的充分理由，不然我們無法解釋《説文》九千多篆文的來源。只是因爲書寫困難，應用没有隸書文本廣泛而没有流傳下來。

《倉頡篇》從常用字識字課本逐漸向文獻字彙大全演變，性質發生了變化，功能也發生了變化。

第五是對“古文”等文獻疑難字的研究。

《訓纂》之類體例的字書大量收録古文，就造成“《倉頡》多古字，俗師失其讀”的局面，就需要有人來研究，《藝文志》所載無名氏《倉頡傳》與杜林的《倉頡故》大概就是對篆文字書的注釋。

班固《藝文志》中列小學十家，四十五篇，是那個時代漢字研究的整體面貌，從中可以看出大部分是識字讀本。這些著作分爲四類，第一類是歷史文獻《史籀》十五篇，因爲不實用不被重視，東漢初年已經亡佚六篇。第二類是《倉頡》及各種增補的《訓纂》，是秦人小篆和各種古文字的彙集。第三類是各類實用文字的識字課本。第四類是對《倉頡篇》中疑難字的研究。

表1：班固《藝文志》中的小學類著作

籀文	**倉頡類**	**倉頡研究類**	**漢代課本類**
《史籀》	《倉頡》		
	《倉頡訓纂》	《倉頡傳》	《凡將》
	揚雄《倉頡訓纂》		《急就》
	杜林《倉頡訓纂》	杜林《倉頡故》	《元尚》

《藝文志》中《八體六技》不注篇數，與《别字》十三篇性質不明，韋昭認爲八體就是秦書八體，後人還有其他猜測，如果是書名，可能都是異體字的彙集[②]。

班固死時（永元四年，公元92年），許慎三十多歲，他曾經“校書東觀”，《藝文志》所載的書，應該見過。

（三）許慎時代的今古文鬥争

古文經書的出現，動摇了今文經學的根基。今文經學主要是政治學意識形態，漢代依托儒家經典闡釋建立起一套主流思想，爲了其權威性，尊崇五經爲聖人所作，

①如阜陽漢簡《蒼頡篇》、北大藏漢簡《蒼頡篇》等均是隸書書寫。

②“八體六技”不注篇名，賈連翔博士懷疑是對《史籀篇》的注釋。

一字一語都被視爲藴含微言大義。古文經從文字和文本上一旦對今文經有所否定，就會使得建構在其上的七寶樓閣轟然坍塌。今文經學家必然反對古文，漢代的今古文之爭就此展開。許慎作爲古文經學家，研究文字主要是爲經學服務，一方面尊重文字的事實，從整體上看，比較真實地反映了漢字發展的歷史；另一方面，他在某些環節有意淡化甚至有意托古，刻意建立起一套提高古文經學地位的文字學理論（參看裘錫圭，2013:61）。

許慎的時代，由於古文文獻釋讀催生的古文字研究已經具備成熟的理論方法，積累了一定的研究成果，古文經學受到重視，已經具備了與今文經學一争高低的條件。在這樣的歷史條件下，一部以古代文獻用字爲中心的學術巨著《説文解字》誕生了。

許慎希望通過自己的創作達到如下目的：

編纂古籀與篆文字樣大全，是古文字考釋成果的大成，也是釋讀古文文獻的工具。

用六書理論解析每一個古籀、篆文的結構，解謬誤，曉學者，破解世人及俗儒之謬説。

確立古文的正統地位，爲提高古文經地位創造理論依據。

二、《叙》——最早的文字發展史論

許慎的《叙》是最早的、也是傳統文字學中最重要的漢字發展史論文。許慎根據傳聞與所見到的材料，按照歷史發展的脉絡展開文字史的叙述。根據許慎所定下的節點，我們把它分爲六個階段。

前文字階段，八卦、結繩等符號傳達一定的信息，是助記憶的手段，作爲可視符號傳遞信息，與文字有相似性。漢代學者能够判定其不是文字，這很了不起。前文字的情況應當來自傳説。

（一）古文的起源至三王階段

古文是文字的源頭,自“倉頡之初作書……以迄五帝三王之世，改易殊體，封於泰山者七十有二代，靡有同焉”。自黄帝之史倉頡造字開始一直到夏商周三王時期使用的文字，都是古文。古文之所以稱爲古文，就是因爲其來源古老。

《史記》叙述歷史自黄帝始，《説文》講述文字從黄帝之史倉頡始，這個古史系統淵源有自，許慎承認這個説法，但没有見到可判定的實際材料[①]，幾千年的文

①許慎所見是否有商代的銅器銘文不得而知，即使有他也無法判定。

字發展歷史就以“改易殊體”“七十有二代，靡有同焉”一句話高度概括。

漢字的起源，直到今天還是一個只有推測、無法證實的論題。許慎在没有材料證據的情況下，沿襲舊説，不做過度闡述，近於“實事求是”了。

許慎認識到各代文字不同，這種文字歷史發展的觀念比“父子相承，何得改易”，把隸書當作倉頡所造字的今文學家高明得多，後人認爲許慎把壁中書當成了倉頡古文，實在是棄“改易殊體，七十二代靡有同焉”於不顧的曲解。

（二）西周文字，《周禮》之六書，古文之正

三王之後制禮作樂的聖人就是周公。古文學家把《周禮》定位爲周公所作，緊接着就把六書理論與《周禮》相比附，這樣就使得“六書”與古文獲得正統的地位。

許慎所見西周文字材料有限。上文已經説到，漢代學者能够見到西周的銘文，也可以讀懂。許慎所説的“前代之古文”包括一部分這一時期鼎彝上的文字。

（三）西周末年至春秋，古文與籀文並存階段

從這個時期開始，文字發展分兩條道路展開。首先是籀文的産生與發展。

班固《藝文志》記載：“《史籀》十五篇。周宣王太史作大篆十五篇。”《叙》説“及宣王太史籀，著大篆十五篇，與古文或異”，進一步表達了其對籀文與古文關係的理解。

關於籀文，從許慎的表述中可以概括出如下幾點：

其一，籀文與古文的關係。古文是源頭，籀文晚出，是古文之變，與古文有所不同。自倉頡古文開始，七十二代字體改易，各不相同，“及宣王太史籀，著大篆十五篇”，一“及”表明與前代古文之間的聯繫，“與古文或異”則表明其與古文的不同。

其二，籀文的時代與出處。宣王太史籀所著書班固稱之爲《史籀》，東漢初年，十五篇已經亡佚六篇，許慎所見只能是殘存九篇，書中文字收録在《説文解字》中就是籀文，例如卷一之“旁”：

溥也。从二，闕；方聲。古文㫄。亦古文㫄。籀文。

其三，籀文與大篆的關係。“太史籀著大篆十五篇”表明了史籀、籀文與大篆是作者、書名、所收字字體之間的關係，就像後代段玉裁、段注、段注篆文一樣，在不同的語境會有不同的稱謂，所指可以相同。籀文的字體是“大篆”，並不是所

有的大篆都是籀文。籀文是特指《史籀》這部書中的大篆，大篆這種字體一直延續使用，“書同文”之後還是學習考試的内容。

王國維在全面系統疏證了每一個《説文》籀文之後，得出籀文是戰國時期秦文字的結論，引發後續争論。許慎認爲籀文是西周末年的周文字，是秦文字的源頭。從文字發展史的角度看，這兩種説法實質上相去並不很遠，後面還有詳論。

文字發展的第二條道路就是古文的沿襲。

文字的發展並不是演變成籀文之後，古文就消失了，而是發生了地域分化。古文在有的地方變化爲籀文大篆，有的地方還在沿襲使用。“至孔子書六經，左丘明述《春秋》，皆以古文，厥意可得而説。”孔子、左丘明等距離周宣王時代已遠，書寫經傳還堅持用“古文”，不用籀文。許慎似乎給古文以正體的地位，自倉頡、周公、孔子、左丘明一路下來，儼然是正統。古文學家設定孔子、左丘明等用古文寫經傳，這些文本就具有了更高的地位。許慎也是古文學家，自然接受並維護這樣的説法。

（四）戰國，文字異形階段

孔子之後就進入戰國時期，“其後諸侯力政，不統於王，惡禮樂之害己而皆去其典籍。分爲七國，田疇異畝，車塗異軌，律令異法，衣冠異制，言語異聲，文字異形”。戰國時期，古文發生了巨大變化，列國文字各有不同。所謂的“文字異形”，主要是指古文發生了嚴重的地域變異。文字如何異形，許慎没有明確交代，致使後世多誤解。

許慎實際上已經把“七國”文字分爲兩系，一是秦文字，由史籀大篆到小篆自成一系，一直沿襲到漢代，發展脉絡清晰；二是後來被秦廢除的六國文字。

許慎並没有割裂六國文字與古文之間的聯繫。這些文字雖然異形，但必有其源頭。戰國之前，文字的源頭有兩個，一是籀文大篆，二是沿襲的古文。秦文字的源頭是史籀大篆，六國文字不同於秦文字，其源頭自然是古文。許慎明確説古文在秦始皇統一文字和隸書興起之後才滅絶，那戰國期間六國使用的文字必然是發生變化了的古文。

許慎確實淡化了六國文字，他爲什麽這樣做，詳見下文第四節。

（五）書同文至廢挾書令前，古文廢絶，秦書八體獨行階段

秦始皇二十六年（前221）“書同文字”，至漢惠帝三年（前129）挾書令廢除期間，古文廢絶，秦文字獨行天下。

《叙》：“秦始皇初兼天下，丞相李斯乃奏同之，罷其不與秦文合者。斯作《倉頡篇》，中車府令趙高作《爰歷篇》，太史令胡毋敬作《博學篇》，皆取史籀大篆，

或頗省改，所謂小篆者也。是時秦燒滅經書，滌除舊典，大發隸卒，興戍役，官獄職務繁，初有隸書，以趣約易，古文由此絶矣。自爾秦書有八體：一曰大篆，二曰小篆，三曰刻符，四曰蟲書，五曰摹印，六曰署書，七曰殳書，八曰隸書。”

許慎對秦文字的淵源演變，表述得非常清楚。古文演變爲籀文，籀文與大篆是同一種字體，從來源説，籀文是太史籀所編的字書中的文字，大篆是包括籀文在内秦人在秦始皇統一天下之前所使用的文字。李斯等人對籀文與大篆加以取捨規範後就是小篆。這個秦文字發展過程顯然比把籀文限定在春秋或戰國某一個時期更完整也更接近事實。

“秦書八體”可以概括爲三類：大篆、小篆和隸書。大篆是秦曾經使用過的文字，是歷史留存的秦文字。小篆是在大篆基礎上的調整規範，大篆與小篆的關係很像當今的繁體字與簡化字。當時實行的是文字“多軌制”，三種字體並行，各有其應用場合。學習大篆，或是爲了讀秦人的“古文獻”，或在廟堂文化特殊場合使用。刻符、蟲書、摹印、署書、殳書等是不同場合、不同載體上的秦文字變體。

這一時期法律嚴苛，秦文字獨行，小篆與隸書成爲規範用字，古文廢絶。

（六）挾書令後古文復現，文字應用與文字研究分離階段

漢初沿襲秦文字，秦書八體是漢初取用史官的考試内容之一。自漢惠帝廢挾書令之後，古文文獻不斷出現。北平侯張倉首獻古文《春秋左氏傳》，河間獻王也搜集了大量的古文文本，武帝時期，壁中書大發現，其後古文文獻間或出現。

西漢末年，古文受到學者的重視，到了王莽時期，部分古文經過整理，成爲官學，古文也成爲字體“六書”之一。《叙》曰：

> 及亡新居攝，使大司空甄豐等校文書之部，自以爲應制作，頗改定古文。時有六書：一曰古文，孔子壁中書也；二曰奇字，即古文而異者也；三曰篆書，即小篆，秦始皇帝使下杜人程邈所作也；四曰佐書，即秦隸書；五曰繆篆，所以摹印也；六曰鳥蟲書，所以書幡信也。

將秦書八體與王莽六書比較，就會清晰看到二者之間的差異：

表2：秦書八體與王莽六書

		大篆	小篆	刻符	蟲書	摹印	署書	殳書	隸書
古文	奇字		篆書		鳥蟲書	繆篆			佐書

六書與八體之間有兩個最大的區别，一是多出了古文、奇字，二是對秦人篆書系統加以合併。

許慎對古文、奇字的時代與範圍進行了比較明確的交代：

奇字即古文而異者。

壁中書者，魯恭王壞孔子宅而得《禮記》《尚書》《春秋》《論語》《孝經》。又北平侯張倉獻《春秋左氏傳》。郡國亦往往於山川得鼎彝，其銘即前代之古文，皆自相似，雖叵復見遠流，其詳可得略説也。

這與王莽六書之古文專指壁中書顯然不同。古文是先秦秦文字以外的鼎彝銘文、壁中書、民間藏書等古文文獻中的文字統稱。也就是秦系之外的所有先秦古文字。

篆書很可能是先秦以來秦文字篆體文字的總稱。大篆、小篆、刻符、殳書、繆篆之外的摹印以及漢人造的一些篆體字字體差異很小，一律合併爲“篆書”。《叙》所説的“篆書即小篆”應當是字體對應關係，而不是八體中的小篆專稱。

許慎把研究對象鎖定在以古文與篆文爲主的文獻用字上。

三、以“古”與“篆”爲核心概念的話語系統

傳統學術往往不重視術語的使用與規範，語文用語與術語界限没有嚴格的區分，致使不在同一個話語系統中使用同一個詞語，各説各話，争論不休。《叙》是第一篇系統的文字學論文，用今天的標準看，初步具備了術語化的概念系統。其中“古文”與“篆文”是兩個核心概念，也是相對立的概念，表達了許慎對文字發展的宏觀認識。

王國維（1959:305-307）、胡小石（1995：394-526）、商承祚（1983）、徐剛（2008:1-26）、張富海（2007）、張學城（2018）等學者對“古文”都作過系統的梳理，各有所得，觀點不盡相同。許慎的觀點是成系統的，我們回到文本本身，《叙》中十次論及“古文”，按照許慎所理解的時代順序，列次如下：

（1）前代之古文，皆自相似，雖叵復見遠流，其詳可得略説也。

（2）大篆十五篇，與古文或異。

（3）至孔子書六經，左丘明述《春秋傳》，皆以古文，厥意可得而説。

（4）初有隸書，以趣約易，而古文由此絶矣。

（5）自以爲應制作，頗改定古文。

（6）一曰古文，孔子壁中書也。

（7）二曰奇字，即古文而異者也。

（8）其稱《易》孟氏、《書》孔氏、《詩》毛氏、禮《周官》、《春秋》

左氏、《論語》、《孝經》皆古文也。

（9）諸生競逐説字解經誼……皆不合孔氏古文，謬於史籀……豈不悖哉。

（10）今敘篆文，合以古、籀。

“古文”漢人經常使用，但具體所指不一，涉及文字、文本、學派等多個方面。從文字的角度説又有“古文”“古字”“古文字”等不同的稱謂，從指稱古代文字這個意義上來説，大致相同，但又有範圍大小的區别。

漢代以後，古文又有所擴展。漢代學者就開始編輯古文字書，例如衛宏的《古文官書》，如此，古文的形態就有文本原樣、字書傳抄和隸定成史書（隸書）三種形態。文本逐漸消失，隸定收入字書，傳抄古文成爲獨立的學問。好古之士用古文創作，字不够用，又模仿古文的筆法造新字，這些字也被視作“古文”。

《漢書・郊祀志》載“張敞好古文字”，能够讀西周鼎銘，雖然謙虚“臣愚不足以迹古文”，這裏所説的“古文”與“古文字”是包括西周文字在内的先秦古文字（徐剛，2008:1–2）。《藝文志》説：“古文《尚書》及《禮記》《論語》《孝經》，凡數十篇，皆古字也。”班固的意思是用“古字”書寫的文本就是古文經籍。王國維有《史記所謂古文説》《漢書所謂古文説》《説文所謂古文説》等詳加梳理，得出“（《説文》）全書中正字及重文中之古文當無出壁中書及《春秋左氏傳》以外者”的結論，當今學者認爲“漢代人所見到的以孔壁中書爲代表的‘古文’，其實是戰國時代東方國家的文字，今天幾乎已經成爲常識了”（徐剛，2008:1）。用漢代人不同的理解或者用我們今天的常識去讀《説文》，都不能正確理解許慎，我們需要把許慎的“古文”“篆文”等作爲許慎話語系統的“術語”去理解。

《敘》中“古文”都是指古文文本中的文字。許慎認爲，古文是倉頡造字，世代沿襲，到西周末年分化籀文大篆一系，在山東六國一直沿用到秦始皇書同文之前，來源古老，不斷變化。他對古文加以歷史分期。三王之前的古文“叵復見遠流”，無法詳知；西周以“六書”教學，厥意可得而説，鼎彝銘文即“前代之古文”；孔子壁中書承襲古文正統，即孔氏古文；戰國時期文字異形，古文變異；秦書同文，古文滅絶；漢代古文復出，古文經學興起。關於《説文》的“古文”，有幾點需要澄清。

第一，《説文》中許慎所説的古文，不限於壁中書和《春秋左氏傳》。

王國維爲了强調壁中書等是戰國文字，認爲《説文》古文就是壁中書與《春秋左氏傳》，既有悖於許慎的原意，也不符合事實。按照許慎的理解，古文是文字的源頭，代有傳承和變化，鐘鼎銘文是孔壁古文“前代之古文”，“皆自相似”，主要是指這些古文彼此相似，或許也暗示與孔氏古文相似。這些前代之古文，《説文》收入書中，以第一卷爲例，可判定的古文22個，其中幾個字顯然是戰國以前的文字：

表3：《說文》古文中的“上”“下”“王”

《說文》古文	春秋以前	戰國
上：段改“二”	 上曾太子鼎 集成2750	 中山王方壺 集成9735
下：段改“二”	 曾字斿鼎 集成2757	 司馬成公權 集成10385
王：	 柞伯簋《文物》1998（9）  者沪鐘 集成122	 中山王鼎 集成2840

可以確定《說文》上、下、王古文是戰國之前的文字。另外，帝、示、折等字的古文也多見於商周的甲骨文、金文，六國文字不見或罕見。這一點很多學者都已指出。

第二，《說文》古文不同於王莽六書之古文。

王莽六書古文特指壁中書，另有“奇字，即古文而異者”。漢代的古文文獻，不僅有壁中書，還有大量其他來源。壁中書古文之外的其他文獻用字與壁中書或有不同，或許這些就是奇字的來源，二者差别不會太大，相同者居多。《說文》只收録了兩個“奇字”，其他相同相近的文字都併入古文與篆文了。

第三，許慎確知六國文字是古文。

段玉裁注《說文》云“凡言古文者，謂倉頡所做古文也”（段玉裁，2013：1）自是曲解，徐剛所說“許慎認爲古文是自倉頡的時代一直到戰國之前使用的文字”（徐剛，2008:3），與許慎所說也不盡相符。古文滅於秦，原因有三。第一，七國文字異形，秦始皇書同文，“罷其不與秦文合者”，這個“其”指代的是秦文之外的文字，因罷而廢，不與秦文相合的古文絶矣。六國文字與秦文字相同的合併，不同的廢除。第二，秦人燒滅經書，滌除舊典，部分古文文獻或藏於秘府，或藏於民間。用古文書寫的經籍文獻大都消失不見。第三，隸書出現，即使有個别流傳下來的醫卜種植等實用古籍也被隸書轉寫。這些許慎都交代得很清楚。孔氏之後到秦廢古文之前的戰國時期，使用的是古文，許慎没有明說，但不等於不知。

第四，《說文》的古文不是“廣義的古文”。

王國維（1959:314）認爲："《説文解字》叙言古文者凡十見，皆指漢時所存先秦文字言之。"學者多沿襲其説，徐剛（2008:1）稱之爲"廣義的古文"，"廣義的古文，也就是古文的本義，泛指秦統一前的文字"。漢代其他一些學者或許如此認識，在許慎話語系統中作爲術語，與篆文對立，是除去籀文、大篆等秦系文字之外的先秦文字。

在許慎的古文理論中，把孔壁古文與孔子聯繫起來，稱作孔氏古文以及淡化六國文字，是别有用心，下文第四節詳論。

篆文也是一個核心概念，與古文相對立。"篆"特指秦系文字，相關的概念有籀文、大篆、小篆、篆書、篆文：

> 及宣王太史籀，著大篆十五篇，與古文或異。
>
> 皆取史籀大篆，或頗省改，所謂小篆者也。
>
> 秦書八體：一曰大篆，二曰小篆，三曰刻符，四曰蟲書，五曰摹印，六曰署書，七曰殳書，八曰隸書。
>
> 莽新六書：三曰篆書，即小篆，秦始皇帝使下杜人程邈所作也。
>
> 今叙篆文，合以古、籀。

《叙》中秦文字已經是獨立一系。秦文字的直接源頭，是以籀文爲代表的西周文字。秦文字自成系列，由籀文大篆而小篆隸書，與六國文字的由古文而分裂而滅絶完全不同。關於"篆文"相關概念，也有幾點需要澄清。

第一，小篆是籀文大篆的選擇淘汰與規範。

關於籀文，如前文所論。這種大篆字體一直沿襲使用到小篆出現之前，也就是説春秋戰國時期，秦人使用以籀文爲代表的大篆，説戰國秦人使用籀文或大篆，皆無不可。如果《史籀》是秦人沿襲使用的識字課本，就會像《倉頡篇》一樣歷代增補，成爲一部秦人的識字用書，從這個角度説秦人用籀文也無不可（王國維，1959:305–307）。籀文大篆經過不斷增補，數量可能就是張家山漢簡《史律》所説的十五篇、五千字。

"小篆"是秦文字概念，班固又稱"秦篆"，特指《倉頡篇》《爰歷篇》《博學篇》"三倉"。《藝文志》："文字多取《史籀篇》，而篆體頗復異，所謂秦篆者也。""多取"即不皆取，大部分取自《史籀》，一部分是續補。漢閭里塾師合併三倉，合計三千三百字，其中還有重複字，也就是説秦人實際使用的小篆也就三千字上下，淘汰掉《史籀篇》中近兩千字。秦人"三倉"，應該是當時的實用文字。

第二，小篆、篆書、篆文是不同時代的篆體文字。

許慎明確説"小篆"是秦文字。"篆書"是王莽時期使用的概念。篆書字體沿襲小篆，但字數已經遠超秦人小篆了。據《藝文志》所載，揚雄《訓纂篇》順續

《倉頡》，易《倉頡》中複字，凡八十九章，凡五千三百四十字，較之秦人三倉多出了兩千多字。揚雄與王莽同時，所謂“篆書”或許就是指《訓纂》爲代表的這些文字。

“篆文”是許慎所使用的概念，是許慎見到的文獻字書中和時人使用的篆體字的總稱。《說文》中重文只說“篆文”某，與《叙》中“小篆”等嚴格區分。《說文》中“篆文”有三個來源，主要是前代字書與篆文文獻，經漢人把一些隸書、草書加以篆化形成的漢篆和經過許慎規範化獨創的篆文。

從先秦大篆、秦人小篆直到包括漢篆在内的篆文雖然從字體上說並無太大的變化，但來源、數量、個體結構等有很大的不同。

許慎建立起歷時的概念系統：

倉頡—三王　西周　西周末　　春秋　　七國　　　秦　　漢　　新　　《說文》
　前代之古文——　　　　　　孔氏古文—六國異形　廢絶—古文　古文奇字　古文奇字
　　　　　　———籀文（大篆）——大篆———小篆—　　　篆書———篆文
　　　　　　　　　　　　　　　　　　　　　　　　隸書————————————

許慎的概念與歷史叙述是清晰的。只要我們正確理解《說文•叙》，就能够得出西周末年之後，西土秦文字與東土諸國文字分别發展，秦文字發展成爲篆文，六國沿用古文的結論。

周宣王時期已經是西周晚期，幽王滅國，進入東周，王室衰落，走向分裂，文字也開始發生一定程度的分化。西土秦人繼承了周人的文字傳統，規整方正，自成一格。驗之以秦人文字，從西周末年的不其簋銘，到春秋時期秦公鐘鎛，到戰國時期的商鞅量，到秦始皇時期的詔版，一脉相承，許慎將其分爲籀文大篆和小篆兩個階段，與歷史事實相符。

進入東周，山東諸國文字各自發展。郭沫若編纂《兩周金文辭大系》，東周按國别編排反映出這種歷史事實。到了戰國，秦文字之外的六國變化尤爲劇烈。許慎没有强調戰國時期秦用籀文、六國用古文，但這種認識在其理論框架之内。

王國維在戰國文字研究方面貢獻很多，其最大的貢獻是指明孔壁古文與《春秋左氏傳》是戰國文字。王國維根據有限的戰國材料就能够推斷出是戰國文字，去古未遠的許慎見到的材料不會比王國維少，怎麽會把它定爲“孔氏古文”，並且在書中頻頻引用僞“孔子曰”呢？

四、從觀念出發的别有用心的托古

古文學家把古文經判定爲孔子所書，不一定是學識問題，而是意識形態作祟。

漢代的統治者依賴儒家經典闡釋建立起一套思想體系。周公制禮作樂，孔子修訂六經，周孔就成了正統的代表。

古文學家努力營造三個正統：

第一，文字理論“六書”依托《周禮》之“六書”。《周禮》是周公之禮，“六書”是《周禮》之六書，自然就有了不可撼動的地位。

第二，古文是文字的正統。古文是文字的源頭，籀文“與古文或異”，成爲秦人使用的大篆小篆，是古文的支流。孔子言《詩》《書》用“雅言”，書六經用“古文”，孔子所言所書，理所當然是正統。孔子因爲用古文，所以“厥意可得而說”。所謂“厥意”，大概暗示用周公所定六書分析文字，可得聖人之意。

第三，古文經是經書的正統。孔壁古文經是從孔子舊宅所得，《春秋左氏傳》是孔子弟子左丘明所作。是聖人手筆或親炙聖人者所作，自然就比輾轉傳抄的今文經更加正統，更有價值。

《說文》中兩淡化：

第一，淡化六國文字。六國文字已經是分裂變化的古文，難成正統，如果把孔壁古文說成是戰國文字，會降低這些經書的權威性。

第二，淡化古文經之外的其他古文文獻。王國維等人已經從文獻記載中梳理過漢代的其他古文文獻，以今天出土簡帛來看，經只是其中的一小部分，還有大量的其他文獻。古文家包括許慎都儘量避開不提，原因是不好把這些文獻與孔氏聯繫，會動摇“孔氏古文”的地位。

根據學者的研究，《說文》之六書是古文經學家建立的文字學系統（唐蘭，2005:11），與《周禮》之六書無涉。孔壁古文與春秋時代的文字無涉，是戰國文字（王國維，1959:305–307）。左丘明與孔子弟子無涉（王國維，1959:314–317）。這些謬誤是出於政治需要還是由於見識所致難以論定，但抬高古文經學的地位也是許慎的願望，師承前說，也就在情理之中。

古文經學作爲一個學派，逐漸遠離意識形態，在文字釋讀與文本整理、工具書編纂等方面顯示出自身的特色。

《說文》一書，不論是文字學理論還是具體的文字闡釋，都糾纏於經學觀念與文字材料的矛盾中。從材料出發就能得出正確的結論。從其觀念出發，就會出現有悖事實的選擇判斷與“創新”。

五、今叙篆文，合以古、籀

王國維對“今叙篆文，合以古、籀”有非常精闢的見解。在段玉裁篆文與古籀多相合的基礎上，特別指出“有古、籀而無篆文，古、籀爲正字”例：

> 若夫古、籀所有而篆文所無，則既不能附之於篆文後，又不能置而不録，且《説文》又無於每字下各注此古文、此籀文、此篆文之例，則此種文字必爲本書中之正字審矣。（王國維，1959:319）

王國維所見古文非常有限，但讀書之細，見解之精令人驚嘆。近百年的發展，所見日多，研究日深，商文字、周文字、戰國文字，秦文字、漢文字都成爲專門之學，可證王氏此論之精確，逐漸得到學者的認同（參看趙平安，1999）。目前已經逐漸具備對《説文》字頭剥離的條件，我曾經舉例性地指出過一些，還可以全面加以梳理。

《説文》“正字”很複雜，用許慎的術語表達包括：

1.秦人小篆。

2.小篆之後發生變化或新造的篆文，例如非（裘錫圭，1993:34–50）、也（李守奎，2021）、卯[①]。

3.可辨識的古文或籀文，變例。例如上、下（段玉裁，2013:1–2）。

4.與篆文相同的古文、籀文，例如一、二、三。

5.没有篆文對應的古文或籀文，例如屰、丙、谷等（李守奎，2016）。

參照當今沿用《説文》體例編排的古文字字編，就可以充分理解字頭的複雜情況。

前文已經叙及許慎之前，秦人《三倉》經過多次增補，所增補的文字多古籀。古文、籀文與篆體文字合併由來已久。

王國維指出：“揚雄《訓纂》亦只五千三百四十字，而《説文》正字多至九千三百五十三，此四千餘字，許君何自得之乎，曰必有出於古文籀文者矣。”叙篆文，合古、籀不始於許慎，西漢時期的揚雄《訓纂》就開始了。

《史籀篇》中的文字經歷了增補、删節和收入他書的過程。作爲一部識字課本，秦人不斷增補，是先秦秦人學習大篆的依據。李斯等對籀文大篆加以選擇淘汰，選出三千多字或頗省改，編成秦人《三倉》，成爲當時實用識字課本。從《訓纂》開始或許更早逐漸脱離實用，《倉頡》的性質發生了變化，《史籀篇》中的那些被淘汰的文獻用字很可能又逐漸被收録到《倉頡》類字書中，進一步降低了《史籀篇》的價值，所以東漢初年就開始亡佚。許慎九千多字，應該是包括了他所能見到的所有籀文而不限於重文中的籀文。

《藝文志》記載揚雄作《訓纂》：“至元始中，徵天下通小學者以百數，各令

①關於此字的討論可參看李守奎待刊文章《古文字視野下的〈説文解字〉》。

記字於庭中。揚雄取其有用者以作《訓纂篇》。”這些小學家所記之字從哪裏來？《訓纂篇》收字的標準是“有用”，所谓“有用”，很可能是超出日常應用，對研究古文經籍有用。

《倉頡訓纂》和班固增補的《揚雄倉頡訓纂》之外，還有杜林也有《倉頡訓纂》，應當也是續補文字之書。這些續補之書對古文籀文的收録範圍逐漸擴大，《説文》九千三百五十三字是其集大成。

如果揚雄、班固等把古文籀文附在倉頡之後，實際上已經形成“今叙篆文，合以古、籀”的事實，許慎只是把已有的成果依例收録，有所續補罷了。

《説文》所説“篆文”的範圍，不僅比秦人“小篆”多，也比西漢末年的“篆書”數量多。

每個時代實際應用的文字數量基本上相同，三千常用字大致够日常應用，五千字可以讀大部分文獻，九千字就是爲了研究而搜集的大全了。把古文字收入字書使字量暴增，歷史上有兩次，一次是《説文》收入古文籀文，另外一次就是《集韻》收入大量的隸古，都是爲了存古求全。

結語

王國維在一百年前，根據有限的地下之材料，詳細梳理文獻記載，縝密推斷，發千古之覆，開創了戰國文字與《説文》研究的新局面。現今我們所見材料極大豐富，對漢字發展認識日益清晰，回首經典，對傳統文字學第一篇，也是最重要的一篇文字學論文精心研讀，會對漢代的文字學有更加全面的認識。

《説文 • 叙》是第一篇漢字發展史論文，系統闡述了從文字起源到漢代文字的發展。許慎具有明確的文字歷史發展觀。

《説文》建立起一套自足的話語系統，概念術語化，有其確切的内涵，彼此明確區分。

“古”與“篆”是文字發展過程中的核心要素。許慎已經能够區分西周末年以來，文字發展分爲秦與六國兩系。主幹是古文，支流是籀文大篆，古文到了戰國发生分歧，找不到主幹了。

許慎所説的古文，既不是壁中書爲代表的戰國文字，也不是先秦文字的統稱，而是先秦秦文字之外的古文字。《説文》十四卷中的古文須如是觀。

許慎所説的篆文，不限於秦人小篆，而是包括未納入小篆的籀文、已經被篆化的古文、漢代創造的篆體字和許慎自己加以規範的篆體字的總稱。所以有必要區分 “秦人小篆”與 “《説文》篆文”兩個概念。

"今叙篆文，合以古、籀"，並不是以小篆爲正字，以古、籀爲依附。最初是在秦人小篆後面續補籀文、古文等，可以理解爲小篆與古、籀合併。《説文》合以古、籀的主體就是這些文字，在字頭中有大量的古、籀。

許慎在觀念上並没有以小篆爲正體。許慎觀念中以古文爲正，以籀文爲異，這既是漢代學者對秦文化的否定，也是爲了提高古文經地位的需求。但事實上漢文字是秦文字的繼承，又不得不以小篆爲樞紐聯繫古今。

"厥意可得而説"的主要是古文，以六書闡釋文字，主要对象是古文。壁中書是六國文字，與"前代之古文"之間的差異比秦文字與前代之古文差異要大得多。許慎的主觀觀念與事實相矛盾，在文字選擇時儘量選擇那些與秦文字相合的古文，變化劇烈的"異形"很可能有意淘汰，或附着於後不加説解了。

許慎等把六書與《周禮》相牽聯，把壁中書定爲"孔氏古文"，把六國文字和其他古文文獻淡化都是同一個目的：提高古文經學的地位。許慎不僅是在所見材料與已有研究成果上建立起文字發展理論，也受到意識形態與現實鬥争需求的制約。

《説文解字》是一部篆文與古籀的總匯，類似今天的"古文字字編"，意在存古解古，所以當時通行的隸書、草書不收。許慎雖然有文字的歷史發展觀，但《説文解字》一書中並没有充分體現，這就導致後人産生以古文爲倉頡造字，以九千多字爲秦人小篆等許多錯誤認識。在厘清《説文》體例的基礎上，以今天所見的材料，對《説文》可以進行更充分的研究。

第一，《説文》中"前代之古文"研究。

這一部分數量較少，主要是受制於許慎所見不多，可用材料太少。

第二，《説文》大篆與小篆研究。

這實際上就是秦文字研究，可以分爲兩段：西周末年至書同文之前，大篆時期；秦統一之後至秦滅亡。前後比較，可以看清大篆與小篆之間的區别，也就是秦始皇文字規範成果的體現。目前已有豐碩的成果，尚可進一步深入細化。

第三，《説文》中的六國文字研究。

《説文》中六國文字有三個來源：其一，漢字中有一部分常用字，從古到今没有太大的變化，古、籀、篆一致。其二，字頭中有些字文獻不見使用，見於六國文字中，參以其他證據，可以確定是戰國文字。其三，重文中的古文等戰國文字。全部梳理，或可見漢代學者所見六國古文的概貌。

第四，《説文》中漢代篆文與《説文》改篆研究。

篆文漢代還在應用，不少字形來自隸書篆化或草書篆化，《説文》歷經傳抄，不少字形前不合古、籀，後不合漢代的篆、隸，也可以作專題探討。

上述問題大都已有學者指出並進行了不同程度的研究，如何細化深入，值得進一步思考。

參考文獻：

[漢]班固撰　[唐]顔師古注　1962　《漢書》，中華書局。

[漢]許慎撰　[宋]徐鉉校訂　2013　《説文解字》，中華書局。

[清]段玉裁　2013　《説文解字注》，中華書局。

胡小石　1995　《胡小石論文集三編》，上海古籍出版社。

黄德寬　陳秉新　2006　《漢語文字學史（增訂本）》第2版，安徽教育出版社。

李守奎　2016　《漢代的文獻整理與文字研究》，《華夏文化論壇》第15輯。

李守奎　2021　《從觀念出發與從材料出發的漢字闡釋——以“也”及其所構成的文字爲例》，《吉林大學社會科學學報》06期。

裘錫圭　1993　《秦漢時代的字體》，《中國書法全集·秦漢刻石卷》，榮寶齋出版。

裘錫圭　2013　《文字學概要（修訂本）》，商務印書館。

商承祚　1983　《説文中之古文考》，原載1934-1940《金陵學報》。

唐　蘭　2005　《中國文字學》，上海古籍出版社。

唐　蘭　2016　《古文字的材料·甲·材料的類别》，《古文字學導論》，上海古籍出版社。

王國維　1959　《〈説文〉所謂古文説》，《觀堂集林》，中華書局。

王國維　1959　《説文今叙篆文合以古籀説》，《觀堂集林》，中華書局。

王國維　1959　《戰國時秦用籀文六國用古文説》，《觀堂集林》，中華書局。

徐　剛　2008　《古文源流考》，北京大學出版社。

曾棗莊(主編)　2015　《宋代序跋全編》，齊魯書社。

張富海　2007　《漢人所謂古文説》，綫裝書局。

張家山二四七號漢墓竹簡整理小組　2001　《張家山漢墓竹簡》，文物出版社。

張學城　2018　《〈説文〉古文研究》，上海古籍出版社。

趙平安　1999　《〈説文〉小篆研究》，廣西教育出版社。

[清]朱彬撰　饒欽農點校　1996　《禮記訓纂》，中華書局。

New Understanding of Xu Shen's Outlook on Development of Characters and the Value of *Shuowen Jiezi*

Li Shoukui

Abstract: The postface of *Shuowen Jiezi* 説文解字 is a treatise on the history of evolution of Chinese characters, systematically elaborating on the history from the origin of characters to the characters in the Han Dynasty and the process of development of studies on characters. *Shuowen Jiezi* established a set of self-consistent system of terminology, such as Guwen 古文, Zhouwen 籀文, Dazhuan 大篆, Xiaozhuan 小篆, and Zhuanwen 篆文, etc. They are particular with exact connotations, explicitly distinguishing from one another, but often misunderstood by the later generations. Gu 古 and Zhuan 篆 are the core elements in the evolution of characters. Xu Shen made it clear that characters divided into two groups (Zhouwen and Guwen), when Guwen evolved into the late Western Zhou Dynasty. Zhouwen derives from Guwen, and its script style is Dazhuan. Dazhuan of Zhouwen was normalized into Xiaozhuan by selection and elimination. After the unification of China in the Qin Dynasty, Dazhuan and Xiaozhuan were both general, remaining a subject in the examination of Shixuetong 史學童. Guwen is the origin of characters, with which Confucius wrote the classics. Guwen diverged in the Warring States period, was abolished by Qin Shi Huang, reappeared in the Han Dynasty, gained Wang Mang's attention, and became one of his Six Scripts. The history of evolution of characters stated by Xu Shen is basically consistent with the unearthed documents. Guwen is neither the script of the Six States in the Warring States period, nor ancient script before the Warring States period, but is a pre-Qin ancient script out of the Qin lineage. It was not only listed in the variant characters of *Shuowen Jiezi*, but also numerously existed among the orthodox characters. *Shuowen Jiezi* is a masterpiece of ancient characters in the Han Dynasty, which is made to meet the needs of paleography.

Keywords: *Shuwen Jiezi* 説文解字; Postface of *Shuowen Jiezi*; Guwen; Zhouwen 籀文; Zhuanwen 篆文

（李守奎　清華大學人文學院暨出土文獻研究與保護中心　北京　100871）

談《説文》“梏”字説解

李家浩

摘　要：桎、梏、拲是中國古老的三種刑具，人們對其中的“梏”，一直按照《説文》“梏”字説解“手械也”的字面加以理解，認爲是戴在手上的刑具。根據唐寫本《説文》木部殘卷“梏”字説解和甲骨文“梏”的初文“𡴆”字字形等，《説文》“梏”字説解“手械也”應該讀爲“首械也”，是戴在頭上的刑具，約兩千年來人們對“梏”的錯誤解釋應予糾正。

關鍵詞：《説文》；説解；梏

桎、梏、拲是中國古老的三種刑具，傳世文獻賈誼《新書》（閻振益、鍾夏，2000:287）和出土文獻上海博物館藏楚簡《容成氏》（馬承源，2002:134、136-137、283-285；孫飛燕，2014:113）記載商紂王曾作桎、梏：

紂作梏數千，睨諸侯之不諂（諂）己者，杖而梏之。文王桎梏於羑里，七年而後得免。及武王克殷，既定，令殷之民投撤桎梏而流之於河……

（《新書・君道》）

紂不述其先王之道……於是乎作爲九成之臺，寘盂炭其下，加圜木於其上，使民蹈之。能遂者遂，不能遂者墜而死。不從命者從而桎𡴆（梏）之，於是乎作爲金桎三千。

（《容成氏》42+44+45號）

據有關古文獻和甲骨文等，桎、梏、拲三種刑具實際上在商紂王之前就有了。由於秦漢及其之後，桎、梏、拲被鉗、釱等刑具所代替（參看下文），逐漸不爲人們所了解。清人沈家本《刑具考》（1985:1197）説：

桎梏之名，秦漢以下不詳。拲之名尚見南朝。北周復古，三名皆仍古名，隋以後則鮮見矣。

實際情況確實如此。不過在桎、梏、拲三種刑具的功能中，桎、拲兩種還是比較清楚的，唯有“梏”，約兩千年來一直被人們誤認爲是戴在手上的刑具。這一錯誤認識，源自對中國最早字書《説文》“梏”字説解。爲了説明這一點，我據唐寫本《説文》木部殘卷，把“梏”字説解抄寫在下面（李宗焜，2015:50、72），其後附上“桎”“拲”二字説解：

梏，手械〔也〕，所以告天。從木，告聲。

桎，足械也，所以質地。從木，至聲。

拲，兩手用械也。從手，從共，共亦聲。《周禮》：“上辠拲而桎。”

桊，拲或从木。

“桎”字説解也是根據唐寫本，原文位於“梏”字之前；“所以質地”句，大小徐本無，《周禮·秋官·掌囚》陸德明《釋文》引有，《太平御覽》卷六四四引亦有，但其下有“也”字。“拲”字説解據大小徐本。

“梏”字説解“手械”，大小徐本其下有“也”字，上録文字據之補。“所以告天”，大徐本無，小徐本有，其下有“也”字；《周禮·秋官·掌囚》陸德明《釋文》及《太平御覽》卷六四四引同唐寫本，《七修類稿》卷四十四“獄具”條“桎梏”注襲用《説文》“梏”字説解，亦同唐寫本；慧琳《一切經音義》卷十三“桎梏”注引作“手械也，所以告天也”，卷八十四“桎梏”注引與之同，唯“告”作“梏”。

在《説文》一書裏，常常會看到像“梏”字説解一樣用“所以……”句式訓釋的。就拿木部的字爲例，除了上録“梏”“桎”二字説解外，唐寫本和二徐本都有的還有下録四例：

櫎，所以几器也。從木，廣聲……

榜，所以輔弓弩也。從木，旁聲。

榷，水上横木，所以渡也。從水，隺聲。

棺，關也，所以掩屍。從木，官聲。

以上文字據唐寫本。第一、二字説解，二徐本句末無“也”字；第三字説解，二徐本“渡”下有“者”字，“水隺”二字是“木隺”之誤；第四字説解，二徐本“屍”作“尸”。這四個字的説解形式，第一、二兩字直接用“所以……”句式訓釋，第三、四兩字跟“梏”字説解形式完全相同。於此可見，唐寫本《説文》木部殘卷“梏”字説解保存了原來面貌，舊認爲“所以告天”是後人增竄，非是。

既然説“梏”字説解應該有“所以告天”一句，這裏就存在一個問題，“所以告天”與“手械也”的意思是有矛盾的。要想知道這一點，先得對“所以告天”略作説明。

“所以告天”是用聲訓的辦法對“梏”所作的進一步説明。《説文》口部：

“告，牛觸人，角箸横木，所以告人也。从口，从牛。《易》曰：‘僮牛之告。’”《説文》所引《易》“僮牛之告”，是《周易·大畜》六四爻辭。“僮”，傳本作“童”，上博楚簡《周易》與許慎所見本同；“告”，傳本作“牿”，陸德明《釋文》引九家《易》與許慎所見本同，上博楚簡《周易》（馬承源，2003:34、166）作“梏”。“梏”是“梏”字初文“皋”的異體（見下文）。“所以告天”之“告”，當與《周易·大畜》六四爻辭“僮牛之告”之“告”同義。李鼎祚《周易集解》引虞翻曰：“告，謂木楅其角。”此與《説文》“告”字説解“角箸横木”的意思是相同的。馬宗霍（2006:202）認爲“告”有二義，一是“告牛”之“告”，一是“告人”之“告”。“告牛”之“告”或作“牿”“梏”。馬氏説“梏”“以告爲聲，實取角箸横木之義而廣之者也”；又説“梏之从告由告牛之義衍之”。《説文》一部：“天，顛也，至高無上。”段玉裁（1983:1）注：“顛者，人之頂也。”“人之頂也”即人之首也。“所以告天”之“天”應該訓爲“顛”，指人之首。甲骨文、金文“天”作“大”上一方框或圓點，正是表示人首之義，指上天是其引申義。據此，“所以告天”是説“梏”是用來告（梏）人頭用的。

根據以上所説，按照《説文》“梏”字説解的前一句的解釋，“梏”是“手械”，按照後一句的解釋，“梏”是“顛械”。對同一個字的緊接兩句解釋，前後却存在矛盾。大徐本無“所以告天”句，大概是大徐和他的同僚們在校勘《説文》的時候，看出了這一矛盾，因無法解決，只好把後一句删去，保存人們認爲常見義的前一句。因爲删去了“梏”字説解第二句，連帶把跟“梏”説解同類的“桎”字説解第二句也删去了。

我認爲要解决“手械也”與“所以告天”兩句之間的矛盾，首先要了解《説文》説解用字習慣。《説文》説解文字，一般都是用當時的通行文字，不避俗字，甚至還用假借字。例如艸部：“苵，蚍虾也。”王筠（1998:222）説：“此以假借爲訓也。蚍虾乃螘也，苵則艸也。”又（1998:22）説：“借蟲名爲艸名也。”按道理講，“苵”字説解“蚍虾”二字應該寫作从“艸”的“芘芣”。我認爲“手械也”之“手”也是一個假借字，即“首”之假借。“手”“首”二字古今讀音相同，所以不論是傳世文獻還是出土文獻，二字都有通用的例子（參看高亨，1989:758；白於藍，2017:168–169；項楚，1986:252–253）。《儀禮》的《大射儀》“相者皆左何瑟，後首”和《士喪禮》“載，魚左首”鄭玄注，都説古文“首”爲“手”。《説文》的作者許慎曾從賈逵學習古文經，是古文經學家，他把“首械也”寫作“手械也”，不足爲奇。按照以上説法，把“手械也”改讀爲“首械也”，與“所以告天”之間就不存在矛盾，文意順適。

《山海經·海内西經》：“貳負之臣曰危，危與貳負殺窫窳。帝乃梏之疏屬之山，桎其右足，反縛兩手與髮，繫之山上木。”此文雖未交代“梏”貳負之臣的身體部位，但據“反縛兩手”語，不是手是可以肯定的，再結合“桎其右足”語，很可能是首。

古代還有一種刑具叫作“枷”。古人把“枷”訓爲“梏”。慧琳《一切經音義》卷三十八“枷杻”注引《考聲》：“枷，梏也。”又卷十三“枷鎖”注引《玉篇》：“〔枷〕，頸梏也。”“枷”或作“椵”。戴侗《六書故》卷二十一：“椵，古牙切，梏也。”“枷”是戴在頸上的刑具（宗福邦等，2003:1903）。慧琳《一切經音義》引《玉篇》把“枷”訓爲“頸梏也”，值得注意。

我説《説文》“梏”字説解“手械也”應該讀爲“首械也”，除了以上兩個旁證之外，還有甲骨文“梏”字初文“𡴁”的證明。

桎、梏、拲三種刑具的初文都見於甲骨文，爲了便於大家對“梏”字初文“𡴁”的了解，我把甲骨文這三個字的初文的字形各舉一個例子作爲代表（劉釗等，2015:71、574、682），揭示於下，並先對“桎”“拲”二字的初文加以説明，然後對“梏”字的初文加以説明：

第二字應該隸定作“𡴀”，朱芳圃（1962:155-156）指出是“桎”的初文。朱氏説：“上揭奇字，从，从止，當爲桎之初文。《説文·木部》：‘桎，足械也，所以質地。从木，至聲。’按桎爲足械，故从止；止，足趾也。”郭寶鈞（1978:216）也認爲“𡴀”“應是‘在足曰桎’的桎”。我曾在一篇小文中對朱、郭二氏説作了進一步補充[1]，指出“𡴀”所从“止”既表意又表音，在甲骨卜辭裏假借爲“失”或“逸”，大家不妨參看。

第三字應該隸定作“𢍏”，朱芳圃認爲是“拲”的初文。朱氏（1962:155）説：“上揭奇字，从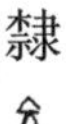，从収，當是拲之初文。《説文·手部》：‘拲，兩手同械也……’按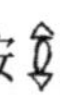象其體，言其用。爲械其兩手之刑具，因之用以械兩手爲。”唐蘭先生（1999:179）也有類似的説法。

第一字應該隸定作“𡴁”。戰國竹簡文字亦有此字及其加旁字“檡”，往往用爲“梏”“告”或从“告”聲之字，如上引《容成氏》44號“𡴁”和《姑成家父》9號“檡”等用爲“梏”。因爲“梏”是木制的，故“𡴁”从“木”作“檡”。所以，古文字學家多認爲“𡴁”是“梏”的初文（張新俊，2011:47-57；2013:501-510）。“𡴁”與“𡴀”上部所从偏旁雖然不同，但是二字構形原理却是相同的，都是表示

①李家浩：《甲骨卜辭“𡴀”與戰國文字“逹”》，未刊。

用刑具“㚔”銬住人身的一部分——“𡆥”是“口”，“𡴞”是“止”。上面説過，“𡴞”表示足械，其所从“止”既具有表意的作用，又具有表音的作用。那麼，跟“𡴞”構形原理相同的“𡆥”當然是表示首械，其所从“口”既具有表意的作用，又具有表音的作用。“口”代表人體頭部（參看朱芳圃，1962:156）。“梏”从“告”得聲。馬宗霍（2006:202）認爲“告”从“口”聲。上古音“口”“告”相近。從聲母來説，“口”屬溪母，“告”屬見母，見、溪二母都是喉音；從韻部來説，“口”屬侯部，但是“告”聲字的歸部，正如郭錫良先生（2020:25）所説，“比較麻煩”，好在不外乎幽、覺二部，覺部是幽部入聲。侯、幽二部字音關係密切，就拿侯部的“句”字來説，《説文》説从“丩”聲，朱駿聲、苗夔等人説从“口”聲（丁福保，1988:2860–2861），其實“句”是一個兩聲字，其所从“丩”“口”二旁皆聲，“丩”屬幽部。

上揭甲骨文“𡆥”“𡴞”“㚔”三字所从的“㚔”本身就是一種刑具，在河南安陽殷墟出土商代戴枷男女奴隸陶俑上可以看到。男陶俑兩手枷在背後，女陶俑兩手枷在胸前，枷的兩端用繩索捆紮，上端繫在頸上，下端繫在腰間。所謂的“枷”正像甲骨文“㚔”字形（見附圖1，河南省安陽市文化局，1976:40；郭寶均，1963）。“梏”類似後世頸枷，説見下文。至於“桎”，我們可以從後世足枷了解到。在雲南晉寧石寨山出土西漢殺人祭銅柱貯貝器蓋上，鑄有以人祭銅柱爲中心的立體人物場面，在銅柱右方縛人牌的右前方，有一個坐着的人，左脚鎖於一個方形足枷中（見附圖2，《中國青銅器全集》編輯委員會，1993:14）；過去凉山彝族的足枷，是在“長約二米，寬約半米的厚木板中鑿二個孔，受刑者的雙脚放入孔中再用木閂釘牢”（《凉山彝族奴隶社会》编写组，1982:144）。甲骨文“𡴞（桎）”，大概就是這類“足枷”的表意字。於此可見，“㚔”與“𡆥（梏）”“㚔（拲）”“𡴞（桎）”都是刑具之名，它們之間當是共名與專名的關係；“𡆥（梏）”“㚔（拲）”“𡴞（桎）”相當於《漢書•司馬遷傳》所説“關三木”的“三木”，顔師古注：“三木，在頸及手、足。”

“𡆥”“𡴞”“㚔”三字所在的甲骨卜辭，不是文字有殘缺，就是文字十分簡短。儘管如此，爲了檢驗甲骨文“𡆥”“㚔”“𡴞”三字是“梏”“拲”“桎”的表意初文是否可信，還是舉幾條卜辭作爲例子，看看它的實際用法：

（1）貞：勿㚔。（《合集》5891）

（2）□卯卜，㱿貞：㚔。（《合集》5896）

（3）壬辰卜，貞：𡆥，其有疾。（《合集》13733）

（4）☐龜芻𡴞自爻𡆥六人，八月。（《合集》139正）

（5）☐□己未，☐龜芻𡴞自爻圉〔□人。〕（《合集》138）

（5）的“峚”字原文是簡寫，所从“㚔”旁省去下部分。關於這一點，已有許多學者指出，此不贅言。胡厚宣（1976:3）説，“芻”爲畜牧奴隸。

（1）（2）的“㚇”指用“拲”刑具銬人，（3）的“圉”指用“梏”刑具銬的人。下録同版卜辭從正反貞問，其“㚔”字的用法可以參考：

弗㚔。

㚔。　　　　　　　　　　　　　　　　　　（《合集》33013）

（4）（5）兩條卜辭，裘錫圭先生（2012:4）説是同文殘辭。值得注意的是，（4）的“圉”在（5）作“圉”。舊認爲“圉”是“圉”字異體。如此説不誤，（4）的“圉”當是（5）的“圉”的省寫。這兩條卜辭是説有芻奴六人從爻地牢獄裏逃跑。

據此可知，（1）至（3）的“㚇”“圉”二字用的正是“拲”“梏”的引申義，（4）（5）的“峚”用的正是“桎”的假借義。

上引沈家本説，“桎梏之名，秦漢以下不詳”，這是因爲桎、梏在秦漢時期被鈦、鉗兩種鐵制刑具所代替。這大概是統治者認識到刑徒具有創造財富的價值，迫使他們從事勞動强度大的工作；爲了便於勞作，統治者制造出鉗、鈦來代替梏、桎。睡虎地秦簡《司空律》所記刑具有“枸櫝欙杕”，凡三見（134、135、147號），整理小組（1999:51-52）注：“杕，讀爲鈦（音第），套在囚徒足脛的鐵鉗。”漢承秦制。漢人著作《急就篇》卷四第二十九章講當時刑法説“鬼薪白粲鉗鈦髡”，顔師古注：“以鐵錔頭曰鉗，錔足曰鈦。”據考古發現，在山西侯馬戰國奴隸殉葬墓、河北易縣燕下都遺址、陝西臨潼鄭莊秦石料加工場遺址、涇陽陽陵西北西漢刑徒墓等，都有鉗、鈦之類的刑具出土（見附圖3、4，山西省文物工作委員會寫作小組，1972:63-67；孫機，1990:400；秦俑坑考古隊，1981:39-43；秦中行，1972:51-53）。於此可見，“梏、桎”與“鉗、鈦”的功能相同，後者當是對前者的繼承。還值得注意的是，“梏”與“鉗”、“桎”與“鈦”之間的古音相近。上古音“梏”屬見母覺部，“桎”屬章母質部，“鉗”屬群母談部，“鈦”屬定母月部。見、群二母都是喉音，覺部是幽部入聲，古代幽、覺、談三部字音關係密切；章、定二母和質、月二部字音關係也很密切。例如跟“桎”一樣从“至”得聲的“垤”“耋”“絰”“跮”等屬定母。關於質、月二部字相通，我曾論及（1998:662-671；2005:488-491），這裏只舉一個例子作爲代表。《説文》金部説“鏊”“讀若至”。“鏊”屬月部。頗疑“梏”與“鉗”、“桎”與“鈦”是同源詞。如果這一説法可信，也可以説明“梏”是“首械也”。

約兩千年以來，人們都據《説文》“梏”字説解“手械也”字面上加以理解，誤認爲“梏”是人體上肢手的刑具。但是有少數人提出過正確的説法，如宋人劉敞、王安石。劉敞《七經小傳》卷中《周禮·掌囚》説：

> 梏者，校也，在頭曰梏。《春秋傳》曰：“以弓梏華弱於朝。”謂之梏者，以其在首，猶牛馬牿爾。

王安石《周官新義》卷十六《秋官二·掌囚》説：

> 梏在脰，桎在足，拲在手。《左傳》：“子蕩以弓梏華弱於朝。”則梏在脰明矣。

王氏《字説》也有類似的説法（張宗祥，2005:137）：

> 梏在頸，梏之則以告之也。

劉、王二氏所引《左傳》語見於襄公六年，他們從中悟出“梏”是頸械[①]，真可謂讀書得間。因此，得到戴侗等人的贊同。戴侗《六書故》卷二十一説：

> 梏，古沃切，頸械也。

緊位於“梏”字後的“桎”字説解，雙行小字注引到上録王安石《周官新義》注，但文字略有出入。於此可見，戴侗把“梏”解釋爲“頸械也”，當是採用王氏的説法。這種説法無疑是正確的。下録《周禮·秋官·掌囚》中有關上、中、下三等罪所戴“梏”等刑具的文字，用劉、王二氏的説法來解釋，文從字順，用傳統説法來解釋，扞格難通，也可以證明劉、王二氏對“梏”的説法的正確性：

> 掌守盜賊。凡囚者，上罪梏、拲而桎，中罪桎、梏，下罪梏，王之同族拲，有爵者桎，以待弊罪。

鄭玄注：

> 凡囚者，謂非盜賊自以他罪拘者也。鄭司農云：“拲者，兩手共一木也。桎、梏者，兩手各一木也。”玄謂在手曰梏，在足曰桎。中罪不拲，手足各一木耳。下罪又去桎。王同族及命士以上，雖有上罪，或拲或桎而已。

先、後鄭雖然對《掌囚》的文字解釋不同[②]，但是在“梏”是手械這一點卻是

①杜預注：“張弓以貫其頸，若械之在手，故曰梏。”

②《漢書·刑法志》引到上録《周禮·秋官·掌囚》文字，顔師古注：“械在手曰梏，兩手同械曰拲，在足曰桎。”從後鄭説。

一致的。“拲”本是戴在兩手上的械，按照先、後鄭的説法又加上手械“梏”，真不知道兩手如何同時戴上這兩種刑具。如果按照劉敞、王安石的意見，《掌囚》的文字就很容易理解了，意思是説上罪頭要戴梏、手要戴拲、足要戴桎，中罪足和頭分别戴桎和梏，下罪只頭戴梏；王同族人員雖有上罪，只手戴拲；有爵位的人雖有上罪，只足戴桎。宋元以來許多人的著作都是如此解釋的，如宋人易袚《周官總義》、王昭禹《周禮詳解》、元人毛應龍《周官集傳》等。這樣解釋，還可以得到其他文獻的印證。《太平御覽》卷六四四引《晉令》曰：“死罪二械加拲手。”《掌囚》“上罪梏拲而桎”與“死罪二械加拲手”文意相近，“梏桎”與“二械”相當[1]，“拲”與“拲手”相當。“二械”是對“拲手”而言的，顯然是指首械和足械。那麽，“梏”相當“二械”之一的首械。遺憾的是，積非成是，人們並不相信劉敞、王安石等人的正確意見，就連號稱集歷來研究《周禮》之大成的孫詒讓《周禮正義》，此處也隻字未提他們的意見，可見“梏”的錯誤説法多麽深入人心。當然，孫詒讓《周禮正義》隻字未提宋元人對“梏”的意見，恐怕還跟有清一代經學輕視宋元不無關係。孫氏在《周禮正義》（1987:5）前面的《略例十二凡》之九説得很清楚：“宋元諸儒説……於周制漢詁，或多疏謬，今所搴擇，百一而已。”宋元諸儒關於“梏”的説法，大概被當作“疏謬”而未“搴擇”。

《掌囚》説“上罪梏、拲而桎”。我們在甲骨文中，還能看到罪人戴其中梏、拲的樣子。甲骨文有一個字作下録之形（劉釗等，2015:608）：

 1　 2　 3　 4

趙平安先生（2009:114-120）把這個字隸定作“𥍝”，認爲“鞫”“鞠”等字所从“𥍝”，是“𥍝”的訛變，甚是。“𥍝1”“𥍝2”像人頭上和兩手都戴有刑具之形，跟敦煌發現的“十王圖”畫卷中戴刑具枷、杻的犯人形象類似（見附圖5，林澐，1994:104）[2]。於此可見，“梏”的形狀頗像後世的頸枷，方形或長方形。

以上主要從這樣五個方面加以論述：（1）《説文》“梏”字説解文意；（2）甲骨文“梏”的初文“𡴄”的字形結構；（3）“梏”與“鉗”的先後繼承關係和詞源關係；（4）劉敞、王安石等人對“梏”的意見；（5）《周禮・秋官・掌囚》上、中、下三罪所用“梏”等刑具文字的解釋。僅此五個方面，完全可以證明《説文》“梏”字説解“手械也”是“首械也”的假借。

已知“梏”是首械，再回過頭去看上録《説文》“梏”字説解就容易理解了。

---

①《説文》木部：“械，桎梏也。”

②按：“十王圖”畫卷犯人所戴的枷、杻形狀，亦見於敦煌莫高窟第45窟南壁圜獄圖裏擲於地的三件刑具之中。

“手（首）械也”是解釋“梏”的字義，“所以告天（顛）”是解釋“梏”的詞源義。許慎認爲“梏”得義於“告”。加木械於人首防止人逃跑，猶加木楅於牛角防止牛觸人。

總之，《説文》“梏”字説解“手械也”應該讀爲“首械也”。希望今後人們在解釋“梏”這一刑具的時候，千萬不要再從“手械也”字面上理解爲是戴在手上的刑具，而應該改讀爲“首械也”，指戴在頭上的刑具。

2020年12月10日

參考文獻：

白於藍　2017　《簡帛古書通假字大系》，福建人民出版社。
丁福保　1988　《説文解字詁林》（第四册），中華書局。
段玉裁　1983　《説文解字注》，上海古籍出版社。
郭寶鈞　1978　《中國青銅器時代》，生活・讀書・新知三聯書店。
郭錫良（編著）　雷瑭洵（參訂）　2020　《漢字古音表稿》，中華書局。
高　亨　1989　《古字通假會典》（董治安整理），齊魯書社。
胡厚宣　1976　《甲骨文所見殷代奴隸的反壓迫斗争》，《考古學報》第1期。
河南省安陽市文化局　1976　《殷墟——奴隸社會的一個縮影》，文物出版社。
林　澐　1994　《枷的演變》，《中國典籍與文化》第3期。
李家浩　1998　《南越王墓車馹虎節銘文考釋——戰國符節銘文研究之四》，《容庚先生百年誕辰紀念文集》，廣東人民出版社。
李家浩　2005　《説“𡊄”字》，《漢字研究》第1輯，學苑出版社。
《凉山彝族奴隸社會》編寫組　1982　《凉山彝族奴隸社會》，人民出版社。
李宗焜　2015　《唐寫本〈説文解字〉輯存》，中西書局。
劉　釗等　2015　《新甲骨文編》（增訂本），福建人民出版社。
馬承源（主編）　2002　《上海博物館藏戰國楚竹書（二）》，上海古籍出版社。
馬承源（主編）　2003　《上海博物館藏戰國楚竹書（三）》，上海古籍出版社。
馬宗霍　2006　《〈説文解字〉引經考》，董蓮池（主編）《〈説文解字〉研究文獻集成》，作家出版社。
裘錫圭　2012　《甲骨卜辭中關於俘虜和奴隸逃亡的史料》，《裘錫圭學術文集》（古代歷史・思想・民俗卷），復旦大學出版社。
秦俑坑考古隊　1981　《臨潼鄭莊秦石料加工場遺址調查簡報》，《考古與文物》第1期。
秦中行　1972　《漢陽陵附近鉗徒墓的發現》，《文物》第7期。
孫飛燕　2014　《上博簡〈容成氏〉文本整理及研究》，中國社會科學出版社。
睡虎地秦墓竹簡整理小組　1999　《睡虎地秦墓竹簡》，文物出版社。
孫詒讓　1987　《周禮正義》（第一册），中華書局。
沈家本　1985　《歷代刑法考》（第三册），中華書局。
孫　機　1990　《漢代物質文化資料圖説》，文物出版社。
山西省文物工作委員會寫作小組　1972　《侯馬戰國奴隸殉葬墓的發掘——奴隸制度的罪證》，《文物》第1期。
唐　蘭　1999　《甲骨文自然分類簡編》，山西教育出版社。

項　楚　1986　《敦煌本句道興〈搜神記〉補校》，《文史》第二十六輯，中華書局。
王　筠　1998　《説文釋例》（卷十），中華書局。
王　筠　1998　《説文解字句讀》（卷二），中華書局。
閻振益　鍾　夏　2000　《新書校注》，中華書局。
宗福邦　陳世鐃　蕭海波（主編）　2003　《故訓匯纂》，商務印書館。
朱芳圃　1962　《殷周文字釋叢》，中華書局。
《中國青銅器全集》編輯委員會　1993　《中國青銅器全集14》，文物出版社。
趙平安　2009　《釋“⿰幸勺”及相關諸字》，《新出簡帛與古文字古文獻研究》，商務印書館。
張新俊　2011　《據楚簡釋讀甲骨卜辭一例》，《出土文獻與古文字研究》（第4輯），上海古籍出版社。
張新俊　2013　《據新出楚簡談談甲骨卜辭中的“梏”“圉”等字》，《楚簡楚文化與先秦史文化國際學術研討會論文集》，湖北教育出版社。
張宗祥　2005　《王安石〈字説〉輯》，福建人民出版社。

附圖：

圖1：女俑、男俑

圖2：殺人祭銅柱場面貯貝器（局部）

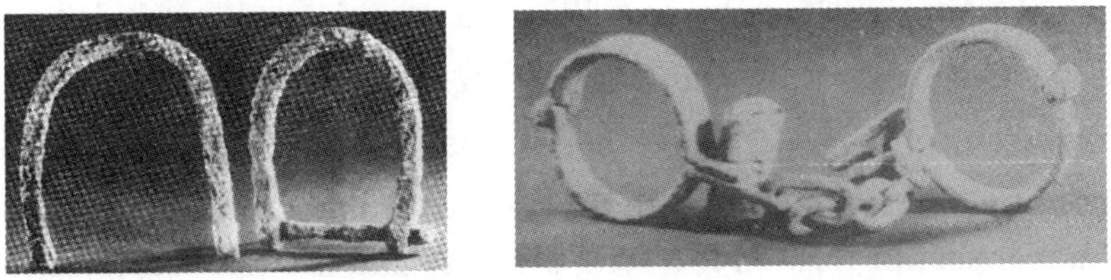

圖3：臨潼鄭莊秦石料加工場遺址出土鉗、鈦

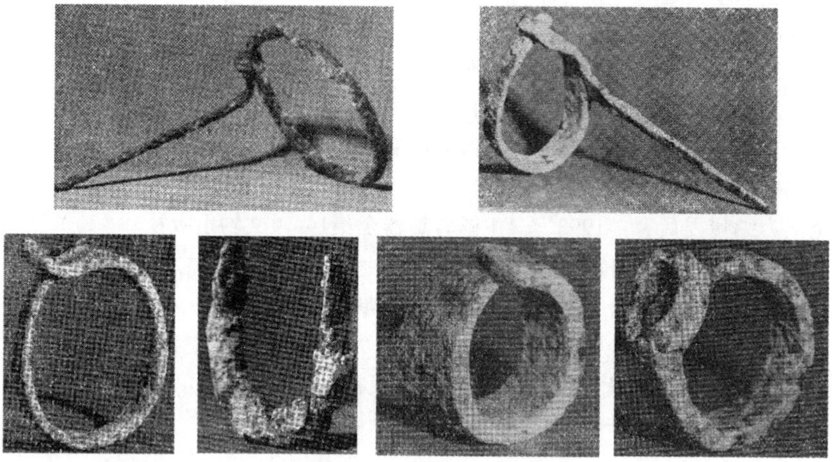

圖4：陽陵西北西漢刑徒墓出土鉗、鈦

圖5：敦煌“十王圖”畫卷（局部）

Explanation of the Character *Gu* 梏 in *Shuowen Jiezi*

Li Jiahao

Abstract: *Zhi* 桎, *gu* 梏, and *gong* 拲 were three instruments of torture in ancient China. Based on the explanation *shouxieye* 手械也 of the character *gu* in the current version of *Shuowen Jiezi* 説文解字, people have long considered it as handcuffs. However, according to the explanation in the fragments under wood classifier of *Shuowen Jiezi* written in manuscript form in the Tang Dynasty and the original character form "𡴘" of *gu* in oracle bone script, the explanation *shouxieye* should be read as *shouxieye* 首械也, which is like a cangue. The misinterpretation lasting over 2000 years is supposed to be corrected.

Keywords: *Shuowen Jiezi* 説文解字; Explanation; *Gu* (梏)

（李家浩　安徽大學漢字發展與應用研究中心　合肥　230601）

從殷商合祭系統看歷組卜辭和花東卜辭中幾位先王的指稱問題*

龐 苗 李 發

摘　要：本文從先王合祭系統對歷組卜辭中的“父丁”、歷組卜辭中“三祖”稱謂、花東卜辭中的“祖甲”“祖乙”“祖辛”“祖庚”的具體所指問題進行探討。通過整理先王合祭系統，我們認爲歷組卜辭中“父丁”應該是武丁，卜辭中陽甲、般庚、小辛三位先王稱爲“三祖”。從合祭情況和獻牲數量兩個方面來看，花東卜辭中“祖辛”指小辛，“祖庚”指般庚，“祖甲”指陽甲，“祖乙”指小乙。

關鍵詞：合祭卜辭；歷組卜辭；花東卜辭；甲骨斷代

“國之大事，在祀與戎”，祭祀活動是商人日常生活中最重要的活動之一。殷卜辭常見商人對先王舉行祭祀活動，對殷墟卜辭中先王合祭卜辭進行系統研究可以更好地了解先王的世系和稱謂，同時有助於甲骨斷代研究。我們從《甲骨文合集》《小屯南地甲骨》《殷墟花園莊東地甲骨》《甲骨文合集補編》《英國所藏甲骨集》《懷特氏等所藏甲骨文集》《殷墟小屯村中村南甲骨》《天理大學附屬天理參考館甲骨文字》這八部甲骨著録書中篩選出先王合祭辭例，以此爲材料對歷組卜辭中的“父丁”“三祖”稱謂、花東卜辭中的“祖甲”“祖乙”“祖辛”“祖庚”的具體所指問題進行分析。

一、歷組卜辭中的“父丁”

“父丁”是歷組卜辭中的主要親屬稱謂，其具體所指一直以來都存在争議，

*基金項目：中央高校基金重大培育項目“甲骨文字釋總覽暨資料庫建設”（SWU1909208）、西南大學創新團隊項目“古文字與出土文獻研究”（SWU2009108）、國家社科基金項目“基於資料庫的商代祭祀資料的搜集、整理與研究”（18BZS031）。

匿名審稿專家提出了中肯的修改意見，謹致謝忱！文中疏謬之處，概由作者負責。

學界對此主要有兩種觀點。

第一種觀點認爲歷組卜辭中的“父丁”是指康丁，歷組卜辭屬於武乙、文丁時期。董作賓1933年在《甲骨文斷代研究例》中提出五期分法進行斷代，並將歷組這部分卜辭劃分爲第四期武乙文丁時期（參看董作賓，1977:363-464）。支持董作賓觀點的學者衆多，肖楠（1980:43-79；1984:155-188）、陳煒湛（1985:1-21）、羅琨和張永山（1980:80-102）、中國社會科學院考古研究所（1980:29-45）、劉一曼和曹定雲（2011:467-502）、曹定雲和劉一曼（2019:193-212）、林小安（1986:40-55；2000:8-17）、曹定雲（2016:230-247；2020a:12-21；2020b:1-6）、常玉芝（2019:42-101）等都認爲歷組卜辭屬於武乙、文丁時期。

第二種觀點認爲歷組卜辭中的“父丁”是指武丁，歷組卜辭時代應該提前。歷組卜辭中“父丁”當是武丁的觀點最先由明義士1928年在《殷虚卜辭後編·序》中提出（轉引自裘錫圭，1981:265）。張聰東1970年在《甲骨文所見商代祀典》中曾提到歷組卜辭應該列於祖庚至祖甲前期（轉引自李學勤，1992:26）。明義士、張聰東雖提出了新觀點，但並没引起學界重視。李學勤1977年發表《論“婦好”墓的年代及有關問題》，此後歷組卜辭時代問題引發學界激烈討論，李文從字體演變、卜辭文例、相同人名、占卜事項、親屬稱謂五個方面論證了歷組卜辭是武丁晚年到祖庚時期的卜辭（李學勤，1977:36-37）。其後裘錫圭（1981:263-321）、彭裕商（1983:101-106）、林澐（1984:111-114；2013:1-26；2020:2-18）、林宏明（2003:315-326）、黄天樹（2007:171-189）、趙鵬（2007:167-219）、冉苒和李發（2019:76-82）、周忠兵（2019:18-23）等都認爲歷組卜辭是武丁至祖庚之物。

通過整理武丁的合祭卜辭，我們發現從武丁的合祭系統來看，歷組卜辭中“父丁”的合祭情況與賓組晚期、出組卜辭中武丁的合祭情況有不少相似之處。

裘錫圭曾指出歷組卜辭中屢見“祖乙”和“父丁”兩位先王，這和賓組晚期卜辭作風非常相似，並且指出歷組卜辭中“父丁”應該和賓組晚期卜辭中“丁”都是指武丁（參看裘錫圭，1981:263-321）。裘錫圭所舉辭例如下：

（1）惠夕祼，酌告于祖乙、父丁。　　《合集》32578[歷二]

（2）□□貞：有來告⧄从北土，其燎告[于祖]乙、父丁⧄。

《合補》10526+《合集》33050[①][歷二]

（3）丁未貞：王其令望乘歸，其告于祖乙一牛，父丁一[牛]。

《合補》10484[歷二]

（4）□□貞：令畢伐東土，告于祖乙于丁。八月。

①周忠兵綴合，參看周忠兵（2006）第16例。

《合集》07084[賓出]

陳劍（2007:398-399）在考釋“𣪊”“”時，曾繫聯過其在歷組和賓出類同卜一事的卜辭，其中涉及歷組“大甲”“父丁”合祭與賓出類“大甲”“丁”合祭的卜辭。現將陳文所舉辭例摘録如下：

（5）癸卯貞：叀𣪊先于大甲、父丁。
癸卯貞：丁未延㣈示，其[唯]夙。

《屯南》1115[歷二]

（6）癸卯貞：叀𣪊先于大甲、父丁。
癸卯貞：丁未延㣈示，其[唯]夙。
㣈[示]，暮。
丙午卜，叀于[甲]子酒𣪊。

《合集》32485[歷草]

（7）[㣈示]，暮。
丙午卜，叀于甲子酒𣪊。

《合集》32053[歷草]

（8）[癸]卯卜：翌丁未［延］㣈□八月。
乙巳卜，貞：于大甲亦于丁，羌卅卯十宰。用。
乙巳□□甲亦□羌卅□十宰□。

《合集》00295+《合集》00340=《綴集》354[1][賓出]

（9）丙午卜，貞：于大甲于亦于[2]丁，三牢。

《合集》01449正[賓出]

從賓出類卜辭中大甲和武丁常合祭的情況來看，辭（5）至（7）歷組中常和大甲合祭的“父丁”應該與辭（8）（9）賓組晚期中常和大甲合祭的“丁”一樣，都是指武丁。裘錫圭（1981:312）也曾指出賓組晚期卜辭實際上有相當大一部分祖庚卜辭，因此，賓組卜辭的“丁”指武丁的可能性，是不能排除的。

①李愛輝、林宏明在《綴集》354基礎上又有加綴，最新綴合爲《山東》0197+《合集》00295+《合集》00340+《合補》04469，收入《拼五》1132則，綴合後相關釋文爲：

癸卯卜：翌丁未延㣈示。八月。

乙巳卜，貞：于大甲亦于丁，羌卅，卯十宰。用。

乙巳卜，貞：[于大]甲亦[于丁]，羌卅，[卯十]宰五。用。

②蔡哲茂比較《合集》01449正與《合集》00295+《合集》00340，指出《合集》01449正“大甲”下的“于”字爲衍文。參看蔡哲茂（1999:432）。

除去上面所舉卜辭外，還有其他歷組卜辭中“父丁”的合祭和賓組晚期、出組卜辭中武丁的合祭相似的情況。

（一）小乙和武丁的合祭

（10）癸亥貞：酢彡于小乙，其告昏于父丁一牛。

《合集》32619+《合集》32335①［歷二］

（11）☐祝小乙、父丁。

《屯南》0603［歷二］

（12）乙卯卜，即貞：王賓毓祖乙、父丁歲，亡吝。

《合集》23143［出二］

（13）☐翌乙未告于毓祖乙、父丁，［叀］晨酢。

《合集》23161［出二］

（14）□［午］卜，旅［貞］：☐亦𢍰☐于毓祖乙、父丁☐其升☐。

《合集》23166［出二］

辭（10）（11）是歷組二類中小乙和“父丁”的合祭卜辭。

辭（12）至（14）是出組二類中毓祖乙和“父丁”的合祭卜辭。董作賓（1977:377）指出“毓祖乙”應是小乙。郭沫若《卜辭通纂》第40片考釋也指出“毓祖乙”就是小乙（郭沫若，1933:16）。出組二類卜辭即舊稱祖甲卜辭，其中“父丁”當是祖甲對其父武丁的稱呼。因此辭（12）至（14）是小乙和武丁的合祭卜辭。

（二）上甲和武丁的合祭

（15）告上甲三牛，歲于父丁，即宗。

《合集》32334+《合集》34555=《拼集》0207［歷二］

（16）癸酉卜，即貞：上甲升歲，其告丁一牛。

《合集》22676［出二］

（17）癸亥卜，旅貞：翌甲子上甲升歲，其奏于丁☐。

《合補》06958［出二］

（18）☐上甲☐其告于丁。

《合集》22678［出二］

①周忠兵綴合，參看《歷組卜辭新綴》第14組，中國社會科學院歷史語言研究所先秦史研究室網站，2007年3月26日，http：//www.xianqin.org/blog/archives/547.html。

上揭辭（15）是歷組二類中上甲和“父丁”的合祭卜辭。

辭（16）至（18）是出組二類中上甲和“丁”的合祭卜辭。出組中“丁”是指武丁，出組中有“己丑卜，大貞：于五示告：丁、祖乙、祖丁、羌甲、祖辛”（《合集》22911，出一），“五示”顯然是指武丁、小乙、祖丁、羌甲、祖辛五位先王。出組一類卜辭是祖庚時期卜辭，裘錫圭（1981:312-313）曾指出，在祖庚時期不會把祖丁、武丁兩位先王都稱呼爲“丁”。出組卜辭中的“丁”是祖庚對武丁的稱呼，而不是武丁對祖丁的稱呼。因此，辭（16）至（18）是上甲和武丁的合祭卜辭。

（三）“自上甲”與武丁的合祭

（19）▨［父］丁，自上甲侑伐。

《合集》32208［歷二］

（20）丙辰貞：其酌大御自上甲，其告于父丁。

《屯南》2707［歷二］

（21）□□［卜］，旅貞：贏不既斧，其亦禱自上甲，其告于丁。十月。

《合集》22680［出二］

上揭辭（19）（20）是歷組中“自上甲”“父丁”的合祭卜辭。辭（21）是出組二類中“自上甲”“丁（武丁）”的合祭卜辭。

（四）“上甲至于武丁”的合祭

（22）丁卯貞：𢀛以羗其用自上甲皆至于父丁。

《合集》32028［歷二］

（23）□□［貞］：射𢀛以羗其用自上甲皆至于父丁，叀甲辰用。

甲辰貞：射𢀛以羗其用自上甲皆至于父丁，叀乙巳用，伐四十。

《屯南》0636［歷二］

（24）乙亥貞：侑升伐自上甲皆至父丁，于乙［酉］。

《合集》32211+《合集》33224[1]［歷二］

（25）乙亥貞：侑升伐自上甲皆至父丁，于乙酉。

《合集》32212+《合集》33334[2]［歷二］

（26）▨上甲至于父丁十▨。

---

①林宏明綴合，參看《甲骨新綴第122-123例》第123例，中國社會科學院歷史語言研究所先秦史研究室網站，2010年9月23日，http：//www.xianqin.org/blog/archives/2078.html。

②周忠兵綴合，參看周忠兵（2006）第21例。

《合集》32295［歷二］

（27）癸巳貞：其侑升自上甲皆至于父丁。甲午用。

《屯南》2124［歷二］

（28）▨貞：翌甲寅▨□侯𦉢（柚京）以羌，自上甲至于丁。

《懷特》0024［賓三］

上揭辭（22）至（27）是歷組中從“上甲”至“父丁”的合祭卜辭，辭（28）是賓組晚期從“上甲”至於“丁”的合祭卜辭。賓組晚期中卜辭的“丁”大多數是指武丁。

表1：歷組“父丁”與出二、賓組晚期武丁合祭情況比較表

合祭對象	歷組合祭對象	出二合祭對象	賓組晚期合祭對象
祖乙、武丁	祖乙、父丁	—	祖乙、丁
大甲、武丁	大甲、父丁	—	大甲、丁
小乙、武丁	小乙、父丁	毓祖乙、父丁	—
上甲、武丁	上甲、父丁	上甲、丁	—
自上甲、武丁	自上甲、父丁	自上甲、丁	—
上甲至于武丁	上甲至于父丁	—	上甲至于丁

通過比較上表可知，歷組卜辭中“父丁”的合祭情況與賓組晚期、出組二類卜辭中武丁的合祭情況存在較多相似之處，這可能不是巧合，而且也不可能存在這樣多的巧合。我們認爲將歷組卜辭中“父丁”理解爲武丁相當合理，賓組晚期，出組二類、歷組卜辭在時代上相距不遠，武丁的常見合祭對象在一段時間内會延續是很正常的。

我們也將康丁的合祭情況進行了整理，合祭情況如下：

表2：康丁合祭表

合祭對象	次數	片號舉例
祖甲至父丁	1	《合集》32655
祖乙、祖丁、祖甲、康祖丁、武乙	1	《合集》35803

從康丁合祭情況可知，康丁的合祭情況和歷組卜辭中“父丁”的合祭情況差異明顯。因此，我們認爲歷組卜辭中“父丁”是康丁的可能性不大。

總而言之，我們認爲歷組卜辭中“父丁”應該是武丁，有關其合祭問題應該是判定歷組卜辭時代提前的一個有力證據。

二、歷組卜辭中的“三祖”

卜辭有“三祖”稱謂，見於《合集》32617和《合集》32690。

（1）甲辰貞：歲于小乙。
弜侑。
二牢。
三牢。
弜至于三祖。

《合集》32617[歷二]

（2）弜至三祖☒。
丙子貞：父丁彡。
不遘雨。

《合集》32690[歷二]

學界對於“三祖”稱謂的所指主要有兩種觀點，第一種觀點認爲“三祖”當是指孝己、祖庚、祖甲三位先王，如陳夢家（1988:494）。屈萬里在《殷虚文字甲編考釋》第627片（《合集》27491）考釋時指出康丁卜辭中有“三父”稱謂，認爲此“三父”當是指父己、父庚、父甲，據此也認爲“三祖”是指祖己、祖庚、祖甲（參看屈萬里，1961:98-99）。

劉一曼、曹定雲將《合集》32617和《合集》32690兩版“繫聯”，提出小乙至父丁之間的致祭順序是“小乙→三祖→父丁”，由此指出“三祖”指的是祖己、祖庚、祖甲三位先王（參看劉一曼、曹定雲，2011:481-482；曹定雲、劉一曼，2019:205-206；曹定雲，2020a:12-21；2020b:1-6）。

第二種觀點認爲“三祖”應該是指陽甲、般庚、小辛三位先王。

林宏明從首刻卜辭、領句和附屬卜辭的關係對“三祖”卜辭進行分析，指出賓組卜辭中“陽甲、般庚、小辛”被稱爲“三父”，同時認爲“三祖”應該是指陽甲、般庚、小辛三位先王（參看林宏明，2003:324-326）。

林澐（2013:12-13；2020:2-6）補證“三祖”應該是指“陽甲、般庚、小辛”。第一，如果勉强同意《三論武乙、文丁卜辭》（劉一曼、曹定雲，2011）中說法，將《合集》32617和《合集》32690兩版“繫聯”，把“三祖”當作是小乙和父丁之間的祭祀對象，即“祖己、祖庚、祖甲”，但是這樣一來小乙和父丁之間祭祀就缺少了最重要的武丁。第二，賓組中有祭祀“三父”的卜辭，如《合集》02330、《合集》00893、《合集》00930，到祖庚時代，他們自然成爲小乙之外的“三祖”。

（3）庚午卜，㱿貞：告于三父。

《合集》02330[典賓]

（4）侑于三父一伐，卯宰。

《合集》00893反[賓一]

（5）貞：禦于三父三伐。

《合集》14019正+《合集》00930+《合集》15127正+《乙》4496①[典賓]

蔡哲茂（2014）指出“三父”→“三祖”稱呼變遷，再據《屯南》0738指出陽甲、般庚、小辛三人有合祭情況。蔡哲茂（2014:3-7）從這兩個角度説明“三祖”應指陽甲、般庚、小辛三位先王。舉《屯南》0738並指出該辭反映了因祭陽甲而延及般庚、小辛。蔡哲茂先生提及的陽甲、般庚、小辛三位先王常常合祭這個觀點是很正確的，這可從後文“陽甲合祭表”“般庚合祭表”“小辛合祭表”中看出。

我們認爲，從先王合祭情況來看，“三祖”應該是指陽甲、般庚、小辛三位先王。

第一，從先王合祭系統來看，陽甲、般庚、小辛三位先王的合祭非常常見，且從般庚和小辛兩位先王合祭表來看，“陽甲、般庚、小辛”三位先王的合祭頻次最高。

（6）父甲一羖，父庚一羖，父辛一羖。

《合集》02131[典賓]

（7）貞：侑于父甲、父庚、辛。

《合集》06524+《合集》07862+《合補》00769②[典賓]

（8）貞：侑于陽甲、父庚、父辛一牛。

貞：勿侑于陽甲、父庚、父辛一牛。

《合集》06647[典賓]

（9）[御]于父甲、[父]庚、父辛☐卯宰。

《合集》02117正+《合集》17231+《乙補》6595=《醉古》099[賓一-典賓]

上揭辭（6）至（9）都是陽甲、般庚、小辛三位先王的合祭卜辭。

①林宏明綴合，參看《甲骨新綴第238例》，中國社會科學院歷史語言研究所先秦史研究室網站，2011年6月6日，http：//www.xianqin.org/blog/archives/2375.html。

②張宇衛綴合，參看《甲骨綴合第十八～十九則》第19則，中國社會科學院歷史語言研究所先秦史研究室網站，2011年12月24日，http：//www.xianqin.org/blog/archives/2538.html。

表3：般庚合祭表

合祭對象	次數	片號舉例
父甲、父庚、父辛【1】① 父甲、[父]庚、父辛【1】 父甲、父庚、辛【1】 陽甲、父庚、父辛【2】	5②	《合集》02131 《合集》02117正+《合集》17231+《乙補》6595=《醉古》099 《合集》06524+《合集》07862+《合補》00769③ 《合集》06647
祖庚、祖辛 般庚、小辛 父庚、[父]辛	3	《花東》056 《屯南》0738 《合集》02141
父甲、父庚	1	《屯南》附05
父庚、父丁、父戊	1	《合集》22047
伊、祖庚	1	《合補》10637
石甲至般庚	1	《屯南》2671
父乙、妣壬、兄乙、兄甲、父庚	1	《屯南》附03

表4：小辛合祭表

合祭對象	次數	片號舉例
父甲、父庚、父辛【1】 父甲、[父]庚、父辛【1】 父甲、父庚、辛【1】 陽甲、父庚、父辛【2】	5	《合集》02131 《合集》02117止+《合集》17231+《乙補》6595=《醉古》099 《合集》06524+《合集》07862+《合補》00769④ 《合集》06647
祖庚、祖辛 般庚、小辛 父庚、[父]辛	3	《花東》056 《屯南》0738 《合集》02141
父辛、多介子	1	《合集》05530乙+《合集》00816+《合集》05530甲⑤
父辛、大甲	1	《合集》19923
父丁、小辛	1	《合集》23232
□庚、父辛、父□	1	《合集》22194
父辛、父□	1	《合集》19921
父⧄、[父]辛	1	《合集》02165

①【】中數字爲該組合祭對象出現的次數，後表同理。

②“次數”欄内數字爲合祭對象出現的總次數，後表同理。

③張宇衛綴合，參看《甲骨綴合第十八～十九則》第19則，中國社會科學院歷史語言研究所先秦史研究室網站，2011年12月24日，http：//www.xianqin.org/blog/archives/2538.html。

④張宇衛綴合，參看《甲骨綴合第十八～十九則》第19則，中國社會科學院歷史語言研究所先秦史研究室網站，2011年12月24日，http：//www.xianqin.org/blog/archives/2538.html。

⑤林宏明綴合，參看《甲骨新綴第835-836例》第836例，中國社會科學院歷史語言研究所先秦史研究室網站，2019年1月23日，http：//www.xianqin.org/blog/archives/11472.html。

第二，如果“三祖”是“祖己、祖庚、祖甲”三位先王，那孝己、祖庚、祖甲三位先王應該還有其他合祭的情況，但從“孝己合祭表”“祖庚合祭表”“祖甲合祭表”來看，暫未見其他孝己、祖庚、祖甲三位先王合祭的情況。

表5：孝己合祭表

合祭對象	次數	片號舉例
兄己、兄庚【3】 兄庚、兄己【2】 父己、父庚【8】 二父：父己、父庚【1】 二父：己庚【1】	15	《合集》22624 《合集》23477 《合集》27419 《合集》27417 《懷特》1375
父己、帝己	2	《村中南》437+《村中》南512=《拼三》0644
兄己、雍己	1	《合集》22820
父丁、兄己、兄庚	1	《合集》23187
父己、父戊	1	《合集》27420
小乙、父丁（武丁）、兄己（孝己）	1	《合補》07048+《合補》13244=《綴彙》0188
父己、中己、父庚	1	《屯南》0957
中己、兄己	1	《屯南》2296+《屯南》1780①
祖丁、己	1	《英藏》2264+《合集》27437=《拼續》0410

表6：祖庚合祭表

合祭對象	次數	片號舉例
兄己、兄庚【3】 兄庚、兄己【2】 父己、父庚【8】 二父：父己、父庚【1】 二父：己庚【1】	15	《合集》22624 《合集》23477 《合集》27419 《合集》27417 《懷特》1375
妣庚、兄庚【2】 祖乙奭妣庚、兄庚【1】 妣、兄庚【1】	4	《合集》22560 《合集》23331 《合集》23488
父庚、父甲	2	《合集》30345
父丁、兄己、兄庚	1	《合集》23187
父己、中己、父庚	1	《屯南》0957
父甲、父庚、祖丁	1	《屯南》1055

①李愛輝綴合，參看《甲骨拼合第466-475則》第475則，中國社會科學院歷史語言研究所先秦史研究室網站，2019年8月5日，http：//www.xianqin.org/blog/archives/12091.html。

（續表）

合祭對象	次數	片號舉例
至于丁于兄庚	1	《合集》02920
自小乙、兄庚（祖庚）	1	《合集》23134
祖庚、父乙（小乙）、子	1	《屯南》附01

表7：祖甲合祭表

合祭對象	次數	片號舉例
祖丁、父甲 父甲、祖丁	8	《合集》27361+《合補》09730= 《契合》345 《屯南》2294
帝甲、祖丁	1	《合集》27439
父庚、父甲	2	《合集》30345
父甲、父庚、祖丁	1	《屯南》1055
父甲眔大乙	1	《合集》30955+《合集》27104= 《拼續》0401
自帝甲	1	《英藏》2264+《合集》27437= 《拼續》0410
自父甲	1	《屯南》2557
祖甲至父丁	1	《合集》32655
父甲、公兄壬	1	《屯南》0095
中宗、祖丁、祖甲、父辛	1	《屯南》2281
祖乙、祖丁、祖甲、康祖丁、武乙	1	《合集》35803

綜上所述，通過梳理先王合祭情況，我們認爲卜辭中所見“三祖”理解爲陽甲、般庚、小辛三位先王更爲合適。賓組祭祀卜辭中陽甲、般庚、小辛三位先王常稱爲“父甲、父庚、父辛”一起合祭，後又在祭祀卜辭中直接簡稱爲“三父”合祭，再到歷組祭祀卜辭中稱爲“三祖”合祭。“父甲、父庚、父辛”→“三父”→“三祖”這一稱呼演變反映出賓組卜辭中陽甲、般庚、小辛三位先王從經常合祭到歷組卜辭中簡稱爲集合親屬稱謂的過程。

陽甲、般庚、小辛三位先王除般庚有遷都的壯舉之外，其他兩位在商朝歷史上並無特別的貢獻，但由於是武丁的父輩，自然受到武丁時期祭祀的特別看重，故將他們一起合祭。而歷組時期，因爲他們是祖庚祖甲的祖輩，陽甲、般庚、小辛三位先王一起受到祭祀。歷組卜辭和賓組卜辭在時代上應該相距不遠，歷組卜辭中陽甲、般庚、小辛三位先王一起合祭可能是賓組卜辭中合祭習慣（禮儀）的延續。歷組卜辭中陽甲、般庚、小辛三位先王稱爲“三祖”，這也是支持歷組卜辭時代提前的一項證據。

三、花東卜辭中的“祖甲”“祖乙”“祖辛”“祖庚”

“祖甲”“祖乙”是《殷墟花園莊東地甲骨》（以下簡稱《花東》）卜辭中祭祀頻率較高的兩位祖先。但對於花東中“祖甲”“祖乙”的具體所指，學者們見解不一，主要有兩種觀點。

第一種觀點認爲花東卜辭中“祖甲”“祖乙”分别指羌甲和中丁之子祖乙，此説的主要支持者是《花東》整理者（2003:28）和葛英會先生。葛英會（2000:8-13）發現花東卜辭的一旬中祖甲祭日在甲日，祖乙祭日在乙日，祖甲祭日早於祖乙，他認爲這是花東祖先祭祀的一個特點，即“所祭近祖及其配偶祖乙、祖甲、妣庚、妣己的致祭順序，以其日名在旬中（甲—癸）的位次排列”。

朱鳳瀚（2004:598-601）據祖甲與祖乙的祭祀順序矛盾問題提出：H3卜辭占卜主體之貴族未必是羌甲之直系後裔，其與王世的具體親屬關係在已刊布的資料條件下尚難確知，還有待進一步研究。劉源（2004:135-137）提出《花東》中“祖甲”“祖乙”不屬於王室祭祀系統。他也關注到《花東》中祭祀祖甲的時間一般要比祭祀祖乙的時間早，這有悖於商王祭祖的常規，因此他提出《花東》中常見的祭祀對象祖乙、祖甲不是王卜辭中的祖乙、羌甲，花東卜辭中上甲、大乙、大甲等先王以外的諸祖、諸妣不屬於王室祭祀系統。

第二種觀點是花東卜辭中“祖甲”“祖乙”應是陽甲、小乙，此説最先由楊升南（2004:206）提出，楊先生從《花東》中祖乙、妣庚和祖甲三位祖先受祭次數多且祭品豐厚角度提出他們和武丁關係密切，祖甲應該是武丁的父輩陽甲，祖乙應該是武丁的生父小乙，妣庚應該是武丁生母妣庚。在未見楊文的情况下，姚萱（2005:42-50）也不謀而合地提出了“祖甲”“祖乙”應是陽甲、小乙的觀點，不過其證據不同。其後韓江蘇（2007:17-21）、乃俊廷（2006:179-198）、左勇（2019:139-148）又從不同角度加以論證。

姚萱（2005）在論證時談到三個關鍵點，基本可信。三個關鍵點分别是：

第一，祖甲早於祖乙祭祀，主要存在兩種情况：（1）祖甲祭日比祖乙早一日；（2）祖甲、祖乙出現在同一條卜辭中被祭祀時，祖甲在祖乙之前。

第二，祖甲的世次在祖乙前面。祭祀卜辭中“自某至某”順序都是從世次較遠的祖先到世次較近的祖先，《花東》149有“自祖甲、祖乙至妣庚”中表明祖甲的世次在祖乙之前。

第三，《花東》中祖乙當指小乙。《花東》161有“辛未：歲祖乙黑牡一，叙𠬝一，子祝。曰：毓（戚）祖非曰云兕正，祖隹（唯）曰录畎不（又一有？）醿（擾？）”，據此提出“曰”後祝辭中“毓祖”是針對前文提到的“祖乙”而發的，

《花東》中“祖乙”指小乙。進而推論出《花東》中“祖甲”“祖乙”是陽甲、小乙，“祖庚”“祖辛”即般庚、小辛。

（1）甲寅歲祖甲牝，歲祖乙宰、白豕，歲妣庚宰，祖甲皆𢼄卯。

《花東》115

（2）丙子歲祖甲一宰，歲祖乙一宰，歲妣庚一宰。在𠛱，來自𡚫。

《花東》480

上揭辭（1）（2）爲姚萱（2005:44）所舉《花東》同一條祭祀卜辭中“祖甲”出現在“祖乙”前面的情況。

左勇（2019）提出從“彳止（延）祭”現象補證祖甲、祖乙的致祭順序。他通過分析“延”祭卜辭，指出當“延”連接兩位及以上的祭祀對象時，“延”字之後者的祭祀順序靠後，一般是“延”字之前者的子輩、王弟或王配。

（3）乙卯歲祖乙白豭一，登自西祭，祖甲延。

《花東》004

左勇（2019）指出辭（3）中祖甲位於“延”字前，祖甲應早於祖乙祭祀。其説可從。

《花東》中“祖庚”“祖辛”的所指有兩種可能：第一種可能即整理者所持觀點（2003:28），花東卜辭中“祖庚”爲南庚，“祖辛”爲祖乙之子祖辛；第二種可能即“祖庚”爲般庚，“祖辛”爲小辛。姚萱提及《花東》056“辛丑卜，御丁于祖庚至□一，𠭰𢀛一人、二牢；至𤰈一祖辛御丁，𠭰𢀛一人、二牢”（《花東》056），並指出《花東》中“祖庚”“祖辛”即般庚、小辛。我們認爲從合祭情況和獻牲數量兩個方面來看，第二種可能更爲合適，即花東卜辭中“祖庚”爲般庚，“祖辛”爲小辛。

首先，從合祭情況來看，如果花東卜辭中“祖庚”爲南庚，“祖辛”爲祖乙子祖辛，那麽《花東》056就是南庚和祖乙之子祖辛的合祭卜辭。從我們整理的“南庚合祭表”“祖辛合祭表”來看，暫未見到《花東》056之外的其他合祭卜辭中存在祖辛和南庚兩位先王。兩位先王的合祭情況如下。

表8：祖辛合祭表

合祭對象	次數	片號舉例
祖乙、祖辛、羌甲、祖丁	1	《合集》00408+《合集》00412=《拼三》0647
祖[辛]、□、祖□	1	《合集》01400

（續表）

合祭對象	次數	片號舉例
大甲、大庚、[中]丁、祖乙、祖[辛]	1	《合集》01474
□甲、祖乙、祖辛	1	《合集》01505
祖辛、上甲	1	《合集》01654
大甲、祖乙、祖辛	1	《合集》06952
雍己、祖辛、兄丁	1	《合集》20014+史語所田野登記號3.2.0942①
祖辛、父□	1	《合集》20576
大丁、祖辛	1	《合集》22773
五示：丁、祖乙、祖丁、羌甲、祖辛	1	《合集》22911
自祖乙、祖辛、毓祖乙、父丁	1	《合集》22943
祖辛、母庚	1	《上博》17647.684+《合集》22963=《拼續》0417
祖辛眔▨	1	《合集》22981
祖□、祖辛	1	《合集》22997
祖辛、奭▨	1	《合集》23324
祖辛、高祖	1	《合集》32314
成、大丁、大甲、大庚、大戊、中丁、祖乙、祖辛、祖丁、它	1	《乙》8576+《合補》00100正+《合集》15453+《乙》2462+《合集》07176+《乙》1360+《乙》6209②
上甲、大乙、大丁、大甲、大庚、大戊、中丁、祖乙、祖辛、祖丁十示	1	《合補》10436+《甲》2283+《合集》22484③
▨、大乙、大丁、大甲、大庚、大戊、中丁、祖乙、祖辛、祖丁	1	《合補》10436+《甲》2283+《合集》22484
祖辛眔父丁	1	《屯南》0051
祖乙、父丁、小乙、祖丁、羌甲、祖辛	1	《屯南》2342
自祖乙、祖丁、小乙、父丁	1	《屯南》4015

表9：南庚合祭表

合祭對象	次數	片號舉例
羌甲、南庚、陽甲	1	《合集》01819
自上甲至南庚	1	《合集》10381
祖丁、南庚	1	《合集》19869

①陳逸文綴合，參看《〈甲編〉綴合26例》第15例，中國社會科學院歷史語言研究所先秦史研究室網站，2014年3月6日，http://www.xianqin.org/blog/archives/3803.html。

②李愛輝綴合，參看《甲骨拼合第466-475則》第472則，中國社會科學院歷史語言研究所先秦史研究室網站，2019年8月5日，http：//www.xianqin.org/blog/archives/12091.html。

③陳逸文綴合，參看《〈甲編〉綴合26例》第12例，中國社會科學院歷史語言研究所先秦史研究室網站，2014年3月6日，http：//www.xianqin.org/blog/archives/3803.html。

（續表）

合祭對象	次數	片號舉例
祖乙、南庚、陽甲	1	《合集》27207+《合集》27209+《合集》29995=《醉古》270
至于南庚	1	《屯南》2360

從上述般庚、小辛的合祭情況和獻牲數量兩個方面來看，《花東》卜辭中“祖庚”爲般庚、“祖辛”爲小辛的看法都非常合適。

第一，從合祭情況來看，如果《花東》056中“祖庚”爲般庚，“祖辛”爲小辛，則《花東》056就是般庚和小辛兩位先王的合祭卜辭，從我們所整理的“般庚合祭表”“小辛合祭表”可知，般庚和小辛的合祭最爲常見（見前表3）。

第二，從獻牲數量來看，般庚和小辛的合祭卜辭中屢見祭品相同情況，如：

（4）御父庚三宰又𢦏二，酢萑至□父庚。
御小辛三宰又𢦏二，酢萑至□。

《合集》21538［子組］

（5）父甲一羊，父庚一羊，父辛一羊。

《合集》02131［典賓］

上揭辭（4）爲乃俊廷（2006:186）所提及般庚、小辛祭牲相同的情況。辭（5）爲典賓卜辭，“父甲”“父庚”“父辛”即武丁父陽甲、般庚、小辛三位先王，三位先王地位相當，獻祭的祭品相同。

因此，從合祭情況和獻牲數量兩個方面來看，《花東》中“祖辛”即是小辛，“祖庚”即般庚應該没有問題。《花東》卜辭中“祖辛”“祖庚”解釋清楚了，則同爲祖輩的“祖甲”指陽甲，“祖乙”指小乙也就容易理解了。既然《花東》中武丁的父輩陽甲、般庚、小辛、小乙都被“子”稱爲祖，那麼《花東》中的“子”也應該是武丁的子輩。

四、結語

我們通過整理合祭卜辭發現，從武丁的合祭系統來看，歷組中“父丁”的合祭卜辭與賓組晚期、出組二類卜辭中武丁的合祭情況有較多相似之處。因此，我們認爲歷組卜辭中“父丁”應該是武丁，歷組卜辭是武丁晚期到祖庚時期的卜辭。從梳理所得陽甲、般庚、小辛三位先王的合祭情況來看，賓組祭祀卜辭中陽甲、般庚、小辛三位先王常被稱爲“父甲、父庚、父辛”，並且一起合祭，這三王在賓組祭祀卜辭中簡稱爲“三父”。同時暫未見孝己、祖庚、祖甲三位先王其他合祭的情況。據此我們認爲歷組卜辭中“三祖”應該指陽甲、般庚、小辛三位先王。歷組卜辭中武丁稱爲“父丁”，歷組卜辭中陽甲、般庚、小辛三位先王稱爲“三祖”都是支持歷組卜辭時代提前的有力證據。通過比較合祭情況和獻牲數量，我們贊同《花東》卜辭中“祖庚”應該指般庚，“祖辛”應該指小辛。《花東》卜辭中“祖甲”即陽甲，“祖乙”即小乙。《花東》卜辭的主人“子”把武丁的父輩陽甲、般庚、小辛、小乙都稱爲祖，那麼《花東》卜辭的主人“子”應該是武丁的子輩。

引書簡稱目録：

《合集》	郭沫若主編：《甲骨文合集》，中華書局，1978-1983年。
《合補》	彭邦炯、謝濟、馬季凡編：《甲骨文合集補編》，語文出版社，1999年。
《屯南》	中國社會科學院考古研究所編：《小屯南地甲骨》，中華書局，1980-1983年。
《懷特》	許進雄編：《懷特氏等收藏甲骨文集》，加拿大皇家安大略博物館，1979年。
《花東》	中國社會科學院考古研究所編：《殷墟花園莊東地甲骨》，雲南人民出版社，2003年。
《英藏》	李學勤、齊文心、艾蘭編：《英國所藏甲骨集》，中華書局，1985-1992年。
《村中南》	中國社會科學院考古研究所編：《殷墟小屯村中村南甲骨》，雲南人民出版社，2012年。
《上博》	濮茅左：《上海博物館藏甲骨文字》，上海辭書出版社，2009年。
《甲》	董作賓：《殷虚文字甲編》，商務印書館，1948年。
《乙》	董作賓：《殷虚文字乙編》，商務印書館，1948-1953年。
《乙補》	董作賓：《殷虚文字乙編補遺》，“中央研究院”歷史語言研究所，1995年。
《拼集》	黄天樹主編：《甲骨拼合集》，學苑出版社，2010年。
《拼續》	黄天樹主編：《甲骨拼合續集》，學苑出版社，2011年。
《拼三》	黄天樹主編：《甲骨拼合三集》，學苑出版社，2013年。
《拼五》	黄天樹主編：《甲骨拼合五集》，學苑出版社，2019年。
《綴集》	蔡哲茂：《甲骨綴合集》，樂學書局，1999年。
《綴彙》	蔡哲茂：《甲骨綴合彙編》，花木蘭文化出版社，2011年。
《醉古》	林宏明：《醉古集——甲骨的綴合與研究》，萬卷樓圖書股份有限公司，2011年。
《契合》	林宏明：《契合集》，萬卷樓圖書股份有限公司，2013年。

參考文獻：

蔡哲茂　2014　《武丁王位繼承之謎——從殷卜辭的特殊現象來作探討》，宋鎮豪主編《甲骨文與殷商史》新4輯，上海古籍出版社。

曹定雲　2016　《論歷組卜辭中“小乙、父丁”稱謂及其相關問題——揭示歷組卜辭時代之確證》，宋鎮豪主編《甲骨文與殷商史》新6輯，上海古籍出版社。

曹定雲　劉一曼　2019　《四論武乙、文丁卜辭——無名組與歷組卜辭早晚關係》，《考古學報》第2期。

曹定雲　2020a　《論歷組卜辭時代爭論與“兩系説”前途》，宋鎮豪主編《甲骨文與殷商史》新10輯，上海古籍出版社。

曹定雲　2020b　《論歷組卜辭時代爭論與“兩系説”使命之終結》，《殷都學刊》第1期。

常玉芝　2019　《殷墟甲骨斷代標準評議（二）——關於“歷組”卜辭的時代問題》，宋鎮豪主編《甲骨文與殷商史》新9輯，上海古籍出版社。

陳　劍　2007　《甲骨金文考釋論集》，綫裝書局。

陳夢家　1988　《殷虚卜辭綜述》，中華書局。

陳煒湛　1985　《“歷組卜辭”的討論與甲骨文斷代研究》，《出土文獻研究》，文物出版社。

董作賓　1977　《甲骨文斷代研究例》，《董作賓先生全集·甲編》，藝文印書館。

葛英會　2000　《讀殷墟花園莊甲骨卜辭》，《殷都學刊》第3期。

郭沫若　1933　《卜辭通纂·考釋》，文求堂書店。

韓江蘇　2007　《殷墟H3卜辭“祖甲、祖乙和妣庚”身份考證》，《殷都學刊》第2期。

黄天樹　2007　《殷墟王卜辭的分類與斷代》，科學出版社。

李學勤　1977　《論“婦好”墓的年代及有關問題》，《文物》第11期。

李學勤　1992　《殷墟甲骨分期兩系説》，《古文字研究》第18輯，中華書局。

林宏明　2003　《小屯南地甲骨研究》，台灣政治大學博士學位論文。

林小安　1986　《武乙文丁卜辭補證》，《古文字研究》第13輯，中華書局。

林小安　2000　《再論“歷組卜辭”的年代》，《故宫博物院院刊》第1期。

林　澐　1984　《小屯南地發掘與殷墟甲骨斷代》，《古文字研究》第9輯，中華書局。

林　澐　2013　《評〈三論武乙、文丁卜辭〉》，《第四届國際漢學會議論文集·出土材料與新視野》，“中研院”。

林　澐　2020　《評〈四論武乙、文丁卜辭〉》，《出土文獻》第1期。

劉一曼　曹定雲　2011　《三論武乙、文丁卜辭》，《考古學報》第4期。

劉　源　2004　《商周祭祖禮研究》，商務印書館。

羅　琨　張永山　1980　《論歷組卜辭的年代》，《古文字研究》第3輯，中華書局。

乃俊廷　2006　《論殷墟花園莊東地甲骨卜辭與非王卜辭的親屬稱謂關係》，王建生和朱歧祥主編《花園莊東地甲骨論叢》，聖環圖書。

彭裕商　1983　《也論歷組卜辭的時代》，《四川大學學報》（哲學社會科學版）第1期。

裘錫圭　1981　《論“歷組卜辭”的時代》，《古文字研究》第6輯，中華書局。

屈萬里　1961　《殷虚文字甲編考釋》，“中研院”歷史語言研究所。

冉　苒　李　發　2019　《歷組卜辭時代問題補議》，《殷都學刊》第2期。

天理大學　天理道教友社（共編）　1987　《天理大學附屬天理参考館甲骨文字》，天理道教友社。

肖　楠　1980　《論武乙、文丁卜辭》，《古文字研究》第3輯，中華書局。

肖　楠　1984　《再論武乙、文丁卜辭》，《古文字研究》第9輯，中華書局。

楊升南　2004　《殷墟花東H3卜辭“子”的主人是武丁太子孝己》，《2004年安陽殷商文明國際學術研討會論文集》，社會科學文獻出版社。

姚　萱　2005　《試論花東子卜辭的“子”當爲武丁之子》，《故宫博物院院刊》第6期。

趙　鵬　2007　《殷墟甲骨文人名與斷代的初步研究》，綫裝書局。

周忠兵　2019　《歷組、賓組同卜一事新例——兼談[illegible]字的異體歸屬及釋讀問題》，《漢字漢語研究》第4期。

周忠兵　2006　《歷組卜辭新綴三十例》，《古文字研究》第26輯，中華書局。

朱鳳瀚　2004　《讀安陽殷墟花園莊東出土的非王卜辭》，《商周家族形態研究》，天津古籍出版社。

左　勇　2019　《再論花東卜辭中祖甲、祖乙爲陽甲、小乙》，宋鎮豪主編《甲骨文與殷商史》新9輯，上海古籍出版社。

On the Appellation of Several Deceased Kings in Li Group and Huadong Divination Inscriptions from the Perspective of Joint Worship System in Shang Dynasty

Pang Miao　Li Fa

Abstract: This article examines the specific references of "Fu Ding 父丁" in Li Group divination inscriptions 歷組卜辭, "San Zu 三祖" in the divination system, and "Zu Jia 祖甲" "Zu Yi 祖乙" "Zu Xin 祖辛" "Zu Geng 祖庚" in Huadong divination inscriptions 花東卜辭. By collating the system of the combined sacrifices of the ancestors, we believe that the "Fu Ding" in the divination of the Li Type should be Wu Ding 武丁, "San Zu" in the divination consist of Yang Jia 陽甲, Pan Geng 般庚 and Xiao Xin 小辛. From the two aspects of the joint sacrifice and the number of sacrifices, in Huadong inscriptions, "Zu Xin" means Xiao Xin, "Zu Geng" means Pan Geng, "Zu Jia" means Yang Jia , and "Zu Yi " means Xiao Yi 小乙.

Key words: Divination of rituals together; Li group divination inscriptions 歷組卜辭; Huadong divination inscriptions 花東卜辭; Oracle chronological division

（龐苗 李發　西南大學漢語言文獻研究所　重慶　400700）

殷墟甲骨文“美”可表樂器説*

趙 偉

摘 要：殷墟甲骨文中與音樂有關的“美”舊或釋爲樂器名，或釋爲樂歌名。近來以“樂歌”説較爲流行。把“美”解釋爲樂歌名，與相關辭例的漏釋或誤讀有一定關係。通過對相關動詞搭配、同版辭例以及卜辭中的樂器組合等問題的考察不難發現，把與音樂有關的“美”解釋爲樂器名更爲合適。

關鍵詞：甲骨文；美；樂器

殷墟甲骨文中“美”可以用作方國名、地名，見於《合集》22044、35346、36971及《英補》59等版。另外還有一些“美”與音樂有關，見於何組和無名組卜辭，凡6例，其辭曰：

（1）万叀美奏，又（有）正？ 《合集》31022[無名]

（2）其奏庸鬬美，又正？ 《合集》31023[無名]

（3）叀小乙乍美庸用？ 《合集》27352[無名]

（4）叀小乙美奏？ 《合集》33128[無名]

（5）叀且（祖）美用？大吉。 《合集》30695[無名]

（6）貞：六弜美①？二 《合集》27459[何組]

*本文是2021年度教育部人文社會科學研究青年基金項目“甲骨文所見音樂資料整理與研究”（21YJCZH238）、河南省哲學社會科學規劃項目“殷墟甲骨文音樂類資料整理研究”（2021BLS003）和河南省高校人文社會科學研究一般項目“殷契集語”（2021—ZZJH061）的階段性成果。張玉金先生對本文的立意、論證過程等多有斧正。李發、張新俊、張軍濤、喬盼峰等先生曾對本文提出諸多修改意見。匿名審稿專家及編輯部亦對本文提出不少寶貴意見。王子楊先生在2021年8月7日審閱本文後表示，同意本文所論“美”爲樂器名，“先前拙文（趙偉按：即本文所引王子楊2019年發表的文章）由於没有仔細研讀《合集》33128而造成誤斷，很不應該”。在此，特向他們一併表示衷心的感謝。

①匿名審稿專家認爲，本文（6）（12）（14）辭中的“六”“五”“八”是兆序，不宜混在命辭中。我們不能同意此觀點。（6）辭兆序爲“二”，（12）辭兆序爲“一”，在拓片和照片中均清晰可見。董作賓（1977）所言“雙層記數”亦難憑信。詳參拙文《談甲骨文中表示樂章的一組數字》，《甲骨文与殷商史》新12輯，待刊。

這些“美”應該怎麼理解，學界尚有不同的看法。裘錫圭（1980）認爲，上揭（1）（2）（3）（6）諸辭中的“美”是樂器名，只是還不知道究竟指哪種樂器①。宋鎮豪（1994:334；2009；2020）則認爲，殷墟卜辭中與音樂有關的“美”都是樂歌名。兩種説法中以後者影響較大，比如王子楊（2019）、何景成（2019）均贊同宋説，認爲“美”是樂歌或樂舞名。

持樂歌或樂舞説者立論依據主要有二：一是將（4）辭釋爲“叀美奏”，並與同版之“叀商奏”“叀祇奏”進行繫聯；二是認爲“美”没有與“用”搭配的用法②。細審拓片不難發現，（4）辭之“小乙”和（5）辭之“用”均清晰可辨。“叀小乙美奏”與“叀商奏”“叀祇奏”顯然不宜等量齊觀。我們認爲，裘先生的説法是正確的，上揭卜辭中的“美”均應釋作樂器名。以下謹從動詞搭配、同版卜辭以及“美庸”等組合樂器三個方面進行考察。不妥之處，尚祈方家指正。

一、與“美”搭配動詞的考察

殷墟卜辭中在提到祭祀用樂的時候，常用的動詞有“奏”“用”“作”和“置”等。其中“置”表陳置、置立之義，僅與樂器名搭配，不與樂歌樂舞名搭配。可與“置”搭配的樂器名有壴（《合集》32419）、鞀（《合集》22543）、庸（《合集》30693）、竽（《合集》22912）4種。卜辭中雖然没有“置美”的説法，但這顯然不能成爲“美”是樂器名的反證。相比來説，與“美”搭配的“奏”“用”“作”三詞，在用法上要更爲複雜。它們的賓語都可以是具體的，也可以是抽象的。下面分别進行討論。

“奏”是一個與樂舞有關的動詞，其賓語可以是樂器名，如“叀且（祖）丁庸奏”（《合集》27310）、“叀父庚庸奏”（《合集》27310）；也可以是樂歌名，如“叀商奏”（《合集》33128）、“叀戚奏”（《合集》31027）。例不備舉。趙誠（1989）指出：“從奏在卜辭裏所帶的賓語來看，其詞彙意義似是集合人衆演奏樂器，或聚集人合舞。”（1）（4）兩辭以“奏”與“美”搭配，説明此類“美”確與音樂有關。

“用”一般以具體的物品名爲賓語，比如各種祭品祭牲等；也可以抽象的事

①該文重點研究的樂器是庸、豐、鞀和竽，對“美”未作深入探討，且未論及（4）（5）兩辭之“美”。學者或釋甲骨文中的豐爲豊，非樂器名，且不同意裘先生讀庸爲鏞，可參林澐先生以下兩文：《豊豐辨》，《古文字研究》第12輯，中華書局，1986年；《豊豐再辨》，《古文字研究》第32輯，中華書局，2018年。關於庸、豐的釋讀，本文暫從裘説。

②宋鎮豪（2009）指出：“甲骨文中的樂器，有時還可與‘用’字連用”，但是“美”却“不見此類文例”。

物名稱爲賓語，只是相對少見，如“其用玆卜”（《合集》29256）。在與樂舞有關的卜辭中，“用”的賓語以樂器名爲常見。宋鎮豪（2009）曾把是否與“用”搭配看作判斷樂器名和樂歌名的一項重要參考，這是有一定道理的。“美”與“用”搭配者見於（3）（5）兩辭。（6）辭言“弜美”，這與卜辭中“弜庸”（《合集》31021）、“其庸”（《屯南》1022）的説法一致，可以看作名詞“美”“庸”活用爲動詞，表“用美”“用庸”之義，也可以看作省略了動詞“用”（參看裘錫圭，1980）。從與（6）辭同版的“叀庸用”來看，後一種情況的可能性要大一些。除去這種省略現象之外，卜辭中與樂器名搭配的“用”尚有20餘例，涉及的樂器名稱有“庸”（《屯南》4554）、“豐”（《合集》32536）、“熹”（《合集》30693）、“韶”（《英藏》2359）、“龢”（《合集》30693）、“[illegible]”（《合集》27459）等。“用”與樂歌樂舞名搭配者僅有3例：“叀唐鼉[用]”（《合集》27151）、“叀武唐用”（《合集》27151）、“叀且丁林舞用”（《合集》28209）（參看王子楊，2019）。

“作”是一個用法更爲廣泛的動詞，其意義往往隨着語境的不同而發生變化。徐中舒（2014:888）認爲帶具體類賓語的“作”表“治作”義，如“乍大邑”（《英藏》1105正）；帶抽象類賓語的“作”表“爲、興起”之義，如“乍蚩”（《合集》34101）。這在總體上是符合實際的。“作”與樂器名搭配者如“其乍豐，又（有）正”（《屯南》2276）、“弜乍豐”（《合集》34609）、“乍豐庸”（《合集》27137）、“万其攸庸”（《合集》31018）等，釋其爲“治作”義可通。裘錫圭（1980）在討論此類“作”的意義時指出：

> 《禮記・仲尼燕居》：“爾以爲必行綴兆，興羽籥，作鐘鼓，然後謂之樂乎？”卜辭所説的“作豊”“作庸”，大概多數與《禮記》的“作鐘鼓”同意，是指作樂而言的。其中是否有應該當制作豊、庸講的，還需要研究。

也就是説，此類“作某”與“奏某”之意近同①。不過，（3）辭言“叀小乙乍美庸用”，同時出現了“作”和“用”兩個動詞。以卜辭習見之“叀+樂器名+用”例之，這裏的“用”已經含有使用、演奏之義，故“作”就不應該再解釋爲“奏”。“小乙乍美庸”作爲“用”的前置賓語，很有可能就是指爲小乙制作的美和鏞。卜辭中這種“祖先名+樂器”的説法並不鮮見，如“叀且乙熹用”（《合集》32536）、“叀且丁豐用”（《屯南》2294）、“叀父庚庸用”（《屯南》1055）、“叀且丁庸用”（《屯南》1255）、“叀父庚庸奏”（《合集》27310）、“叀且丁庸奏”（《合集》27310）

①卜辭中與樂歌名搭配的動詞一般是“奏”。“作”以樂歌名爲賓語者僅見1例，即《合集》36775之“攸[illegible]十冬”，參見王子楊（2015）。

等。（5）辭“且美”可能是“祖某美”之省，也可能是拓片未能將“祖某”之日名拓出。樂器名前的祖先名，應是表示所屬關係的修飾語。裘錫圭（1980）認爲，“父庚庸和祖丁庸當是爲康丁的父輩祖庚和祖父武丁所作的鏞”。其説可信。“叀小乙乍美庸用”只不過是把這種“制作”義給表述出來而已。

“小乙乍美庸”之“乍”，表示“爲……作”之義。商周金文中也有這種將祖先名置於動詞“作”之前的例子，如“丩冊父戊乍”（《集成》8531）、“𨚕父己乍寶尊彝”（《集成》5281）“弔父乙乍寶尊彝”（《近出》434）、“田告父丁乍寶彝”（《集成》5273）等。劉雨、盧岩（2002:310）指出，“弔父乙乍寶尊彝”應讀作“叔乍父乙寶尊彝”。

《合集》3256+2941辭曰：“□王乍用奏？”[①]“用”讀作“庸”（參看裘錫圭，1980）。這裏同時出現了“作”和“奏”兩個動詞，與（3）辭類似。“王作庸奏”應是奏王所制作之鏞的意思[②]。

卜辭中還有一些“作”用於動詞前，無實際意義，如“貞：乍告疒于祖辛，[又]正”（《合集》13852）、“貞：今㫗（早）王弜（勿）乍比望乘伐下危”（《英藏》588正）等[③]。此類“作”與後跟樂器名的“王乍用（庸）奏”“叀小乙乍美庸用”之“作”不同。

“美”可與動詞“奏”“用”搭配，更重要的是，還可與表示制作義的動詞“作”連用。這對我們把“美”理解爲樂器名顯然是有利的。

此外，（2）辭中的闘字从門从𡭊，或於所从門上添加一横筆作（《屯南》3004），在殷墟甲骨文中僅此兩見。《屯》3004辭曰：

（7a）叀新秉屯用上田，又正？吉。

（7b）弜屯，其闘新秉，又正？吉。

（7b）中的“弜屯”是“弜屯用新秉”之省，與（7a）之“叀新秉屯用上田”形成正反對貞。“其闘新秉”是對“弜屯”的進一步説明。“闘”位於語氣副詞“其”之後、名詞“新秉”之前，基本上可以確定是一個動詞。“屯用”之“屯”可讀爲表總括詞的“純”，表全、皆一類的意思（參看姚萱，2006:89）。由此可知，

①蔣玉斌綴合，參見蔣玉斌《甲骨新綴第1-12組》，中國社會科學院先秦史研究室網站，3月20日，https://www.xianqin.org/blog/archives/2306.html。

②匿名審稿專家指出：“‘乍’帶樂器名時，‘作’的意義不一定是‘製作’那麼實、那麼具體，也許解爲較寬泛的‘治作’更穩妥。”我們同意此觀點。不過，“叀小乙乍美庸用”“□王乍用（庸）奏”中的“小乙乍美庸”“王乍庸”分别爲動詞“用”和“奏”的賓語，似應看作偏正結構。這與屬於動賓結構的“乍+樂器名”應該有所不同。

③《英藏》588正“今”後一字從陳劍（2007:127-176）釋。此承匿名審稿專家指正。

“閾”當是表示與“純”相反、與“弜純”近似的一個詞，很可能含有不純、混雜之義①。

（2）辭中的“奏庸閾美”，應看作兩個並列的動賓結構。舊或釋“閾”爲殺牲法（參看于省吾，1996:2088），或釋爲與“庸”並列的樂器名（參看宋鎮豪，2009），似均有不妥。“閾”與“奏”對應，“美”與“庸”對應。這從另一個角度説明，“美”和“庸”具有相同的性質，即都是樂器名。

二、與“美”同版卜辭的考察

把“美”看作是樂歌名，很大程度上與（4）辭及其同版卜辭的釋讀有關。該辭行款爲下行而右，“叀”下明顯有一字的空間，“美奏”二字列於右側。細審拓片不難發現，“叀”下“奏”左之字作，舊多漏釋。此顯爲“小乙”之合文，“乙”之下半殘去。濮茅左（2009:453）已將其釋出。（4）辭上方依次有“叀祇奏”“叀商奏”二辭。一般認爲，卜辭中與音樂有關的“祇”“商”係指樂歌名。因此，根據同版辭之間的繫聯，把漏釋“小乙”的“叀美奏”之“美”一併理解爲樂歌名也就不足爲怪了。“叀祇奏”和“叀商奏”是就擬演奏的樂歌而卜，“叀小乙美奏”是就擬採用的樂器而卜。它們内容相關，但性質並不完全一樣。《屯南》4554有辭曰：“叀戚庸用？”又“叀兹册用？”一卜樂器，一卜祝告之册。此可爲《合集》33128之釋讀提供參照。

卜辭中與“美”構成選貞關係或處於並列地位的，有不少都是樂器名。這可看作“美”是樂器名的有力證據。

（1）辭之同版辭曰：“叀庸奏，又（有）正？”此與“万叀美奏”顯然構成選貞關係。“叀庸奏”所省略的主語亦爲“万”。王子楊（2019）也注意到這一點，因指出：“‘美’與‘庸’處於選貞的位置，更容易讓人相信‘美’作爲一種樂器的可信性。”

（2）辭之同版辭曰：“弜㪅？”又“叀□庸□。”後一辭雖殘，但仍能看出其占卜與樂器“庸”有關。（3）辭同版辭曰：“叀㪅庸用？”又“弜㪅庸用？”兩辭對貞，所卜之“㪅庸”亦指樂器。裘錫圭（1980）在比較（2）（3）兩辭之同版辭後指出，“弜㪅”之“㪅”當與“庸”有關。此説可從。進一步説，“㪅庸”或可省作“㪅”。

①張新俊先生在審閲本文後指出，此字應是以門爲聲符，或可讀爲半。古音門在文部，半在元部，可得旁轉。

（5）辭之同版辭曰："叀紸用？大吉。"這裏的"叀紸用"和"叀且美用"上下相鄰，句法結構相同，顯然也是與音樂有關的占卜。紸字从之（或作止）在幺上，或於下方累增雙手形，或於字形兩側添加數點筆。此暫從黄錫全（1989）隸定。不過，黄先生將卜辭中的"紸"讀作"織"之古文"紶"，訓作紡織義。此説於"叀紸用"一辭似難通講。我們認爲"紸"也應該是一種樂器名稱，並且從文字構形來看，很可能是一種絲弦類樂器。

最值得一提的是（6）辭。其他見有樂器"美"的各版均爲胛骨之殘，可資比勘的辭例有限。《合集》27459則是一完整的龜腹甲，占卜内容豐富，可以稱得上是整個殷墟甲骨文中記録祭祀用樂最爲詳實的一版。因《合集》中該版拓片略顯模糊，舊有諸家釋文多有錯漏。清晰的拓片參見《甲》3918。王蘊智（2018:15）收録了該版的高清照片，"六弜美"之"六"在照片中清晰可見。該版占卜内容可以第二道齒縫爲界分爲上下兩個部分。上半部分卜祭祀用樂，占卜時間均在壬戌日，有明顯的刮削痕迹；下半部分主要卜田獵時間、天氣、地點以及往來禍福，占卜時間涵蓋壬子、戊午、庚申、辛酉、癸亥和辛未。爲便於討論，現將該版除（6）辭之外與祭祀用樂有關的辭例一併引出：

（8）壬戌卜，狄貞：王父甲⿱⿰乇十口□其豐，王受又=？大吉。一

（9）貞：弜豐？

（10）壬戌卜，貞：叀冎用？三

（11）貞：弜目？吉。

（12）貞：五叀唯？一

（13）貞：叀庸用？大吉。

（14）貞：八弓（勿）庸？

（8）辭位於前右甲靠近甲橋處，記録最爲詳細。"王"和"父甲"之間很可能是省略了動詞"宓"①。"父甲⿱⿰乇十口"是上揭各辭所圍繞的核心事件。"父甲"指祖甲。其後之字董作賓（1977:743）釋爲从升、从日，張軍濤（2020）釋爲祐，也有學者釋爲莫（參看曹錦炎、沈建華，2006:3097；陳年福，2010:2461）。其中以釋"祐"最爲近是，在辭中用作祭名。考慮到其上方左側構件的横筆並未向右貫通，與卜辭習用作祭名的"乇"區別明顯，今暫且依原篆摹寫。（8）（9）兩辭卜問是否採用樂器"豐"，顯爲正反對貞。

（10）和（11）、（13）和（14）也是兩組正反對貞卜辭，位於前甲靠近千里路

① 《合集》23187辭曰："癸酉卜，行貞：王父丁歲二牛眔兄己一牛、兄庚□□，亡尤？"對比同版辭例可知，"王"與"父丁"之間亦省略了動詞"宓"。

處。與雖然寫法略有不同，但顯然是一個字。下文提到該字，統一寫作㓷。其下部象有腹和立足之器物形，上部一側有類似於柱的竪筆，器上有一末端帶短竪的横筆與柱相連。在（10）辭中，該字省去了器腹形，故字形下部與“丙”混同。連劭名（2007）釋其字爲爵，宋鎮豪（2009）疑其爲鎛類樂器。㓷另見於《合集》21446、31021和《村中南》238各版。《合集》31021辭曰：“其豐㓷，又（有）正？”㓷亦用作樂器名。

（12）辭“叀”後一字作，舊多誤釋爲隹①。其字从隹，但隹之左下方尚有一斜筆，拓片、照片均甚爲顯豁。這是一個尚待收録的甲骨文字形。

（12）（6）兩辭分别位於右前甲和左前甲靠近甲橋處。它們的刻寫位置雖然左右相對，但不屬於正反對貞②。它們的主語（即數詞“六”和“五”）和賓語均不相同，所聚焦的具體問題也就不同。

綜合分析（6）和（8）至（14）各辭，它們占卜祭祀的時間在同一天，涉及的祭典只有“𢀛”一種，又不曾涉及用牲的問題，因此，“五叀隹”“六弜美”“八勿庸”諸辭中的數詞與祭祀的次數或用牲的數量等是没有關係的，它們很可能是指祭祀祖甲所用之樂的不同樂章③。所謂“某（數詞）叀某（樂器名）用”，是指某一樂章採用某種樂器。其中的數詞可以省略④。舊有各家釋文或將這些數詞漏釋，或誤認爲是兆序⑤，遂使“六弜美”與其他各辭的關係變得隱晦難求。

總之，在《合集》27459中，“美”與“豐”“㓷”“隹”“庸”等樂器名顯然是處於並列地位的。我們没有理由把後四者看成是樂器名，而單獨把“美”看作樂歌名。

三、“美庸”與樂器組合

“美庸”一語僅見於（3）辭的“叀小乙乍美庸用”。宋鎮豪和王子楊兩位先

①屈萬里（1984）謂：“當是隹而假爲隻。”此説不可取。裘錫圭（1980）於此字缺而不釋。

②裘錫圭（1980）認爲（6）和（8）至（14）辭是4對正反對貞的卜辭，不够準確。

③詳參拙文《談甲骨文中表示樂章的一組數字》。最先注意到這些數字與音樂有關的是宋鎮豪先生。宋鎮豪（2009）指出：“上揭卜辭‘貞八勿庸’‘貞五叀隹’，義不詳，蓋卜問鏞鐘敲擊的節奏節拍。”這些數詞在句子中是主語，且分别對應不同種類的樂器，因此，敲擊的“節奏節拍”説顯然不能令人滿意。

④卜辭中有不少“叀+樂器名+用”的説法，顯然是爲特定樂曲選用樂器而卜。其中是否還有就具體樂章而言者，尚有待於進一步研究。

⑤如《殷虚文字甲編考釋》《甲骨文合集釋文》《殷墟甲骨刻辭摹釋總集》漏釋其中的“六”和“八”，《甲骨文校釋總集》和《殷墟甲骨文摹釋全編》漏釋其中的“六”等。另外，董作賓（1977）將該版的“五”“六”“八”看作兆序。

生雖然都把其中的“美”看作樂歌名，但具體解釋却有不同。宋鎮豪（2009）認爲“美庸”與卜辭習見的“新豐”“舊豐”“新庸”“舊庸”“新熹”“舊熹”“新竽”以及“𣃘庸”“戚庸”等均屬附記樂器或舞具的舞樂名，與樂器名無涉[①]。王子楊（2019）則認爲“小乙乍美”是“庸”的限定語，“小乙作美庸”意指小乙宗廟的“演奏‘美’樂”之庸。這兩種説法均有可商之處。《合集》25901辭曰“置新用（庸）”，《合集》18597辭曰“尊新壴”，《合集》22912辭曰“置新竽”，這裏的“新庸”“新壴”“新竽”恐怕只有理解爲樂器名才能講得通。卜辭中是否存在“樂/舞名+樂器/舞具”這種舞樂稱名方式，尚未能定論。某一樂器專門爲演奏某一個特定的樂歌而用，恐亦不合情理。

如前文所言，我們認爲“美庸”應是並列的樂器名。實際上，卜辭中既有“小乙美”（《合集》33128），又有“小乙庸”（《合集》31013、《英藏》2263），這是把“美庸”理解爲兩種樂器名更爲直接的證據。卜辭中像“美庸”這樣不同樂器名並舉的現象還有不少，例如：

（15）其置庸壴于既卯？　　《合集》30693[無名]

（16）庸壴其眔熹壴障（尊）？　　《合集》31017[無名]

（17）☐豐庸于之☐。　　《合集》34612[歷組]

（18）☐叀亻公乍豐庸，于□又正，王受又？　　《合集》30961[何組]

（19）𣪘庸在𠆢，又肉，其袁？　　《合集》31012[無名]

（20）其豐䝨，又正？　　《合集》31021[無名]

（21）鼎叀龢庚用？　　《合集》30693[無名]

在上揭並舉的樂器名中，最爲常見的“庸”既可前置（如“庸壴”），又可後置（如“豐庸”），這也能説明它們之間是並列的關係。（15）辭“卯”爲動詞，表殺牲法。“置庸壴于既卯”是説在“卯”完成後陳置鏞鼓兩種樂器[②]。這與文獻中的記載具有一致性。《禮記・郊特牲》：“殷人尚聲，臭味未成，滌蕩其聲，樂三闋，然後出迎牲。”于“既卯”之時“置庸壴”，顯然是爲了趕上奏樂以迎“既卯”之牲。（16）辭中的動詞“障（尊）”與“置”同，表陳置義，其賓語不限於樂器名，

①宋先生認爲卜辭中的“新”“舊”是樂歌名的一個重要理由是它們可以獨立與“奏”搭配，分别見於《合集》31027、31033和《拾補》18.7。其中《合集》31027“叀舊奏”屬於誤讀。此“奏”字應釋爲“祉”，且其上方明顯有殘字，未必可與右側的“舊”連讀。另兩版中的“新”“舊”，似不能排除是“新某”之省的可能。《綴彙》478有辭曰：“丙子卜，何貞：叀舊用？”蔡哲茂（2011:124）指出，此“舊”很可能是指“舊𣃘”而言。

②初稿釋“置庸壴于既卯”曰“在祭牲準備好而尚未進獻之時陳置鏞鼓兩種樂器”，此承匿名審稿專家指正。

亦可是祭祀所用的其他器物名，如“來丁巳尊鬲于父丁”（《合集》32694）“來丁巳尊甗”（《合集》32125）等。（21）辭之“鼏”爲祭名，另見於《合集》27226、32603、32718等版。“龢”屬編管類吹奏樂器，郭沫若（1982:96）釋爲“大笙謂之巢，小者謂之和”（《爾雅·釋樂》）之“和”。“庚”字从又持庚，又見於《合集》22274、《屯南》2148、《花東》403諸版。此應即宋鎮豪（2009）所增補之第五種樂器，蓋屬鉦鐃之類。

“美庸”以及“庸壴”“豐庸”“熹壴”“鞀庸”等並舉的樂器説明，殷人已廣泛使用不同樣式的組合樂器進行演奏。宋鎮豪（2009）在解釋（15）辭之“庸壴”時説：“由‘置庸、壴’乃知壴與鏞鐘兩種敲擊樂器還配合演奏。”此言得之。由該辭可知，殷人的迎牲之樂是用到鏞和鼓兩種樂器的。使用不同種類的樂器進行配合演奏，應屬於後世所謂“合樂”的一種。《詩經·大雅·靈臺》：“於論鼓鍾，於樂辟廱。”鄭箋：“以爲音聲之道與政通，故合樂以詳之。”《儀禮·鄉飲酒禮》：“乃合樂，《周南》：《關雎》《葛覃》《卷耳》；《召南》：《鵲巢》《采蘩》《采蘋》。”鄭注：“合樂，謂歌樂與衆聲俱作。”（2）辭中的“奏庸鬬美”，顯然是使用“美”“庸”兩種樂器進行合樂的一種體現。

《合集》27459版就壬戌日祭祀祖甲用樂一事進行占卜，其中提到的“豐”“隹”“美”“㠯”“庸”是擬行採用的5種樂器。不論最終的占卜結果如何，都足以説明這5種樂器是可以在同一個祭祀活動中進行使用的。它們之間也可以看作是組合或配合的關係。從“五叀隹”“六弜美”“八勿庸”等辭來看，壬戌日所用這首完整的樂篇至少包含8個樂章[①]，並且每一樂章所使用的樂器可能都有所不同。由此可以想見殷商王室祭祀用樂陣容之盛大。所謂“殷人尚聲”之説，必當淵源有自。

《周禮·春官宗伯·鍾師》云[②]：“凡樂事，以鍾鼓奏《九夏》：《王夏》《肆夏》《昭夏》《納夏》《章夏》《齊夏》《族夏》《裓夏》《驁夏》。”鄭注：“以鍾鼓者，先擊鍾，次擊鼓以奏《九夏》。”這裏的鐘鼓應該是演奏《九夏》的主要樂器，並非全部。《儀禮·燕禮》：“若以樂納賓，則賓及庭，奏《肆夏》。”鄭注曰：“《肆夏》，樂章也，今亡。以鍾鑮播之，鼓磬應之。”據此可知，其樂尚用鎛與磬。《九夏》樂分九章，並使用到多種樂器。這與《合集》27459中祭祀祖甲所用之樂具有相似之處。

殷人使用樂器組合，在其他商代考古資料中亦有所體現。據王秀萍（2012）統計，殷墟曾先後出土編鐃13套，殷墟以外出土的商代編鐃有6套，其中可以確定

---

①殷人之樂可有十章，參見王子楊（2015）。

②“鍾師”原誤植爲“鐘師”，承匿名審稿專家指正。

爲3件1組的多達16套。這充分説明殷商時期編鐃的組合方式已具有一定之規。閆浩（2016）指出：“至遲在殷墟文化二期，編鐃、編磬和塤等樂器就已經作爲成熟的樂器組合被使用了。”

還有一點需要指出，（15）辭既言“庸壴”，又言“熹壴”。同一種樂器“壴”前後出現兩次，看似與中間的並列連詞“眔”不相協調。裘錫圭（1980）已經注意到了這個問題，所以説：“與‘熹鼓’並提的‘庸鼓’，也有可能不是指鏞和鼓兩件東西，而是專指一種與鏞配合的鼓。如果確實如此，更可以證明商人經常以鼓與鏞並用。”這是非常有道理的。不過，“庸壴”與“熹壴”並提，也可能存在其他的情況，比如它們分别指特定的樂器組合，與“庸”組合的“壴”和與“熹”組合的“壴”並不完全相同。卜辭中除了“豐”指大鼓之外，“壴”另有“玉壴”（《屯南》441）、“巳壴”（《合集》30763）之别。殷人樂器種類之豐富，於此亦可見一斑。

綜上所述，把殷墟甲骨文中與音樂有關的“美”理解爲樂器名，是非常合適的。通過與“美”同版卜辭的繫聯，我們新認識到紸和隹也是樂器名。“美”不僅可以和卜辭中習見的“庸”組合使用，還可以與豐、隹、㱿等樂器共同用於長篇樂章的演奏。這對我們理解殷墟甲骨文中記録祭祀用樂最爲詳實的《合集》27459，乃至整個殷商時期的禮樂文化，都具有重要意義。

正如裘錫圭（1980）所説，“美”究竟屬於何種樂器，我們尚且不得而知。考慮到卜辭中“林”既可作方國名（《合集》36968）、地名（《合集》9741正），又可用作樂舞名（《合集》31033），我們懷疑樂器“美”也可能與“美”地存在着關聯①。

引書簡稱目録：

《合集》	郭沫若主編：《甲骨文合集》，中華書局，1978-1983年。
《英藏》	李學勤、齊文心、艾蘭編：《英國所藏甲骨集》，中華書局，1985年。
《英補》	李學勤、齊文心、艾蘭編：《英國所藏甲骨集·圖版補正》，中華書局，1992年。
《屯南》	中國社會科學院考古研究所編：《小屯南地甲骨》，中華書局，1980-1983年。
《村中南》	中國社會科學院考古研究所編：《殷墟小屯村中村南甲骨》，雲南人民出版社，2012年。
《花東》	中國社會科學院考古研究所編：《殷墟花園莊東地甲骨》，雲南人民出版社，2003年。
《甲》	董作賓：《殷虛文字甲編》，商務印書館1948年。
《拾補》	朱孔陽：《殷虛文字拾補》，綫裝書局2009年。
《集成》	中國社會科學院考古研究所編：《殷周金文集成》，中華書局，1987年。
《近出》	劉雨、盧岩：《近出殷周金文集録》，中華書局，2002年。

①張新俊先生告訴筆者，樂器“美”或與後世文獻中的“徽”有關。徽从微得聲。古音美在明紐脂部，微在明紐微部，音極近。“美”在楚文字中常寫作“𡙈”或“㒲”。《漢書·揚雄傳》：“今夫弦者，高張急徽。”顔師古注：“徽，琴徽也，所以表發撫抑之處。”存此以備考。

參考文獻：

蔡哲茂　2011　《甲骨綴合彙編（釋文與考釋）》，花木蘭文化出版社。
曹錦炎　沈建華　2006　《甲骨文校釋總集》，上海辭書出版社。
陳　劍　2007　《釋造》，《甲骨金文考釋論集》，綫裝書局。
陳年福　2010　《殷墟甲骨文摹釋總集》，綫裝書局。
董作賓　1977　《安陽侯家莊出土之甲骨文字》，《董作賓先生全集·甲編》（第2册），藝文印書館。
郭沫若　1982　《甲骨文字研究》，《郭沫若全集·考古編》（第1卷），科學出版社。
何景成　2019　《試論殷墟甲骨卜辭與樂舞有關的“益”字》，《出土文獻》（第14輯），中西書局。
連劭名　2007　《商代的禮樂與樂師》，《殷都學刊》第4期。
濮茅左（編著）　2009　《上海博物館藏甲骨文字》，上海辭書出版社。
裘錫圭　1980　《甲骨文中的幾種樂器名稱——釋“庸”“豐”“鞀”》，《中華文史論叢》（第2輯），中華書局。
屈萬里　1984　《殷虛文字甲編考釋》，聯經出版事業公司。
宋鎮豪　1994　《夏商社會生活史》，中國社會科學出版社。
宋鎮豪　2009　《殷墟甲骨文中的樂器和音樂歌舞》，李宗焜主編《古文字與古代史》（第2輯），“中研院”歷史語言研究所。
宋鎮豪　2020　《甲骨文中的樂舞補説》，《海南大學學報（人文社會科學版）》第4期。
王秀萍　2012　《殷墟婦好墓銅鐃組合方式新探》，《南京藝術學院學報》第3期。
王蘊智　2018　《殷墟甲骨文書體分類萃編·甲骨照片精選（二）》，河南美術出版社。
王子楊　2015　《甲骨文中值得重視的幾條史料》，《文獻》第3期。
王子楊　2019　《揭示若干組商代的樂歌樂舞——從甲骨卜辭“武湯”説起》，《“中研院”歷史語言研究所集刊》第90本第4分。
徐中舒　2014　《甲骨文字典》，四川辭書出版社。
閆　浩　2016　《商代編鐃與先秦禮樂的肇始》，《中原文物》第5期。
姚　萱　2006　《殷墟花園莊東地甲骨卜辭的初步研究》，綫裝書局。
于省吾（主編）　1996　《甲骨文字詁林》，中華書局。
張軍濤　2020　《〈合集〉27459拓本、照片對讀的新發現》，《漢字漢語研究》第3期。
趙　誠　1989　《甲骨文行爲動詞探索（一）》，《古文字研究》（第17輯），中華書局。

On the Musical instrument *Mei* 美 in Oracle Bone Inscriptions

Zhao Wei

Abstract: Researchers has different opinions of *Mei* 美 related to music in oracle bone inscriptions. Some consider it as a musical instrument, and others consider it as a song or a dance. The latter has become more popular recently, which is somehow related to the omission or misreading of some relevant inscriptions. After examining verbal collocations, contextual inscriptions on the same piece, and combination of musical instruments, it is not difficult to find that it is more appropriate to explain *Mei* 美 related to music as the name of a musical instrument.

Keywords: Oracle bone inscriptions; *Mei* 美; Musical instrument

（趙偉　河南大學黄河文明與可持續發展研究中心/
黄河文明省部共建協同創新中心　開封　475001）

𢦔壺銘補釋

吴鎮烽

摘　要：曹錦炎先生《新見𢦔卣銘文及其相關問題》一文對𢦔卣（應稱“壺”）作了很好的考釋，𢦔卣和山西曲沃縣曲村鎮北趙村晉侯墓地M114出土的𢦔甗銘文完全相同。今就𢦔卣器名和兩器的銘文進行補釋。本文認爲所謂的“虎方”或者“狄方”，應是“犲（豺）方”；所謂的“各廟”應是“王朝”兩字的誤釋。“朝”當讀爲朝夕之“朝”。“王朝”兩字連同下列五字合爲一句，讀爲“王朝令（命）𢦔事（使）于緐（繁）”。

關鍵詞：𢦔壺；𢦔甗；犲方；朝令

筆者最近看到曹錦炎先生（2021）《新見𢦔卣銘文及其相關問題》一文公布了日本某私家收藏的一件“𢦔卣”的全形拓及銘文拓本（圖一、圖二 • 1、3），此器甚爲重要。曹先生作了釋文，並進行了深入研究，筆者讀後頗受啓發。本文想就其器名和釋文再作一些補充。

過去人們在卣和壺的命名上多所混亂，一般研究青銅器的學者都將帶有提梁的青銅器歸爲卣類。這種分類實不科學。近年來，人們注意到一部分帶有提梁的所謂“卣”却自名爲“壺”，如日本出光美術館收藏的一件提梁器，銘文是“隹壺”；河南平頂山北滍村出土的一件提梁器，銘文是“姜作用壺”，湖北隨州葉家山出土的一件提梁器，銘文是“曾侯作田壺”。這類提梁器一般都是内插式蓋。對此，張昌平先生（2011）曾提出“以承蓋方式區别卣和壺，即將母蓋承子口的歸爲卣，母口承子蓋的稱爲壺”。筆者基本上贊同張説，但應再補充四點。其一，提梁壺整體修長，提梁卣矮胖；其二，提梁壺壺體横截面一般呈圓形，提梁卣卣體横截面一般爲橢圓形；其三，提梁壺一般口小且較直，或者微侈，提梁卣多爲斂口或者口微内收；其四，提梁壺頸較細長，而提梁卣頸較粗矮。以上四點當然也有個别的例外。“𢦔卣”直口長頸，器體横截面呈圓形，圓腹圜底，下部有四條獸蹄形足，頸部有一對小鈕，套接扭索形提梁，内插式蓋，蓋面隆起，上有圈狀捉手，下有長子口，通體光素。造型與山東滕州前掌大商墓出土的提梁壺、小子省壺風格基本相同，只是把圈足改成了四條獸蹄足而已。故筆者認爲此器應改稱𢦔壺。

𢦔壺蓋、器對銘，各五十六字。曹先生文中所附的蓋、器銘文拓本有些字較模糊，筆者得到朋友提供的銘文照片較清晰（圖二 • 2、4），可互相參照。該壺銘文與2000年山西曲沃縣曲村鎮北趙村晉侯墓地M114出土的𩛥甗銘文相同（圖三），但由於墓葬被盜掘破壞，甗體殘破較甚，許多字缺失。兩器相互校勘，既可補足𩛥甗缺失的字，又可印證𩛥壺銘文拓本中一些模糊不清的字。

筆者對𩛥壺銘文重新釋文如下（分行依𩛥壺器銘）：

隹（唯）十又一月，王令（命）
南宫伐犾（豺）方之年，
唯正月既死霸庚
申，王才（在）宗周，王朝
令（命）𩛥事（使）于緐（繁），易（賜）貝
五朋，𩛥敔（敢）𠭰（揚）對王休，
用乍（作）寶隮（尊）彝，子=（子子）
孫=（孫孫）甘（其）永寶用。

1 2 3 4

圖　二

1.蓋銘拓本　2.蓋銘照片　3.器銘拓本　4.器銘照片

“王令南宫伐犲方之年”，這是以重大事件來紀年的一種方式。此類“大事紀年”最早見於西周早期青銅器銘文，如山東黄縣出土的旅鼎“唯公太保來伐反夷年”，湖北孝感出土的中方鼎“唯王令南宫伐反虎方之年”，傳世的鼓䍙簋“王令東宫追以六師之年”等。戰國時期楚國用此方式紀年的現象就更多了。

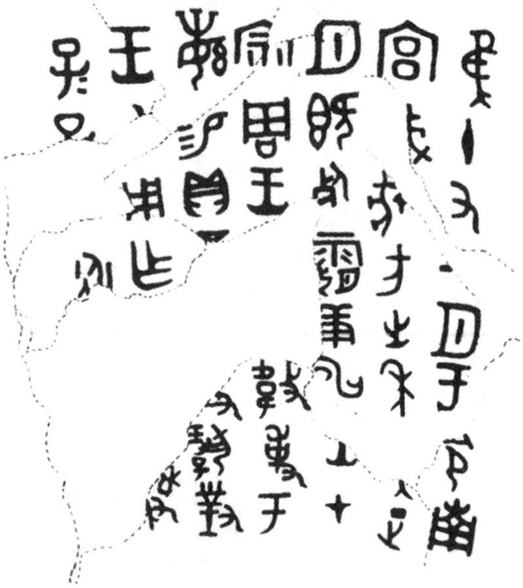

圖三

銘文中的“南宫”，李學勤先生（2007）和曹錦炎先生（2021）都認爲與中方鼎的南宫是一個人，時代爲西周昭王時期。筆者贊同此説。“犲方”，即豺方，曹先生釋爲“狄方”，孫慶偉先生（2007）、李學勤先生（2007）對㲄甗的這兩個字釋爲“虎方”，均不確。這個字左从犬，右从才，當釋“犲（豺）”。㲄甗這個字左上方雖然稍殘，但可看出確實是“犲”。㲄壺的器銘拓本十分清楚，其下再無筆劃。孫、李二先生之所以釋爲“虎方”，可能受中方鼎的“王令南宫伐反虎方之年”的影響，曹先生發現此字並不像虎，左旁是“犬”，右旁還有筆畫，推測右旁是“火”字的殘筆，故釋爲“狄”。李學勤先生推定南宫伐虎方之年即昭王十八年。此壺的南宫伐豺方與伐虎方不是一回事，也不可能是同一年發生的事件。若用同年發生的兩件大事分别紀年就無法區别了。又因十九年昭王伐楚“南征不復”，死於漢水，故此伐豺方也不可能發生在昭王十九年或其後，應在伐虎方和伐楚之前，即昭王十八年之前，具體年份尚難推定。

“豺方”一詞，金文首次出現，古文獻未見記載。它在什麽地方？值得我們探討。壺銘記載在南宫伐豺方之年的正月庚申日，周王命㲄“使于繁”。繁，見於西周中期的班簋“王令毛伯更虢城公服，屏王位，作四方極，秉緐、蜀、巢”，李學勤（2007）、孫慶偉（2007）、曹錦炎（2021）諸先生均認爲此“繁”也就是《左傳》

屢屢出現的繁陽。春秋早期的曾伯霥簠（《銘圖》05979）有“克狄淮夷，抑燮繁陽，金道錫行”；戎生鐘（《銘圖》15242）有“俾潛征繁陽”；曾公畎鎛（《考古》2020年7期82頁圖14）有“涉政淮夷，至于繁陽”，以及晋姜鼎（《銘圖》02491）、繁陽之金劍（《銘圖》17819）等。春秋時期“繁”爲楚地，故址大致在今河南新蔡縣東北。中方鼎記載南宫伐虎方，周王命中先省南國，而南宫伐豺方，周王也命𢦏出使繁（詳後），二者肩負的任務應該一樣，都是與南宫伐虎方或者伐豺方有密切關係。虎方是商周時期南方小國，大概地處江淮地區。武丁時期的卜辭亦有記載商朝對虎方的征伐。既然𢦏出使的繁在今河南新蔡縣一帶，那麽豺方也應在南方，與虎方毗鄰或者相近，因爲都是以猛獸爲族徽或族氏名。

𢦏壺蓋銘和器銘拓本“王才（在）宗周”之後的兩個字均模糊不清，器銘拓本可以看出後一個字左邊从“𠦝”，右旁僅見一竪，曹先生將兩字釋爲“各廟”，可能是曹先生依照一般錫命類銘文在“王在宗周”之後常有“各廟”或“各大室”之語推測爲“各廟”兩字。我們發現在𢦏甗銘文中“王在宗周”之後是“王”字（圖三），下一字則完全缺失，而在𢦏壺器銘照片上則可以清晰地看出該字左旁从“𠦝”，右旁有二竪劃，其結構與史話簋（《銘圖》4986）、事族簋（《銘圖》5084）的“朝”字完全相同，可以肯定此字爲“朝”。兩器合觀，“王在宗周”之後的兩個字當釋爲“王朝”。

“朝”字在兩周金文中經常出現，凡五十多見，用法有四。其一，讀爲“zhāo”，時間用詞，即早晨。如：利簋（《銘圖》5111）的“唯甲子朝，歲貞”；矢令尊（《銘圖》11821）的“明公朝至于成周”；大盂鼎（《銘圖》2514）的“朝夕入諫，享奔走，畏天威”；宗人簋（《銘續》20440）的“宗人其朝夕用享孝于嫡宗室”；伯句簋（《銘圖》4989）的“其朝夕用盛稻、粱、秠”等；其二，用爲人名、地名。如：朝歌（朝歌右庫戈，《銘圖》17059）、掃父昶朝（掃父昶朝鼎，《銘圖》2130）等；其三，讀爲“cháo”，訪、見之義。臣見君，諸侯相互拜見。如：子犯鐘（《銘圖》15200）的“子犯佑晋公左右，燮諸侯得朝王，克奠王位”；陳侯午敦（《銘圖》6079）的“陳侯午朝羣邦諸侯于齊”等。其四，借爲“廟”，如：趞簋（《銘圖》5304）的“王格于大朝（廟）”；乖伯簋（《銘圖》5385）的“用孝宗朝（廟）”等。在𢦏壺、𢦏甗銘文中“朝”應讀爲朝夕的“朝”，即早晨。《説文》：“朝，旦也。”《爾雅・釋詁下》：“朝，早也。”《廣韻・宵韻》：“朝，早也。又旦至食時爲終朝。”“王朝”兩字連同下列五字合爲一句，讀爲“王朝令（命）𢦏事（使）于緐（繁）”，文從字順。全句是説周王在正月庚申日早晨命令𢦏出使繁。

銘文其他字句就没有難理解的了，此不贅述。

𢦏壺、𢦏甗銘文大意是説：在南宫伐犲（豺）方那一年的正月既死霸庚申日，周王在宗周。周王早晨命令𢦏出使繁，並賜給貝幣五朋，𢦏稱謝周王的恩賜，鑄造了這件尊彝，希冀子子孫孫永遠寶用。

參考文獻：

曹錦炎　2021　《新見𢦏卣銘文及其相關問題》，《半部學術史，一位李先生——李學勤先生學術成就與學術思想國際研討會論文集》，清華大學出版社。

李學勤　2007　《論𢦏甗銘及昭王南征》，《仰止集——王玉哲先生紀念文集》，天津人民出版社。

孫慶偉　2007　《從新出𢦏甗看昭王南征與晉侯燮父》，《文物》第1期。

張昌平　2011　《論濟南大辛莊遺址M139新出青銅器》，《江漢考古》第1期。

Supplementary Interpretation on the Wei Hu 𢦏壺 Inscription

Wu Zhenfeng

Abstract: In Cao Jinyan's article Problems Concerning the Inscription of the Newly Found Wei You 𢦏卣, he made a good interpretation on the Wei You 𢦏卣 inscription and the inscription is identical with that of Wei Yan 𢦏甗 unearthed from Tomb M114 of the Marquis of Jin at Beizhao, Qucun, Quwo, Shanxi. This article makes a supplementary interpretation on the vessel name and inscription of Wei You. It holds that the so-called *hufang* 虎方 or *difang* 狄方 should be interpreted as *chaifang* 犲(豺)方, and that the so-called *gemiao* 各廟 should be a misinterpretation of *wangzhao* 王朝, in which the character "朝" should be read as *zhao* 朝 meaning morning. Combining *wangzhao* with the following five characters, the whole sentence becomes *wangzhaomingweishiyufan* 王朝令(命)𢦏事(使)于緐(繁).

Keywords: Hu 壺; Yan 甗; *Chaifang* 犲方; *Zhaoling* 朝令

（吴鎮烽　陝西省考古研究院　西安　710061）

乘盨“走馬馭人”補釋*

蘇文英

摘　要：本文對金文和傳世文獻中的“走馬”“趣馬”“馭人”“馭夫”進行了辨析，並對金文中的“馭”字字形進行了梳理，認爲新出乘盨銘文中的“”字應釋爲“馭”，金文中的“走馬”“馭人”都是西周時期重要的武官，尤其是爲周王御車或與“走馬”並提的“馭”，很可能是中大夫一級的武官。

關鍵詞：金文；乘盨；走馬；馭

乘盨2017年入藏中國國家博物館，内底鑄銘文10行51字，著録於《商周青銅器銘文暨圖像集成三編》（吴鎮烽，2020），編號30544。其銘文先後經曹錦炎（2009：56-59）、田率（2020：59-61）兩位先生撰文考釋，基本已可通讀，但其中個别字詞的釋讀尚有争議。今不揣譾陋，談談我的一點淺見，以就正於方家。

爲了討論方便，下面先寫出田先生的釋文：

> 隹（惟）三（四）年二月初吉己子（巳），中（仲）大（太）師才（在）莽，令（命）乘粮（總）官嗣（司）走馬、騶人，易（錫）乘馬乘㠯（以）车。乘敢對䚄（揚）中（仲）氏不（丕）顯休，用乍（作）寶盨，乘其萬年子₌（子子）孫永寶[①]。

該銘文中所謂“騶”字，字形作，右半部筆劃不太清晰，曹先生和吴先生均釋爲“馭”，但两位先生没有对此字进行分析討論，而田先生釋爲“騶”，另外田先生認爲金文中還有兩例“騶”字：

> （1）乃祖考事先王，司虎臣，今命汝曰：更乃祖考，胥師戲司走馬、騶人眔五邑走馬、騶人[②]。
>
> （虎簋蓋甲、乙，西周中期，《銘圖》05399、05400）

---

*本文受到西南大學中央高校基本科研業務費專項資金項目“甲金文異體字研究”（SWU1709606）、國家社科基金項目“基於資料庫的商代祭祀資料的搜集、整理與研究”（18BZS031）、西南大學中央高校基金創新團隊項目“古文字與出土文獻研究”（SWU2009108）的資助，在寫作和修改過程中得到喻遂生師及匿名審稿專家指正，謹致謝忱。

①原文通作簡體，文中統一改爲繁體。

②以下引用銘文均採用寬式，不涉及需要討論的字形徑直使用通用字。

(2) 應侯命畧曰：“司朕走馬、騶。”

（畧簋，西周中期，《銘續》0437）

這兩例中的“騶”，向來也是被釋爲“馭”的。田先生之所以認定這些字是“騶”字，大概是因爲他認爲“走馬”即《周禮》記載的“趣馬”，“馭人”即“馭夫”，在辨析字形之前，有必要先對此点進行討論。

一、關於“走馬”“趣馬”“騶人”“馭人”

田率（2020:61）認爲：“在《周禮》所擬的周代官制系統中，趣馬是司馬之下校人的屬官，執掌馬政事務。”“趣馬、騶人是掌管馬政的軍事類低級職官，王朝軍隊、基層組織及地方諸侯國皆有設置，如以‘五邑’爲代表的地方行政單位中就設立趣馬、騶人（見虎簋蓋銘），應國也有趣馬、騶這樣的官員（見猷簋銘）。仲太師在莽委任乘官職，乘所管轄的是莽京當地駐軍的趣馬、騶人。”《周禮•夏官•司馬》：“大馭，中大夫二人。”“馭夫，中士二十人，下士四十人。”“趣馬，下士，阜一人，徒四人。”“趣馬”的地位當然是在“大馭”“馭夫”之下，但按照上述銘文中的排列順序，“走馬”的地位肯定是在“馭”之上的。因此田文讀爲“騶人”，指出“騶字本義是刈草喂馬”，並引用《左傳》襄公二十三年“孟氏之御騶豐點好羯也”，孔穎達疏：“騶是掌馬之官，蓋兼掌御事，謂之御趨。”説明“騶”的職責本來是養馬，這樣銘文似乎就合乎《周禮》所記載的職官系統了。其實對金文中的“走馬”与傳世文獻中的“趣馬”的關係，學者早就注意到有不合之處。郭沫若（2002:165-166）指出：“《周官》之趣馬其多如此，故其職甚低賤，僅爲下士。然此與見於《詩》及彝銘者多不合。……觀此二詩，趣馬與卿士冢宰及天子之妃並列，其非賤吏可知。其見於彝銘者多爲王近侍之臣，亦絕不低賤。”[①]郭沫若（1958:152）還説：“蓋走馬若趣馬之職，其中自有等級，其最高者或當於卿，斷非如《周禮》之僅爲下士。”蔡雨彤（2018:38-42）對金文中的“走馬”進行了專門研究，認爲金文中的“走馬”是重要的武官，並非《周禮》中的低級官吏趣馬，但與《詩經》《尚書》中的“趣馬”相合，並説：“按《周禮》的官職等級劃分，馬36匹一馭夫，馬12匹一趣馬，可見趣馬職位低於馭夫，受馭夫管制，然而銘文中馭人與走馬並列，並不存在隸屬關係，可見《周禮》精密規整的職官系統並不符合西周社會真實情況。”我們認爲蔡説有理，例（1）中的“走馬”是“師”的屬官，例（2）中的“走馬”直接屬於應國君主，因此不大可能是田先

①此點蒙匿名審稿專家提示，謹致謝忱。

生所謂《周禮》中記載的“司馬之下校人的屬官”“趣馬”。從下列西周銘文來看，“走馬”職位不低。

（3）王格太室，即位，益公右走馬休，入門，立中廷，北嚮，王呼作册尹錫休。

（走馬休盤，西周中期，《銘圖》14534）

（4）王在糦侲宫。大以厥友守，王饗醴。王呼膳夫馭召大以厥友入捍。王召走馬應，令取繇犅卅二匹錫大。

（大鼎，西周晚期，《銘圖》02465）

（5）王在周，格康廟，即位，凡仲右師兑入門立中廷，王呼内史尹册命師兑：胥師龢父司左右走馬、五邑走馬，錫汝乃祖巾、五衡、赤舄。

（元年師兑簋，西周晚期，《銘圖》05325）

（6）王在周，格太廟，即位，𩁹伯右師兑，入門，立中廷，王呼内史尹册命師兑：余既命汝胥師龢父，司左右走馬，今余唯申就乃命，命汝𩰫（總）司走馬，錫汝秬鬯一卣、金車、雕較、朱鞹、鞎、靳、虎冟、纁裏、厷軛、畫轉、畫轄、金甬、馬四匹、鋚勒。

（三年師兑簋，西周晚期，《銘圖》05374、05375）

例（3）中“走馬休”能直接受王賞賜，其右者是“益公”，而從西周中期的銘文來看，他經常在册命金文中擔任右者，例如在申簋蓋（《銘圖》05312）中右申接受太祝的册命，在師道簋（《銘圖》05328）中擔任師道的右者；在詢簋（《銘圖》05378）中擔任詢的右者，而詢受王命管理衆多的虎臣、夷人。此外，益公還在永盂（《銘圖》06230）中受王命賜予師永田，在乖伯簋（《銘圖》05385）中受王命征討眉敖，在倗伯爯簋（《銘圖》05208）中是倗伯的上級，這些都説明他地位很高，很可能在恭王、懿王時期位居周王室公卿之首。因此“走馬休”也决不可能是品級很低的大臣，更不可能是下士。例（4）中“走馬應”掌管王的馬匹，直接受王命賞賜王的侍衛“大”三十二匹馬，其品級也不會低。例（5）（6）中師兑先受命管理“左右走馬”“五邑走馬”，可知“走馬”是“師”的屬官。從師兑受賜的物品來看，第二次更爲高級豐厚，似乎説明單説的“走馬”比“左右走馬”“五邑走馬”職位更高。例（1）中“走馬”排在“五邑走馬”之前亦能説明此點。上引銘文均説明“走馬”能够直接受王册命、賞賜，至少也應是中等級别的軍事將領，顯然與《周禮》中的下士“趣馬”相差甚遠，上引辭例中“走馬、馭人”的排列順序與《周禮》中“馭夫、趣馬”的排列順序無關。傳世文獻《尚書》《詩經》中的“趣馬”，則可能與金文中的“走馬”相符，此點前人已多有論述（參看蔡雨彤，2018:39），兹不贅述。總之，就西周金文來看，“走馬”是有比較高職位的官吏，在册命銘文中大概不會與地位較低的“騶人”並列。曹錦炎、吴鎮烽兩位先生都將乘盨中的這個字釋爲“馭”，例（1）（2）中的這個字向來也釋爲“馭”，其實是合乎文義的。

從銘文中我們也可看到“馭”都是由士擔任的，因其服務的對象不同而有高低貴賤之别，有的甚至可能是級别比較高的官吏。商周金文中的“馭”字有三種用法：一是做動詞，表示“駕馭”的意思；二是做名詞，指馭者；三是做人名、族氏名、地名。這三種用法詞義密切相關，語源相同。下面我們主要來看看明顯指官名或馭者的例子。

（7）馭龘麈作旅甗。

（馭龘麈甗，西周早期，《銘續》0273）

（8）王馭𢊁作寶簋。

（王馭𢊁簋，西周早期，《銘圖》04627）

（9）王馭祭仲僕，令暨奮先馬走。

（令鼎，西周早期，《銘圖》02451）

（10）錫汝邦司四伯，人鬲自馭至于庶人六百又五十又九夫。

（大盂鼎，西周早期，《銘圖》02514）

（11）王令毛公以邦冢君、徒馭、戜人伐東國㾓戎。

（班簋，西周中期，《銘圖》05401）

（12）以公命用䝨朕僕馭、臣妾自气。

（霸姬盤，西周中期，《銘三》1220）

（13）余命汝尸我家，𦃞(總)司我西偏、東偏，僕馭百工、牧臣妾。

（師𩛥簋，西周晚期，《銘圖》05363）

（14）肆武公乃遣禹率公戎車百乘、厮馭二百、徒千。

（禹鼎，西周晚期，《銘圖》02498）

（15）師寰虔不惰，夙夜恤厥將事，休既有功，折首執訊，無諆徒馭，毆俘士女、羊牛，俘吉金。

（師寰簋，西周晚期，《銘圖》05366）

從例（7）至（9）明顯可看出“馭”是官名，例（9）中祭仲爲王馭，祭氏是周公之胤，祭仲作爲王的近身護衛爲王御車，其職位應該不低。西周中期前段有一件㪉簋（《銘圖》05258），銘文中祭叔右㪉受册命食邑於鄭，主管訴訟，可見祭氏的幼子在王朝亦屬於高級貴族之列。裘錫圭《説“僕庸”》（2012:113-119）一文曾經指出古代稱僕的人並不一定是被奴役者，先秦古書中所見的僕，很多是屬於御車者。例（13）中的“僕馭”，裘先生認爲“似乎可以説明僕的主要任務不是御車，而是戰鬥、守衛。不過也有可能‘僕馭’已經成爲一個指稱從事戰鬥、守衛、御車等工作的被奴役者的複合詞了。”他還指出一些金文中的僕跟虎臣一樣是戎臣，從例（13）“僕馭、百工、牧、臣妾”的次序，“也可以看出戎臣在各種被奴役者中間占有比較高的地位”。準此，例（12）中的“僕馭”也應當是霸姬的戎臣。而例（11）（14）（15）中的“馭”，明顯也是在戰鬥中的御車者，也是戎臣。例（10）中的“馭”，是周王賞賜給盂的，極有可能是戰爭中的俘虜，李學勤（1958:51）已指出“馭”和“庶人”指人鬲原來的身份，裘錫圭（2012:120）認爲“春秋以前雖然也有地位低的御，如師猷簋的‘僕御’，但是一般稱御的都是士，是貴族。這批‘人鬲（係）’裏的御很可能會變成戎臣，庶人很可能會變成庸”。上引例（10）至（15）中的“馭”可能地位不太高，極有可能是戰爭中俘獲來的敵方貴族，但其身份仍然屬於士，比“百工、臣妾”的地位高。乘盨是西周晚期器，銘文中的“馭人”與“走馬”並列，聯繫例（5）（6），“走馬、馭人”應當都是“師”轄屬的中級武官，而非普通的御車者。

二、關於“馭”的字形

田先生認爲乘盨中的“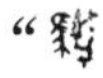”字右半部象手持草形，右上从“中”，可隸定爲“叏”，而“叏”似是“芻”字的省變，顯然與金文中常見的“馭”字右半部不同，故應釋爲“騶”。但金文中真正的“芻”字作（大簋，《集成》04165）、（揚簋，《集成》04294）、（乖伯簋，《集成》04331）等形（參看鄔可晶，2018:275-280），與此字右半部相差甚遠。

此字是“馭”還是“騶”？判斷的關鍵在於兩字右半部的寫法，由於田文僅僅簡單摹寫出了“馭”字的五種形體，沒有進行充分的比較分析，下面我們將“馭”字分爲五大類列出來，以便進一步考察説明。

A1 	A2 
婦馭卣，商代晚期，《銘圖》12719	大保盉，西周早期，《銘圖》14789

A1字形从“馬”从“又”，族氏名，有同銘器多件，舊或直接按字形隸定，但從A2所出之大保盉銘文字形可確定爲“馭”字，可能指北方燕國附近的一個方國族氏。

B1 	B2	B3	B4	B5
馭卣，商代晚期，《銘圖》13286	令鼎，西周早期，《銘圖》02451	大盂鼎，西周早期，《銘圖》02514	不㝨簋，西周晚期，《銘圖》05387	師寰簋，西周晚期，《銘圖》05366

B類字形的右部即甲金文中“鞭”字，甲骨文字形作（《合集》20842），鞭形不如B1寫實。B1字形右下部从“又”，象手持槌頭狀的打擊物，其右上圓點若省去或與弧綫融合，則可能變爲B2右上部的寫法。B1、B2字形“又”上作十字形，很容易省變爲常見的“攴”旁，B2省去十字形的横筆則爲B5字形。金文中的“鞭”字寫作如下之形：

九年衛鼎，西周中期，《銘圖》02496	儹匜，西周中期，《銘圖》15004	霸姬盤，西周中期，《銘三》1220

與B2、B3字形基本吻合，其右上之“”形，或認爲即“冕”字初文，可視爲聲符，亦古文字演變過程中常見的“變形音化”規律。

C1 	C2 	C3 
犾馭簋，西周早期，《銘圖》04895	犾馭觥蓋，西周早期，《銘圖》13661	大保罍，西周早期，《銘圖》13831

C類字形主要是右上部筆畫差異較大。C3與A2是同人所作器，C3多出右上的曲綫，因此C類字形右上部的筆劃可能是馬鞭的不同表示。B、C兩類字形即象手執鞭馭馬之形，只不過“鞭”的形狀可能五花八門。

從漢代圖像和現代實物馬鞭（見下圖）的形狀來看，都是在手持短棍的前端繫上繩索之類的東西。短棍直，繩子纖長彎曲，圖1、圖2、圖5鞭形末梢作分叉狀，圖3、圖4、圖6鞭形末梢作彎曲狀，不難看出它們與上述字形中代表鞭形之構件的關聯。

圖1①

圖2

圖3

圖4

①圖1至圖4來自李國新、楊蘊菁（2014）編著《中國漢畫造型藝術圖典・器物》，（鄭州）大象出版社，第163、123、127、135。圖5、圖6來自網絡。

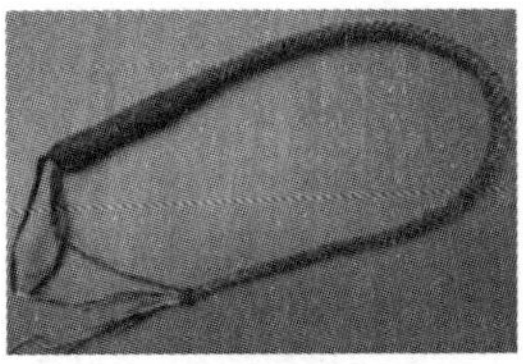

圖5

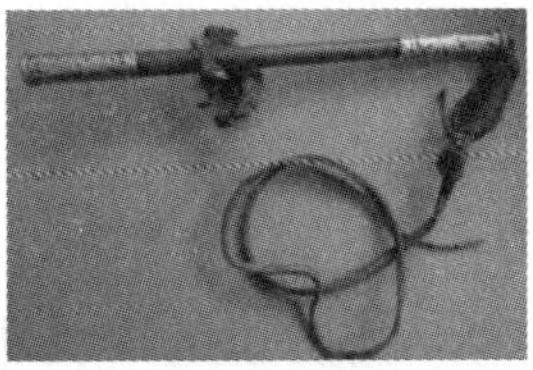

圖6

D1	D2	D3	D4	D5
曶簋，西周中期，《銘續》0437	虎簋蓋甲，西周中期，《銘圖》05399	虎簋蓋乙，西周中期，《銘圖》05400	師㝨簋，西周晚期，《銘圖》05363	乘盨,西周晚期，《銘三》0544

我們贊同田先生把乘盨銘文中的字，即D5，與D1、D2、D3認同。但他認爲右上部或从“中”或从“木”則不可從。比較D2、D3，即虎簋蓋甲、乙兩件銘文所出字形可知，其右上並不从“木”，D2右上部兩横筆一短一長平行，不大可能是“木”形。D3右上部近似“木”形的下部筆劃實際是D2右上部下面一横的變形。D4雖是宋人摹本，其右上並没有寫作“中”或“木”，而只是把D2右上的兩筆横畫寫作對稱的兩組斜筆。其實D5右上與C1看起來也近似，C1出自㺇馭簋（《銘圖》04895），其同人所做器㺇馭觥蓋（《銘圖》13661）的字形爲C2，右上像一條帶圈的繩索狀物，這也可進一步説明其右上非“中”形。D1右上部也比一般“中”形的中間一筆長得多。從D1到D2，其實可以看作古文字構形演變中常見的竪筆加點再變爲短横（如“萬”等字的演變）的情况。考慮到“馭”字右半部所謂鞭形表現複雜，我們認爲D類右上部也可以看作鞭形的不同表現方式。

E1	E2	E3	E4
馭𩱩䢅甗，西周早期，《銘續》0237	大鼎，西周晚期，《銘圖》02465	大鼎，西周晚期，《銘圖》02466	霸姬盤，西周中期，《銘三》1220

E類右上从一“丙”或二“丙”形（E4整字方向相反，相關構件位於左上），其構義尚無定論。“丙”或可表示車，上引例（9）銘文中説“王馭祭仲僕”，趕馬駕車都是“馭人”的職責，其字从“丙”亦在情理之中。

經過梳理，上述諸形的演變序列大概如下：

第1系从“馬”从“又”，會馭馬之義，字形最爲簡單，與《説文》古文同，後被小篆、隸楷字形繼承。第2、3系右部象手持馬鞭形，馬鞭的表現形式比較複雜。第3系、第4系的字形都僅見於西周時期，未被後代繼承，第2系字形在春秋戰國時期被各國文字繼續沿用，可能與其右上部分音化有關。

三、結語

綜上所述，我們認爲乘盨中的“”字應釋爲“馭”，“走馬”“馭人”都是西周時期重要的武官。“走馬”雖然可能是主管馬政的官吏，但並非《周禮》記載的低級官吏下士“趣馬”，而是由周王或“師”所轄屬的中級武官。“馭人”與“僕”一樣，主管車馬相關事務，因其服務的對象不同而有高低貴賤之别，但都是由士擔任的。尤其是爲周王御車或與“走馬”並提的“馭”，很可能是中大夫一級的武官。

參考文獻：

曹锦炎　2019　《乘盨銘文考釋》，“第一屆出土文獻與中國古代史學術論壇暨青年學者工作坊會議”論文集，復旦大學。

蔡雨彤　2018　《薛仲赤簠“走馬”新證》，《殷都學刊》第2期。

郭沫若　1958　《兩周金文辭大系考釋》，科學出版社。

郭沫若　2002　《郭沫若全集・考古編》，科學出版社。

李國新　楊蘊菁　2014　《中國漢畫造型藝術圖典・器物》，大象出版社。

李學勤　1958　《近年考古發現與中國早期奴隸社會》，《新建設》第8期。

裘錫圭　2012　《説“僕庸”》，《裘錫圭學術文集》（第5卷），復旦大學出版社。

田　率　2020　《乘盨小考》，《文物》第4期。

鄔可晶　2018　《“㚸、若”補釋》，《古文字研究》（第32輯），中華書局。

吴鎮烽　2012　《商周青銅器銘文暨圖像集成》，上海古籍出版社。

吴鎮烽　2016　《商周青銅器銘文暨圖像集成續編》，上海古籍出版社

吴鎮烽　2020　《商周青銅器銘文暨圖像集成三編》，上海古籍出版社。

中國社會科學院考古研究所　2007　《殷周金文集成》（修訂增補本），中華書局。

Supplementary Interpretation of Zouma Yuren 走馬馭人 in the Inscription of Cheng Xu 乘盨

Su Wenying

Abstract: This article discriminates *Zouma* 走馬, *Quma* 趣馬, *Yuren* 馭人, *Yufu* 馭夫 in the bronze inscriptions and the handed-down documents. It also straightens out the shapes of the character *yu* 馭 in the bronze inscriptions, and holds that the character “” in the inscription of Cheng Xu 乘盨 should be interpreted as yu 馭, and that both Zouma and Yuren in the bronze inscriptions were important military officers in the Western Zhou Dynasty, especially yu, who served for the kings of Zhou as a charioteer or be mentioned alongside Zouma, was likely to be a military officer of the rank of Zhongdafu 中大夫.

Keywords: Bronze inscriptions; Cheng Xu 乘盨; Zouma 走馬; yu 馭

（蘇文英　西南大學漢語言文獻研究所
西南大學出土文獻綜合研究中心　重慶　400715）

叔㝬簋小考*

張　斌

摘　要：從叔㝬簋的銘文、器型、紋飾特點來看，將該簋的年代定於西周早期後段到西周中期前段較爲合適，以王世來説，當爲昭穆時器，以穆世的可能性居大。銘文的部分表述較爲特殊，整篇銘文文義尚待疏通，内容涉及西周中期應國歷史人物、貴族人名稱謂等問題，也可能與征伐淮夷有關，在一定程度上可豐富我們對於西周歷史的認識。

關鍵字：叔㝬簋；斷代；文義；應國；人名稱謂；淮夷

叔㝬簋著録於《商周青銅器銘文暨圖像集成三編》（吴鎮烽，2020），編號爲0507，之前未曾著録，屬於新見器物，暫無學者進行具體考證①。該器年代，吴先生定爲西周早期前段，可能失之過早。銘文並無難釋字②，但是部分文句表達較爲特殊，與常見文例有異，整篇銘文的含義也並非一望即知，尚需作進一步疏通。簋銘涉及西周時期的重要封國應國的歷史人物以及人名稱謂等問題，也可能與西周中期王朝對淮夷的征伐有關，可以豐富相關歷史信息。故而筆者不揣冒昧，對器物的年代進行重新斷定，對器物銘文進行疏通並儘可能地勾稽其反映的歷史信息，以起引玉之效。

---

*行文過程中多次向北京師範大學歷史學院劉卓異老師請教青銅器斷代及金文的相關問題。文章草成之後曾在北京師範大學歷史學院“先秦史論文寫作課”和曲阜師範大學歷史文化學院主辦的“新出文獻與中國早期文明研究學術研討會”上宣讀，諸位師友均提出了有益的建議。黄錦前先生還惠賜其未刊之大作供筆者學習。投稿之後，匿名審稿專家、集刊編輯老師又爲拙文提出了諸多寶貴意見，大部分意見筆者已經採納，並在文章中以脚注的形式標出。對於諸位師友、匿名審稿專家和編輯老師的幫助，在此謹致謝忱，文章中出現的錯謬均由筆者一人負責。

①本文所引青銅器銘文均見於中國社會科學院考古研究所編《殷周金文集成》（中華書局，2007年）與吴鎮烽編著《商周青銅器銘文暨圖像集成》（上海古籍出版社，2012年）、《商周青銅器銘文暨圖像集成續編》（上海古籍出版社，2016年）、《商周青銅器銘文暨圖像集成三編》（上海古籍出版社，2020年），行文分别簡稱爲《集成》《銘圖》《銘圖續》《銘圖三編》。

②在簡帛網上，已有學者對《銘圖三編》的釋文進行了校改，但均不涉及本文討論的叔㝬簋。參看許友和《〈商周青銅器銘文暨圖像集成三編〉1-3册釋文校訂》，簡帛網，2020年12月14日，http://www.bsm.org.cn/show_article.php?id=3617；單育辰《〈商周青銅器銘文暨圖像集成三編〉釋文校訂》，簡帛網，2021年1月11日，http://www.bsm.org.cn/show_article.php?id=3624。

圖1：叔𤔲簋器影（《銘圖三編》0507）

圖2：叔𤔲簋銘文

圖3：𦲃簋器影（《銘圖》05179）

圖4：静簋器影（《銘圖》05320）

圖5：叔夨方鼎銘文（《銘圖》02419）

圖6：鮮盤銘文（《集成》10166）

一、器物年代

該簋爲獸首半環耳圈足簋，環耳下方有方形垂耳，鼓腹，侈口束頸，頸部中間爲獸首浮雕，兩側爲垂冠顧首夔龍紋。底紋爲雲雷紋，主紋飾爲卷喙顧首大鳥紋，圈足飾有兩道弦紋。吴先生斷定該器屬於西周早期前段，也就是武王、成王時期（吴鎮烽，2012:2）。若然，則該器銘文對於研究應國始封等早期歷史具有重大意義①。但是根據叔龜簋本身的銘文、形制、紋飾特點來判斷，該簋的年代或不至早到西周早期前段。

叔龜簋銘文共四行，前三行每行九字，第四行不計重文爲八字，字體之間的距離大體相近，字體偏旁結構緊致平穩，整體布局規整，與西周中期的静簋（圖4）、鮮盤（圖6）、井鼎（《集成》02720）、史牆盤（《集成》10175）等器物銘文的字體特點和整體布局類似，而與利簋（《集成》04131）、天亡簋（《集成》04261）、何尊（《集成》06014）、叔夨方鼎（圖5）等西周早期前段器物銘文所呈現出的字體局部肥大、波磔明顯和整體布局較爲隨意的特點明顯不同。

在器型和紋飾方面，與叔龜簋類似的器型已見諸西周早期，如御正衛簋（《銘圖》04994）、辛䣄相簋（《銘圖》05224），均呈現出侈口、束頸、鼓腹、圈足的形態，但是該器型主要流行時期爲西周中期，如鼂簋（《銘圖》05167）、段簋（《銘圖》05234）等。作爲主紋飾的顧首卷喙型大鳥紋可追溯至西周早期後段，主要流行時間在昭穆時期到西周中期（朱鳳瀚，2009:562、566-567；王世民等，2018:202、204-205）。而且，器型與紋飾相結合的器物則主要見於西周中期前段（王世民等，2018:58-67），以䕌簋（圖3）、静簋（圖4）爲例，二器在形制與紋飾上雖與叔龜簋存在一定差異，如䕌簋環耳獸首卷曲向上、圈足裝飾有目紋和獸首卷曲紋、頸部所飾夔龍紋小且密布、整體紋飾呈現出“滿花”的狀態，静簋圈足没有裝飾弦紋、獸首與叔龜簋微殊，但是這些差異是居於次要地位的，相似之處則居於主要地位，三器均爲獸首半環耳圈足簋，以雲雷紋襯底，頸部飾有顧首夔龍紋，主紋飾爲顧首卷喙大鳥紋。因此，䕌簋、静簋的年代應是判斷叔龜簋年代的重要參考，尤其是静簋，在形制、紋飾上與叔龜簋相似度極高，更應引起重視。

䕌簋的年代屬於西周中期前段，涵蓋穆、恭二世。静簋爲穆王時期的標準器（參看郭沫若，2002:128-129；唐蘭，2016:368-371；馬承源等，1988:111；王世民等，2018:60-61），屬於西周中期前段，其與静卣皆爲静所作之器，器主爲一人。

① 《左傳》僖公二十四年明確記載周公所封建的親戚就包括作爲“武之穆”的應氏。

陳夢家先生（2004:90）認爲静卣、静簋的年代爲成康時期，但是這一斷代是建立在對於小臣静卣的斷代基礎之上①，理由則是小臣静卣的器主與静卣、静簋的器主“可能”爲一人。陳先生用“可能”一詞，可見他也不十分肯定此説。事實上，西周金文中異人同名者較多，以“人名繫聯法”進行斷代時應取審慎態度（參看盛冬鈴，1983:26-64；韓巍，2009）。沈長雲先生（2012）從形制、紋飾、字體等多個角度論證静卣、静簋的器主與静方鼎、小臣静卣的器主僅僅是同名而已，不是同一人，後兩器作於成康時期，與前兩器年代無涉，這無疑是正確的意見。

以𦞤簋、静簋的年代作爲參考，叔𩰫簋的年代也應與之相近，應該是西周中期前段的器物。但是因爲西周早期後段與西周中期前段不可能截然分離，相關器型和紋飾在西周早期後段也已經出現，我們也不能完全肯定該簋的年代就一定不屬於西周早期，所以爲求穩妥，筆者將該簋的年代定在西周早期後段到西周中期前段，再精確一些，或可定爲昭穆時器，以穆世的可能性居大。

二、銘文解析

我們先將吴先生的釋文按照原款移録如下，然後再作具體分析。

隹（唯）王十又二月戊寅，雁（應）/白（伯）趞（遣）辜（敦）𠂤（師）于静，弔（叔）𩰫入/伐多工，無譽（譴），孚（俘）矛戈弓/矢，對𤔲（揚）氒（厥）死（尸）工，用乍（作）文/且（祖）障（尊）㲃（簋），孫=（孫孫）子=（子子）甘（其）永寶。

隹（唯）王十又二月戊寅。

這一句交代銘文記載事件的時間，即昭王、穆王某年的十二月戊寅日，筆者傾向於後者。因爲没有具體的“王年”和“月相”，斷代“四要素”僅具兩項，所以對推斷該簋的絶對年代意義不大。

雁（應）/白（伯）趞（遣）辜（敦）𠂤（師）于静

對於這一句話的理解，關鍵在於確定“趞”字的詞性和意思。吴先生在“趞”字後括注爲“遣”，認爲二字可以换用，這涉及古文字構形理論中的“義近形旁换用”原則。高明先生（1996:129-159）曾經系統論證了這一理論，並在“走辵形旁通用例”中以“趞”與“遣”作爲其中一個例子。學界也多持此説，如容庚先生

①小臣静卣或稱小臣静簋，兩器爲一器，因爲缺乏器型依據，難以遽斷，爲避免不必要的混亂，一律稱爲“小臣静卣”。

（1985:99–100）編著的《金文編》和董蓮池先生（2011:184–185）編著的《新金文編》均將兩字歸在“遣”字條下，陳昭容（2006:204）、韓巍（2007:192–194）、高婧聰（2016）三位先生在論述西周時期的𨘢氏家族時也徑直寫作“遣”。但是，將“𨘢”字理解爲動詞遇到的問題有二，一是“𨘢”字既然是動詞，那麼按照語法結構，“敦”字就應該理解爲名詞，循文義來看，當理解爲人名，但是兩周金文中没有“敦”字作爲人名的例子。當然，由於西周時期的資料殘缺，没有出現不能代表没有，這條理由似有默證之嫌。但是更爲重要的問題是“𨘢”與“遣”是否可以换用，因爲“義近形旁换用”並非可以無限度使用，而是有其限定條件的。其中一個重要的條件就是形旁换用的兩個字字義不能發生改變（參看張桂光，1992:581），而字義不變也就意味詞性相同。但是高先生所舉的㝬鐘（《集成》00260）和𨘢叔鼎（《集成》02212）銘文中的“遣”和“𨘢”屬於詞性完全不同的兩個字，前者爲動詞，後者爲名詞。前者義爲“派遣”，後者爲氏族名，字義是否相同也無從判斷。因此二字是否可以通用就值得懷疑了。

實際上，李學勤（1986:183）、白川静（2000:104–107）兩位先生在研究班簋（《集成》04341）銘文時就已指出，西周金文中“𨘢”與“遣”二字用法判然有别，从走的“𨘢”字用爲人名或氏名，性質屬於名詞，而从辵的“遣”字則主要用爲動詞，未見用於人名之例。近年朱繼平先生（2020:5-26）又對此作了系統論證。細檢朱先生所舉文例，完全符合她的觀點。再遍檢《金文編》《新金文編》收録的“遣”字字形與用例，也均符合“‘𨘢’與‘遣’用法有别”之説。兩部金文工具書未收録的銘文，比如柞伯簋銘文（《銘圖》02488）中的“𨘢氏”、𨘢叔父鋪銘文（《銘圖續》0528）的器主“𨘢叔父”，這些作爲氏名的“𨘢”字均从走，而不从辵。叔駒父簋銘文（《銘圖》04668）中的“𨘢姬”之“𨘢”則是从“走”从“辵”，爲雙形符字。冶遣簠銘文（《銘圖》05829）的器主“冶遣”之“遣”，《集成》釋文未作隸定，吴鎮烽先生釋爲“遣”，但是原字字形作“”，與“遣”字常見字形有異，是否隸定爲“遣”存疑。此條尚無法構成反證，且就算構成反證，在衆多辭例面前也屬“孤證”。

因此，我們可以認爲“𨘢”與“遣”用法有别是西周時期的用字習慣。那麼，按照金文字例，本文所討論的銘文中从走之“𨘢”字當爲名詞，義爲人名或氏名。因爲“應伯”一詞已經表明其爲姬姓之應氏，所以，叔𩵦簋銘文中的“𨘢”只能是人名。同樣作爲人名而非氏名的“𨘢”字文例還見諸𧻚簋（《銘圖三編》0506）、𨘢尊（《銘圖》11789）、𨘢卣（《銘圖》13311）等器銘文。此外，朱繼平先生（2020:5–26）力證班簋銘文（《集成》04341）“𨘢令曰”一句當讀爲“（毛公）𨘢令（班）曰”，認爲郭沫若、白川静兩位先生將“遣”理解爲“毛公”的私名最爲合理。該理解從金文的史料性質和歷史情境入手分析，結論當是可信的。

在確定“應伯趞”爲人名後，後續文句則可得而解之。“敦”可訓爲“治”，戰國時期的陳純釜銘文（《銘圖》18817）中有“敦者曰陳純”的記載，郭沫若先生（2002:472）將“敦”解釋爲“治”，張政烺先生（2011:490）認同此説並補充《孟子・公孫丑下》“使虞敦匠事”之例。《荀子・榮辱》篇“以敦比其事業”的“敦”，王念孫（2015:1669）也解釋爲“治”。“師”字字形作“𠂤”，該字在西周金文中常用爲軍隊之義，如南宫柳鼎銘文（《集成》02805）中“六師”、噬甗銘文（《銘圖三編》0366）中的“殷八師”。所謂的“敦師”即“治理軍隊”，實爲“率軍駐扎”之義。“于”字爲表示引介處所的介詞，訓爲“在”，此爲常訓，不煩舉證[①]。“静”當是地名，從銘文來看，是敵我雙方交戰的前沿，後文有“入伐”一詞，顯示出周人是主動進攻的一方，而主動進攻則需要穩定的立足點作爲支撑，故而此“静”地當是周人的駐屯地，具體地望暫時難以索解[②]。整句話的含義就是“應伯趞率軍駐扎在静地（以討伐敵方）”。

在這種理解中，器銘中只有“應伯趞”與“叔㚸”兩位歷史人物，兩人是上下級的關係，也不能排除爲同宗兄弟的可能性。這一理解還需要解决的問題是如何理解“趞”字在人名稱謂中的成分，因爲“叔㚸”從字義上來看應當是“排行+字”，位卑者自詡其“字”，若稱位尊者之“私名”則是不符合禮制規範的[③]。因此，叔㚸簋銘文中的“趞”應理解爲“字”而非私名，名上級以字屬於尊稱，如此可解決這一違禮問題。

而“應伯趞”當是“應伯趞父”之省[④]。因爲“父”字是表字尊稱綴飾，王國

①拙文原稿將“于”訓爲“往”，匿名審稿專家提醒訓“于”爲“往”存在争議，不如直接將“于”訓爲“在”，今據審稿專家意見改訓。感謝匿名審稿專家的提醒。

②黄錦前先生認爲静地在應國南部，與匍盉銘文中的青地相同，參見黄錦前《叔㚸簋與穆王伐淮夷及其影響》，待刊稿。

③清華簡《祭公之顧命》與今本《逸周書・祭公》篇中都記載了祭公對周穆王自稱“謀父”，屬於王者面前自尊名的情況，但是祭公屬於穆王之祖輩，宗法身份極高，其自稱“字”與普通下級對上級自稱表字不同。

④拙文原稿提出“應伯趞”爲“應伯趞父”之省，且“父”字爲漏鑄，並舉出“魯伯愈（父）”和“鄭遣伯㝃（父）”兩例作爲證明。匿名審稿專家指出將“父”字視爲漏鑄缺乏證據，並指出筆者所據的“先秦时期人物稱名的若干原則似爲西周以後之觀念，西周時期是否嚴格遵循，尚需更多證據”。對於“父”字漏鑄，筆者所舉兩個例子皆爲自稱，與他稱存在差異，證據比較薄弱，對於這一點，筆者採納審稿專家的意見，將關於“漏鑄”的内容删去。但是保留了“應伯趞”之“趞”爲“字”且省略“父”字這一觀點，原因在於西周是宗法社會，社會活動多是以宗族爲基礎進行的，戰争活動也不例外，比如班簋銘文（《集成》04341）中就有所謂的“以乃族從父征”的記載，明公簋（《集成》04029）云“唯王令明公：‘遣三族伐東域’”。“應伯趞”與“叔㚸”的關係，是上下級，且不排除是同宗兄弟的可能性。因此，“叔㚸”理應尊稱“應伯趞”。而根據金文文例，下級尊稱上級之字時一般加“父”字，故而筆者認爲“應伯趞”當爲“應伯趞父”之省稱，並增補霸伯盉銘文的例子。此外，在“父”字漏鑄的問題上，匿名審稿專家還指出，筆者原先提到的“魯伯愈父”諸器的數量（“六件鬲、三件盤和一件匜”）是基於“青銅器著録拓本得出的認識”，其具體數量還有待考證。專家所説是也，因爲筆者採納審稿專家的意見將“漏鑄説”部分删去，使得審稿專家的這一意見不能體現出來，特別在此處標明。感謝匿名審稿專家提出的寶貴建議。

維先生（1959:165）曾説“男子字曰某父……蓋男子之美稱莫過於父”，在稱呼地位比自己高的人時一般不會省略“父”字，如，小臣謎簋銘文（《集成》04238）中器主小臣謎尊稱上級爲“伯懋父”。競卣銘文（《集成》05425）中器主競尊稱自己的上級爲“伯屖父”。㲃鼎銘文（《集成》02721）中作爲下級的㲃尊稱他的上級爲“師雍父”。五祀衛鼎銘文（《集成》02832）中器主裘衛對來自王朝的五位行政長官除了三位尊稱“某伯”以外，還有兩位分别尊稱爲“伯邑父”“伯俗父”，同樣的情况也見諸器主所作的三年衛盉銘文（《集成》09456）。霸伯盂銘文（《銘圖》06229）“王使伯考蔑尚歷”之“伯考”爲霸伯尚對王使的尊稱，學者認爲“伯考”爲字，即“伯考父”之省（劉源，2021:58）。因此，筆者認爲叔𩵦簋銘文中的“應伯䞒”當作“應伯䞒父”。

至於叔𩵦自用尊稱的現象則常見諸“自述式伐閲類”銘文（羅泰，2006:348-350），如過伯簋（《集成》03907）、虢仲盨蓋銘文（《集成》04435）中過伯、虢仲追記自己從周王出征之事，尊稱天子爲“王”，不敢名之。但是他們也分别自稱爲“過伯”“虢仲”，而未謙稱私名。師湯父鼎銘文（《集成》02780）追記周王賞賜時自稱曰“師湯父”，採用了“職官＋表字”的尊稱形式。

此外，值得注意的是，“應伯”還見諸應伯壺（《銘圖》12146）、應伯盤（《銘圖》14411）、應伯盨（《銘圖》05538）和兑盆（山西省考古研究所等，2020）銘文。前三器均爲應伯自作器，出土於河南平頂山市薛莊鄉滍陽鎮西周墓地95號墓。同墓出土的銅器銘文稱謂包涵“公”“侯氏”和“應伯”三種，學者認爲“侯氏”即“應侯”，是“應伯”繼承應國之君位後的稱呼，故而“應伯”爲某位應侯的嫡長子（參看王龍正:1995）。其實，我們也不能排除“應伯”就是“侯氏”的可能，兩者一爲宗法稱謂，一爲政治稱謂，並非不可相容。但是叔𩵦簋銘文中的“應伯䞒父”與滍陽鎮西周墓地95號墓所出“應伯”組器銘中的“應伯”當非一人，因爲叔𩵦簋的年代爲西周中期前段，而“應伯”組器的年代則屬於西周中期後段（參看吴鎮烽，2012a:259；2012b:19；2012c:426），也有學者將三器的年代定在更晚的春秋早期（韓巍，2010:5-7）。若然，則兩位“應伯”就更不可能是一人了。兑盆出土於山西翼城大河口西周墓地M6096，年代爲西周中晚期之交，銘文中的“應伯”與叔𩵦簋銘文中的“應伯”也非一人。

弔（叔）𩵦入伐多工，無譻（譴），孚（俘）矛戈弓矢

“伐”字爲“征伐、討伐、攻伐”之義，是爲常訓，後面所接的名詞一般是與周王朝敵對的族群、政權或敵方首領的私名，如虢季子白盤銘文（《集成》10173）云“搏伐獫狁”，“獫狁”爲族群名；胡應姬鼎銘文（《銘圖續》0221）云“唯昭王伐楚荆”，“楚荆”爲政權名；禹鼎銘文（《集成》02833）云“王乃命西六師、

殷八師，曰：‘撲伐鄂侯馭方’”，“鄂侯馭方”爲發動叛亂的鄂侯名“馭方”者。“多工”不似政權名稱。金文中雖有“應侯”名“視工”者（參看裘錫圭，2012:444-448），但是在私名“視工”前有標明身份的“應侯”二字，這與“鄂侯馭方”的結構是一致的，而與本文要討論的“多工”不同。“多工”當是族群名稱，該族群在典籍中不見記載。但從录𢦏卣（《集成》05419）、𢦏方鼎（《集成》02824）銘文可知，在西周中期已經出現了關於“淮夷”“淮戎”的記載。西周中晚期的兑盆、應侯視工鼎（《銘圖》02436）、應侯視工簋（《銘圖》05311）銘文中有應侯征伐“南夷”“淮南夷”的記載。袁金平先生（2020:63-75）指出霸伯盤（《銘圖續》0949）等器銘中“搏戎”之“戎”是指淮夷，霸伯鈛銘文（《銘圖三編》0497）中的“氐”是霸伯“搏戎”的前綫，其地望當從李學勤先生之説，定在今河南平頂山一帶。目前一般認爲平頂山一帶是應國之封地①。春秋時期的曾公畎編鐘銘文器主在追記祖先“涉征淮夷”的功績時也提到“誓應京社”（參看郭長江等，2020）。可見應國距離淮夷的距離並不遥遠，是抵禦淮夷的重要力量。根據這些信息可推斷，此次應伯䠣父駐軍静地或也是爲了防範和打擊“淮夷”，而“多工”當是“淮夷”的一支②。

“無譴”之“譴”字从言，爲金文首見，含義同於遹簋（《集成》04207）、大保簋（《集成》04140）、小臣夌鼎（《集成》02775）銘文中的“亡（無）遣”。郭沫若先生（2002:72）已經指出“亡遣”爲金文恒辭，即“亡尤、亡疚”之義。聞一多先生（2011:56-57）指出“亡遣”之“遣”即訓爲“過”的“愆”字，“亡遣”即“無過”之義③。而細繹“亡（無）遣”辭例，遹簋銘文中的“亡遣”是指遹佐助周王舉行饗禮時無過失，大保簋銘文中的“亡遣”是指大保恭敬地執行王命而無過失，小臣夌鼎銘文中的“無遣”是指小臣夌在執行周王“先省楚应”之命時無過失。由此可知，金文中的“亡（無）遣”應是指“亡（無）遣於事”，即器主在完成上級交代的任務中無過失。叔⿱⿲𠂤⿱⺕⿰土土豕篡銘文中的“無譴”當是同樣的含義，指叔⿱⿲𠂤⿱⺕⿰土土豕在征討“多工”的過程中没有過失，大獲全勝。整句話的意思是説“叔⿱⿲𠂤⿱⺕⿰土土豕深入‘多工’部族（淮夷的一支）對其大舉征伐，戰功甚多而無損失，俘獲了矛、戈、弓、矢等武器”。

對𩰫（揚）氒（厥）死工

①袁金平先生大作及此條建議皆承編輯老師惠告。

②拙文原先認爲“多工”不能與“入伐”連讀，匿名審稿專家指出，根據金文的辭例，作爲動詞的“伐”字後面一般都加有征伐的對象，所以“多工”當與“入伐”連讀，並進一步指出“‘多工’可視作人名或部族名”，此處採納審稿專家的意見，將“多工”解釋爲“部族名”。

③此承編輯老師惠告。

“對揚”爲金文常語，一般用於下級報答、稱揚上級賞賜的語境中。“賞賜”一般有兩種形式，一是下級直接獲得上級的賞賜，這種賞賜既包括賜職（“職”包括職官或職事），也包括賜物；二是下級在完成上級所賦予的任務過程中獲得了第三方的饋贈，此種饋贈以物品爲主（參看陳英傑，2008:522）。按照常例，這裏的“對揚”應該是叔梟“對揚”應伯趞父，因爲正是他任命叔梟前往敵軍後方作戰，叔梟才得以建立功勳，不僅擁有了仕宦晋升的憑藉，也擁有了光宗耀祖的資本。但是“厥死工”的表述與“對揚”文例常見的“對揚某休”不相合，需要作出解釋。筆者認爲“厥死工”的“厥”字作爲代詞應該代指應伯趞父。死者，尸也；尸者，主也（參看于省吾，2009:188-189）①，即“主管、管理”之義，如閉簋甲銘文（《銘圖三編》0517）“閉虔夙夕卹厥死（尸）事”、逨盤銘文（《銘圖》14543）“（逨）虔夙夕敬朕死（尸）事”之“死（尸）”均是這種意思。本文要討論的“死（尸）”爲使動用法，即“使……主管”之義。“工”字解爲“功”，但是不應訓爲“功勞”，而應訓爲“事”，此義亦於文獻有徵，如不其簋蓋銘文（《集成》04329）伯氏贊賞器主“汝肇敏於戎功”，所謂“戎功”即“軍事”之義。《詩經·豳風·七月》：“二之日其同，載纘武功。”毛傳：“功，事也。”“對揚厥死工”的大體意思是叔梟報答、稱揚作爲上級的應伯趞父命自己在此次戰役中負責入伐敵方之事，屬於賜予職事的範疇。

用乍（作）文且（祖）隮（尊）㲃（簋），孫=（孫孫）子=（子子）甘（其）永寶。

這一句是習見的套語，所謂“文祖”爲“有文德的祖父或祖先”，當以後者的可能性居大，不必確指。“用作文祖尊簋”意爲“因而制作了禮簋来祭祀自己有文德的祖先”②，可見此器的性質屬於祭器。“孫孫子子其永寶”不僅是指希望後世子孫能够永遠珍用此器，更是指希望子孫能够牢記祖先破敵建功的精神，具有濃厚的教育意義。晋楚邲之戰後潘黨曾經建議楚莊王收晋尸以爲京觀，除了彰顯楚莊王的武功外，還在於“必示子孫，以無忘武功”，也同樣具有教育價值。“叔梟簋”與“京觀”均屬於教育意義的具象表現。

①此承編輯老師惠告。

②匿名審稿專家指出：“西周銘文結構大體可分爲作器之因與作器之用兩大部分，於作器之用中出現之‘用作某器’之‘用’，經通盤考察，看作表因果關係的連詞爲宜。”拙文原稿此處表述爲“用銅料製作”云云，容易使讀者誤認爲筆者將“用”理解爲實義動詞“使用”，爲了避免誤解，將此處省簡修改。

三、小結

最後，我們再對簋銘大意作一總體疏通。在西周昭王或穆王（“穆王”的可能性居大）某年的十二月戊寅日，應伯遣（父）率軍駐扎在静地。應伯遣（父）命令叔㚤深入“多工”部族（淮夷一支）的内部對其進行大舉征討。叔㚤甚有軍功而無損失，俘獲了敵方（大量）的矛、戈、弓、矢等武器。叔㚤報答、稱頌應伯遣（父）任命自己深入“多工”内部對其進行征伐一事。叔㚤因而作了一件禮簋用於祭祀自己有文德的祖先，希望後世子孫能够永遠珍惜此簋且牢記祖先效命疆場的精神。該簋銘文涉及“應伯遣（父）”與“叔㚤”兩位歷史人物，對我們研究西周時期的應國歷史、人名稱謂、相關禮制具有一定價值。所征伐的對象“多工”很有可能是淮夷的一支，也可爲進一步研究淮夷的内部成分、周王朝與淮夷的關係等問題提供補充資料。

參考文獻：

白川静　2000　《金文通釋選譯》，武漢大學出版社。

陳夢家　2004　《西周銅器斷代》，中華書局。

陳英傑　2008　《西周金文作器用途銘辭研究》，綫裝書局。

陳昭容　2006　《兩周婚姻關係中的“媵”與“媵器”——青銅器銘文中的性别、身分與角色研究之二》，《“中央研究院”歷史語言研究所集刊》（第77本第2分）。

董蓮池　2011　《新金文編》，作家出版社。

高婧聰　2016　《西周宗族形態及德政——以爯器所見遣氏宗族爲中心的考察》，《歷史研究》第6期。

高　明　1996　《中國古文字學通論》，北京大學出版社。

郭長江等　2020　《曾公畎編鐘銘文初步釋讀》，《江漢考古》第1期。

郭沫若　2002　《兩周金文辭大系圖録考釋》，科學出版社。

韓　巍　2007　《西周金文世族研究》，北京大學博士學位論文。

韓　巍　2009　《西周金文中的“異人同名”現象及其對斷代研究的影響》，《東南文化》第6期。

韓　巍　2010　《新出金文與西周諸侯稱謂的再認識——以首陽齋藏器爲中心》，美國芝加哥藝術博物館與芝加哥大學顧立雅中心主辦“近二十年來新出土中國古代青銅器國際研討會”論文。

黄懷信　張懋鎔　田旭東　1995　《逸周書彙校集注》，上海古籍出版社。

李學勤　1986　《班簋續考》，《古文字研究》（第13輯），中華書局。

李學勤（主編）　2011　《清華大學藏戰國竹簡（壹）》，中西書局。

劉　源　2021　《西周金文所見異姓通婚的政治功能》，《“新出文獻與中國早期文明研究學術研討會”論文集》。

羅　泰　2006　《西周銅器銘文的性質》，北京大學考古文博學院《考古學研究（六）慶祝高明先生八十壽辰暨從事考古研究五十年論文集》，科學出版社。

馬承源（主編）　1988　《商周青銅器銘文選》（第三卷），文物出版社。
裘錫圭　2012　《裘錫圭學術文集》第一卷《甲骨文卷》，復旦大學出版社。
容　庚（主編）　1985　《金文編》（第四版），中華書局。
山西省考古研究所等　2020　《山西翼城大河口西周墓地M6096發掘簡報》，《文物》第1期。
沈長雲　2012　《静方鼎的年代及相關歷史問題》，《中國國家博物館館刊》第7期。
盛冬鈴　1983　《西周銅器銘文中的人名及其對斷代的意義》，《文史》（第13輯），中華書局。
唐　蘭　2016　《西周青銅器銘文分代史徵》，上海古籍出版社。
王國維　1959　《觀堂集林》，中華書局。
王龍正　1995　《平頂山應國墓地九十五號墓年代、墓主及相關問題》，《華夏考古》第4期。
王念孫（撰）　徐煒君等（校點）　2015　《讀書雜志》，上海古籍出版社。
王世民等　2018　《西周青銅器分期斷代研究》，文物出版社。
聞一多　2011　《周易義證類纂》，《古典新義》，商務印書館。
吴鎮烽（編著）　2012a　《商周青銅器銘文暨圖像集成》（第12册），上海古籍出版社。
吴鎮烽（編著）　2012b　《商周青銅器銘文暨圖像集成》（第22册），上海古籍出版社。
吴鎮烽（編著）　2012c　《商周青銅器銘文暨圖像集成》（第25册），上海古籍出版社。
吴鎮烽（編著）　2016　《商周青銅器銘文暨圖像集成續編》，上海古籍出版社。
吴鎮烽（編著）　2020　《商周青銅器銘文暨圖像集成三編》，上海古籍出版社。
于省吾　2009　《雙劍誃晏子春秋新證》，《雙劍誃諸子新證》，中華書局。
袁金平　2020　《新出霸伯鉞銘考釋》，《新出文獻與古籍新詮》，社會科學文獻出版社。
張桂光　1992　《古文字義近形旁通用條件的探討》，《古文字研究》（第19輯），中華書局。
張政烺　2011　《張政烺批注〈兩周金文辭大系考釋〉》，中華書局。
中國社會科學院考古研究所編　2007　《殷周金文集成》，中華書局。
朱鳳瀚　2009　《中國青銅器綜論》，上海古籍出版社。
朱繼平　2020　《班簋銘文"趞令曰"句新研》，《文史》（第133輯），中華書局。

Preliminary Study on the Bronze Vessel of Shu Bo Gui 叔𩰫簋

Zhang Bin

Abstract: According to the inscription, shape, and pattern of Shu Bo Gui 叔𩰫簋, the age of it should date from the late period of early Western Zhou Dynasty to early period of middle Western Zhou Dynasty, and belong to the era of King Mu or Gong, which is more likely to be the era of King Mu. Part of the inscription is special, and the whole inscription has yet to be clarified. It involves the historical figures of the state of Ying 應國, appellation of aristocracy, as well as the expedition to Huaiyi 淮夷 in the middle period of the Western Zhou Dynasty, which, to a certain extent, can enrich our understanding of the history of the Western Zhou Dynasty.

Keywords: Shu Bo Gui 叔𩰫簋; Dating; Meaning of Bronze Inscription; the State of Ying 應國; Appellation of Aristocracy; Huaiyi 淮夷

（張斌　北京師範大學歷史學院　北京　100875）

燕齊陶文零釋（十二則）*

楊 爍

摘 要：我們在對戰國時期燕齊陶文進行整理與研究的過程中，發現其中的一些材料存在缺釋與誤釋的情況，有些内容還比較重要。本文對燕齊陶文中的“發”“郙”“彌”“樞”“畬”“韓魚”“庖酒”“越人”等内容進行了釋讀。

關鍵詞：戰國陶文；整理；釋文

陶文指鈐印、刻劃、書寫於陶器上的文字。陶文在我國有着悠久的歷史，新石器時代的陶器上已經有非常明顯的表意性刻劃符號，雖然目前學界對這些符號的具體性質尚存較大争議，但多數學者認爲這些刻劃符號與文字的起源存在密切的關係。因爲陶器制品使用的普遍性，所以陶文成爲延續時間較長的一類文字材料。由於商品經濟的發展、手工業生産的繁榮以及監造制度的完善，戰國時期成爲古陶文發展過程中的鼎盛時期。各國均有陶文發現，内容也比較豐富。戰國陶文不僅是戰國文字的重要組成部分，同時也是研究戰國歷史的寶貴原始資料。過去已有許多學者對戰國陶文進行過考釋與校訂工作，絶大多數戰國古陶文材料已經得到了正確的釋讀，但也有一些陶文由於種種原因仍然存在缺釋、誤釋的情況。我們在對燕齊陶文進行整理與研究的過程中，對其中一些未釋、誤釋的陶文重新進行了釋讀。今集結成此小文，以求教於方家。

一、釋“琰（發）”

《陶録》4·207·1、《夢庵藏陶》6、《典制》253頁著録如下一枚“宫某”類燕陶文：，因末字“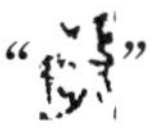”字形模糊，諸書缺釋。

按：《陳子清舊藏手拓金石册》第一册古陶文部分著録一枚吴大澂舊藏同文燕陶文[①]：，末字字形作“”，从“攵”，从“癶”，可隸定爲“琰”。我們懷疑

① 《陳子清舊藏手拓金石册》係2021年嘉德春拍拍品。

“弢”應釋爲“發”，古文字中“發”字作：

姑發䦉反劍（《集成》11718）洓縣戈（《集成》11213）

“”字即將上舉字形聲旁“癹”所从之“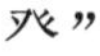”由左右結構變爲了上下結構，戰國燕系文字中“發”字係首見，“發”作“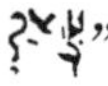”形可能是燕系文字的特殊寫法。此外，燕璽中又見“𣥠”字作“”（《璽彙》0849），我們懷疑很有可能也是“發”字的省體。

二、釋“𨛜（鄆）”

《陶録》4·29·1、《季木藏陶》29反、《新季木》0516、《陶彙》4·35、《典制》253頁著録如下一枚“宮某”類燕陶文：。

《陶録》《新季木》《典制》均將“”字釋爲“軺”（參看王恩田，2006:1547；李零分類考釋，1998:144；程燕，2018:253）。《陶彙》將此字隸定爲“䡴”，釋爲“陣”（高明，1990:63）。《舂録》亦隸釋爲“䡴”（顧廷龍，2004:608）。《古文字譜系疏證》（黄德寬主編，2007:1488）、《字形表》（徐在國、程燕、張振謙，2017:931）均釋爲“鄆”。徐在國師（2021）則將此字釋爲“𨛜”。

按：此字右旁从“邑”無疑，關鍵是左旁的分析，多家以爲此字左旁从“車”或“車”之複寫。戰國文字中“車”字習見：

（《璽彙》0678） （《璽彙》0222）

（《璽彙》0293） （《璽彙》0368）

（《璽彙》5270）

單字燕陶文中亦有“車”字作：

（《陶録》4·168·6）

齊璽有“鄆”字作：

（《璽彙》1928）

另，戰國各系文字中从“車”之字習見，未有作“”形者，“”與“車”顯然有别。張飛（2019:45-50）先生曾考釋戰國三晉官璽中的“”（《盛世續一》009）“”（《璽彙》5328）“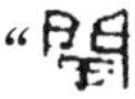”（《璽彙》5329）諸字，認爲均應分析爲从門，毌聲，釋爲“閰”，讀爲“關”。同時根據晉姜鼎“毌（貫）”字作“”形認爲三晉私璽中的“”（《盛世續一》072）也應釋爲“毌”，讀爲“貫”，用爲姓氏。“”與“”“”形近，無疑也應該釋爲“毌”。“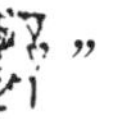”字可隸定爲“郉”。徐在國（2013:2990）師認爲“串”是“毌”的初文，李守奎（1997:68-69）先生認爲“串”“毌”同源。又楚璽中“串”字或作“”（《璽彙》0311），徐在國師將“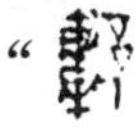”字徑釋爲“郙”，我們認爲可從。“郉（郙）”字不見於字書，於此用爲人名。

三、釋“彇（彌）”

《陶録》4·29·2、《季木藏陶》29反、《新季木》0514、《陶彙》4·47、《典制》253頁著録如下一枚“宮某”類燕陶文：。

對於“”字，李零（1998:144）先生將《新季木》0514隸定爲“彇”，高明（1990:64）先生《陶彙》、王恩田（2006:1547）先生《陶録》以及《字形表》（徐在國、程燕、張振謙，2017:1177）均釋爲“儞”。何琳儀（1998:1253）先生《戰典》一書摹作“”，認爲：“‘’，从人，爾聲。上加厶疑爲疊加音符。伱之繁文。《類篇》‘儞’，與伱同。《正字通》：‘伱，汝也，俗作你。’”“燕陶，人名。”程燕（2018:253）先生《典制》從之，隸定爲“傓”，釋爲“儞”。

按：燕系文字中“弓”“亻”作爲偏旁時雖然經常因形近而發生訛混（參看蘇建洲，2001:117-118），多家認爲“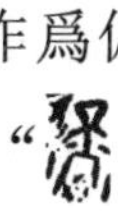”字从“亻”釋爲“儞”，但細審此字不从“亻”而應从“弓”，可摹作“”。戰國文字中“爾”及从“爾”之字亦習見。此外，同類燕陶文有“悤”字作“”形，未有疊加音符“厶”作“”形者。我們認爲此字《新季木》0514隸定爲“彇”是正確的，“彇”應釋爲“彌”。

春秋時期金文“彌”字或从“𤕦”聲作：

蔡姞簋（《集成》04198）

 齊侯鎛（《集成》00271）

我們認爲“”字右旁上部不从“厶”，而是承襲上舉春秋時期金文形體而來，“”應爲“”形之訛變。“彁（彌）”於此爲人名用字。

四、釋“犕”

《中集拓》2.19著録如下一枚“宮某”類燕陶文：。原著録將末字字形摹作“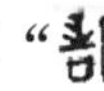”，缺釋。

按：“”字从“牛”，“區”聲，應釋爲“犕”。“犕”字用爲人名又見於燕璽：（《知還》012），可證。“犕”字見於字書，《廣韻・遇韻》：“犕，牛名。”《集韻》：“犕，烏侯切。公牛。”《玉篇・牛部》：“犕，特牛也。”“犕”字於此用爲人名。

五、釋“畓”

《中集拓》2.13著録如下一枚“宮某”類燕陶文：。末字原著録摹作“”，缺釋。

按：同文陶文末字字形或作“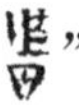”（步黟堂藏陶），可摹寫作“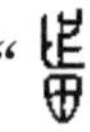”，上部“”應分析爲从“爪”，从“乍”，董珊、陳劍（2002:29–54）先生曾對燕系文字中“乍”旁的特殊形體進行分析，可參看。從同類燕陶文所見“田”字作“”（《陶録》4・27・1），“畋”字作“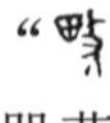”（《陶録》4・23・3）來看，此字下部从“田”無疑，可隸定爲“畓”。燕器燕王職壺銘文中明確讀爲“阼”字的字形作“”（《新收》1483），學界對於此字形的分析隸定一直存在争議。周亞（2000:146）先生認爲此字从“爪”，从“乍”，从“囟”，“囟”乃“黑”字所从“囱”，應隸定爲“䍐”，从“乍”讀，假爲“阼”字。董珊、陳劍（2002:34）先生進一步分析肯定了此字讀爲“阼”的觀點，并指出：“燕王職壺此字下半所从，周文認爲是‘囱’（‘窗’字的古文，《説文》小篆‘黑’字从此），不知是否可信。”黄錫全（2002:249）先生隸定此字爲“畓”，認爲此字从“爪”，“乍”聲，

其下可能是从“田”，在此讀爲“祚”或“阼”。《出土戰國文獻字詞集釋》一書也將此字隸定爲“𤔔”（曾憲通、陳偉武主編，2018:6804）。結合燕陶文字形來看，將“”字下部分析爲多“田”，隸定爲“𤔔”無疑是正確的，“”“”應爲一字之異體。此外，三晋私璽中有如下一姓氏用字：（《晋系璽印彙編》2654）。湯志彪（2020:845）先生隸釋爲“𠂤”，讀爲“作”。目前來看，將“𤔔”字與上部不从“爪”的“𠂤”視爲一字未嘗不可，但這類人名用字，因無確定語境依據，讀爲“作”似無必要。

六、釋“𨊠（韓）魚”

《陶録》卷十“僞品及可疑”部分10·38·3收録如下一枚燕陶文：。原書缺釋，我們曾根據私人所藏同文燕陶文及王襄先生摹本指出此陶文并非僞品而是典型的“宫某”類燕陶文，其内容可釋爲“右宫𨊠魚”，“𨊠”應讀爲“韓”，用爲姓氏，魚爲人名（楊爍，2021:135-139）。

圖1：“𨊠（韓）魚王□𢦏？戈”拓本

按：1986年河北省涿鹿縣礬山鎮五堡村曾出土一件春秋晚期帶銘銅戈（圖1），現藏涿鹿縣文物局（原爲涿鹿縣文物保管所）。銘文舊釋爲“索魚王□戈”（陳信，1996:92），《新收》1300將戈銘改釋作“索魚王□𢦏戈”（參看鍾柏生主編，2007:900）。《銘圖》16824收録此器時釋文爲“索魚王□□戈”（參看吴鎮烽，2012:308）。吴鎮烽（1987:251）先生又認爲戈銘中的索魚王爲人名，春秋晚期人。殷瀅（2002:44）先生認爲“索魚”此人的家室或與摸索捕魚有關。楊博（2011:24）先生指出：“按春秋戰國時期的銅戈銘文規律，前幾個字大多是持有者或者監造者的官職或者姓名，此戈上的‘索魚’二字當也是人的姓名，‘索魚’恐與其職業有關。”

諸家均將戈銘中的“”字釋爲“索”，不確。戰國文字中“索”字多見：

（《包山》254）　（《璽彙》3898）

此字應釋爲“軋”，爲燕系文字特有寫法，習見於燕璽：

（《璽彙》2812）　（《璽彙》2815）

此枚燕陶文“軋”字亦可爲證。如此，戈銘可改釋爲“軋魚王□乎？戈”。李學勤先生曾經辨識此戈，認爲其銘文及形制似帶有北方少數民族器物之特色，爲研究春秋時期中原及北方文化交流提供了資料（參看陳信，1996:92）。此戈銘在字形特點上具有燕系文字特點，而形制又具有北方少數民族特色，我們懷疑極有可能是春秋晚期至戰國早期與燕國相鄰的北方少數民族所造之器。但是，也不能完全排除此戈就是燕國所造之器的可能性。戈銘“韓魚”既與“王”連用，我們懷疑“韓魚”很可能是北方地區的族屬。此外，戈銘與燕陶文中的“軋（韓）魚”相對應可能并非偶然。馮勝君（1998:30）先生曾指出：“左、右宫之後應是陶工的名或姓名，並無只稱陶工姓氏之例。”結合戈銘，再考慮到“宫某”類燕陶文的特殊格式內容，燕陶文中“軋（韓）魚”爲“複姓”或“單姓+單名”的可能性不大，很可能係以族名爲複名。

七、釋“𠩺（庖）酉（酒）”

《二介山房藏燕陶文五十品》原拓本收録如下一枚刻劃類燕陶文：

原器物爲完整陶罐（或稱陶尊），文字刻劃於器物近口沿肩部，內容缺釋。

按：此燕陶文由兩字組成，首字可分析爲从“厂”、从“肉”、从“刀”、从“爻”，隸定爲“𠩺”。郭永秉（2015:34-44）先生曾考證戰國各系文字中讀爲“庖”的字形，指出楚系文字材料中字形“”（東陵鼎蓋《録遺》70）、“”（壽春府鼎《集成》2397）當分析爲从厂、从肉、从刀，爻聲，字形嚴格隸定應是將“刀”旁和“肉”旁并列在字形下部。从肉、从刀，董蓮池先生已指出所會之義正與庖廚負責切割相合；从厂，多家已指出與“庖”爲處所相合。所以此字形當是庖廚之“庖”的本字。我們認爲郭先生將上舉兩枚字形讀爲“庖”的觀點可從，此枚燕陶文中的“𠩺”與上舉字形同形，也應讀爲“庖”。此陶文將“𠩺”所从“厂”

寫的比較開闊，將第二字“酉”也覆蓋了進去。“𦂙”既可讀爲“庖”，那麽第二字“酉”或可讀爲“酒”，“庖酒”即“庖廚”所生産的酒一類的飲料，此陶文内容指明了原器物的所屬機構與内容物，我們懷疑原器物可能爲戰國晚期燕王宫室所用之物。

既然燕陶文材料中出現了與楚系文字同形的“𦂙（庖）”字，那麽郭永秉（2015:49）先生原文中認爲《商周金文資料通鑒》02442號（依郭文所記，目前我們查知《商周金文資料通鑒》系統爲01950號，參看《銘圖》4卷第106頁）所收録的一件戰國晚期銅鼎蓋銘與器銘上的燕系題銘文字“”“”與兩件燕戈銘中的“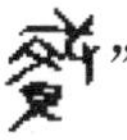”[①]（㕣貫府戈《集成》11292）、“”（㕣貫府戈《銘圖》32卷170頁，摹本失真）諸字所从“”形寫法近於“文”字之形，亦應視爲“爻”旁的譌變。此字形所从基本聲旁爲“爻”聲，也有可能讀爲“庖”的觀點是存在問題的[②]。吴鎮烽先生根據銅鼎器身與器蓋上均見的銘文將器物命名爲“右府戜鼎”，郭永秉（2019:49）先生指出“府”字應改釋爲“中”，係燕系文字的特有寫法，正確可從。對於吴先生所隸字形“戜”，郭先生認爲此字从“戈”从“貝”没有疑問，但字中間部分顯然不能視爲“父”，吴先生的隸釋恐非。吴鎮烽先生後於《商周金文資料通鑒》系統01950號將器銘改釋爲“右中戭鼎”[③]，將相關戈銘字形亦作如是隸釋。結合字形結構與燕系文字特點來講，我們認爲吴鎮烽先生將“”隸定爲“戭”是很有道理的。

燕系文字中从“网”之字習見：

罰：（《陶録》4·187·4）　（《步黟堂》187頁）

罰：（《陶録》4·137·1）　（《璽彙》5686）

所从之“网”外側兩斜筆常常向頂端相對延伸并相交而訛變成“文”形，可以爲證。劉洪濤、李桂森（2017:82–89）先生也將鼎銘中的此字釋爲“戭”，并認爲古文字中“戈”“刀”可通，鼎銘與戈銘中的“戭”疑與“罰”爲一字之異體，

①董珊（2002）先生曾認爲戈銘中的此字爲器物自名，可能就是跟“戟”音近的一個字。

②論文最終校稿時，我們才發現郭永秉（2019:51）先生重印本第51頁按語中已經否定了自己將“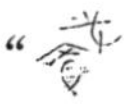”“”釋爲“庖”的觀點。我們之前没有注意，是非常不應該有的疏忽，今補記於此。不過這枚燕陶文字形可以作爲直接證據證明“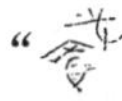”“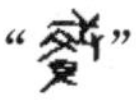”并非“庖”字，因此本條不廢。

③從吴鎮烽先生改釋後的内容來看，其最初將此字形隸定爲“戜”，可能并不認爲此字从“父”，所謂“父”形只是所从“罒(网)”形體的硬性隸定，吴先生前後關於此字的隸釋應該是一致的。

均爲“罰”字的異體。不過對於此機構的含義未作進一步解釋。劉洪濤（2019:223）先生後又指出：“郭永秉先生把‘䝱’釋讀爲‘庖’，在文義把握上是可取的。不過‘䝱’字既然不是从‘爻’，其字大概也就不會用作‘庖’。具體應該如何釋讀，待考。”目前燕系文字材料中“䝱”字均用爲機構名稱，其具體含義仍無定論。不過從燕陶文所見字形來看，更加證明此機構并非是庖廚之“庖”。

八、釋“𠂭（萁）”

《天津市武清縣蘭城遺址的鑽探與試掘》一文著録如下一枚燕陶文：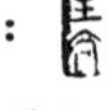。此陶文係由一枚長方形陽文燕私璽所鈐，原發掘報告釋文爲“□生倉”（參看紀烈敏，2002:35–50），徐在國（2018:295）先生《新陶録》049釋文爲“□生高”，首字缺釋。

按：《新陶録》將第三字改釋爲“高”，正確可從。首字从“中”，从“丌”，應隸定爲“𠂭”，釋爲“萁”。“萁”作爲姓氏用字又見於漢代私印：萁真（《吉金齋古銅印譜》）、萁長壽（《漢印文字徵》）。

吴振武（1986:57）先生曾經指出：“姓名私璽中的‘某生’之‘生’應和金文中的‘某生’之‘生’一樣，讀爲‘甥’，氏後綴一‘生（甥）’字，表明這個氏是其母家的氏。”如此，此陶文可改釋爲：“𠂭（萁）生（甥）高”，爲燕系私璽典型格式。

九、釋“依”

《陶録》4 • 44 • 2著録一枚燕陶文作：缶（陶）攻（工）。“”字原書缺釋。《字形表》（參看徐在國、程燕、張振謙，2017:1208）隸定爲“衮”，釋爲“裕”。

按：《字形表》將此字隸定爲“衮”，釋爲“裕”，不可從。戰國文字中“衮”字作：

（《郭店 • 六德》6）

此字从人从衣聲，應釋爲“依”。燕系文字“依”字常作此形：（《璽彙》3500）。另，燕陶文中“陶工依”内容習見，亦可爲證。

此外，《中集拓》4其他卷16著録如下一枚陶文：。原著録缺釋，且未定年代國别。我們認爲此陶文爲一枚反書燕陶文，水平翻轉後作：，當釋爲“右宫依”，“”字从人，衣省聲。又見於燕璽：（《古璽彙考》345）。兩枚燕陶文中的“依”均爲人名用字。

十、釋“克”

《陶彙》4·126著録如下一枚燕陶文：。原書缺釋，後此陶文又著録於《陶録》4·118·4，釋爲“陶□”。

按：《陶録》將此陶文當作兩字釋爲“陶□”，誤。此陶文爲單字反書，水平翻轉後作：，應釋爲“克”。燕系文字中“克”字皆从心作：

燕王職壺（《銘圖》12406）　燕侯脮磬（《文物》2020年第1期）

可以爲證。燕陶文中的“克”用爲工匠人名。

十一、釋“蒐”

《陶録》4·164·6著録一枚燕陶文作：。原書缺釋。

按：此爲單字陶文，反書，水平翻轉後作：，此陶文由黑白筆畫組合構成，比較特别。此字从中从鬼，可隸定爲“䰢”，古文字中“艸”“中”可通，此字應釋爲“蒐”。“蒐”字見於《説文》：“蒐，茅蒐，茹藘，人血所生，可以染绛，从艸从鬼。”燕陶文中“蒐”字兩見：

（《戰國燕齊陶文》098）　（《步黟堂》234頁）

可以爲證，徐在國（2018:113-114）先生曾對《戰國燕齊陶文》098所收録的“蒐”字進行分析考釋，可參看。燕陶文中的“蒐”應爲人名用字。

十二、釋“郕（越）人”

《齊陶》5. 21.090.1著録如下一枚齊陶文：。釋文爲：王僫（參看成穎春，2019:479）。

按：該陶文由齊系陰文私璽所鈐，原著録將第一字釋爲“王”，正確可從。但將人名看作單名釋爲“僦”，則不可從。我們認爲人名應爲複名，釋爲“郕人”。齊系私璽中“郕”字習見：

（《璽彙》2218） （《璽彙》5646）

可證“郕人”應讀爲“越人”。劉釗（2013:230）先生在《關於秦印姓名的初步考察》一文中曾對秦印所見人名進行統計與分類，在“有關出身地或身份人名”中曾列舉“上官越人”“韓越人”兩例，由此可知“越人”應爲當時流行複名。齊系文字中用爲“越”字的“郕”加注“邑”旁，與“越地”有關。“越人”用爲人名又見於傳世文獻。《史記・扁鵲倉公列傳》：“扁鵲者，渤海郡鄭人也，姓秦氏，名越人。”綜上，《齊陶》5.21.090.1應改釋爲“王郕（越）人”。

戰國古陶文資料雖然著録較爲零散且辭例大多簡短，但仍然具有較大的研究空間與研究價值，值得我們對其進行整理與研究。以上就是我們對部分燕齊陶文内容所進行的釋讀，錯謬之處，祈請方家批評指正。

引書簡稱目録：

《録遺》　于省吾：《商周金文録遺》，中華書局，2009年。
《集成》　中國社會科學院考古研究所編：《殷周金文集成》（修訂增補本），中華書局，2007年。
《銘圖》　吴鎮烽編：《商周青銅器銘文暨圖像集成》，上海古籍出版社，2012年。
《新收》　鍾柏生等編：《新收殷周青銅器銘文暨器影彙編》，藝文印書館，2006年。
《字形表》　徐在國、程燕、張振謙編：《戰國文字字形表》，上海古籍出版社，2017年。
《戰典》　何琳儀：《戰國古文字典——戰國文字聲系》，中華書局，1998年。
《典制》　程燕：《戰國典制研究——職官篇》，安徽大學出版社，2017年。
《陶録》　王恩田：《陶文圖録》，齊魯書社，2006年。
《新陶録》　徐在國編：《新出古陶文圖録》，安徽大學出版社，2018年。
《陶彙》　高明編：《古陶文彙編》，中華書局，1990年。
《孴録》　顧廷龍：《古陶文孴録》，上海古籍出版社，2004年。
《新季木》　周進集藏，周紹良整理：《新編全本〈季木藏陶〉》，中華書局，1998年。
《齊陶》　成穎春編：《齊陶文集成》，齊魯書社，2019年。
《步黟堂》　唐存才編：《步黟堂藏戰國陶文遺珍》，上海書畫出版社，2013年。
《中集拓》　文雅堂編：《中國古代陶文集拓》文雅堂，1999年。
《璽彙》　羅福頤編：《古璽彙編》，文物出版社，1981年。
《知還》　李青編：《知還印館藏古璽印》，西泠印社出版社，2020年。
《盛世續一》　吴硯君：《盛世璽印録・續一》，文化藝術出版社，2017年。

參考文獻：

陳　信　1996　《河北涿鹿縣發現一件春秋晚期有銘銅戈》，《文物》第2期。
董　珊　2002　《戰國題銘與工官制度》，北京大學博士學位論文。

董　珊　陳　劍　2002　《燕王職壺銘文研究》，《北京大學中國古文獻研究中心集刊》（第3輯），北京大學出版社。
馮勝君　1998　《燕國陶文綜述》，《北京文博》第2期。
高　明　1990　《古陶文彙編》，中華書局。
顧廷龍　2004　《顧廷龍全集·著作卷：説文廢字廢義考、古陶文舂録》，上海古籍出版社。
郭永秉　2015　《談談戰國文字中可能與“庖”有關的資料》，《古文字與古文獻論集續編》，上海古籍出版社。
郭永秉　2019　《談談戰國文字中可能與“庖”有關的資料》，《古文字與古文獻論集續編》，上海古籍出版社。
黄德寬（主編）　2007　《古文字譜系疏證》，商務印書館。
黄錫全　2002　《燕破齊史料的重要發現——燕王職壺銘文的再研究》，《古文字研究》（第24輯），中華書局。
紀烈敏　2001　《天津市武清縣蘭城遺址的鑽探與試掘》，《考古》第9期。
李　零（分類考釋）　1998　《新編全本〈季木藏陶〉》，中華書局。
李守奎　1997　《讀〈説文〉札記一則》，《古籍整理研究學刊》第3期。
劉　釗　2013　《關於秦印姓名的初步考察》，《書馨集——出土文獻與古文字論叢》，上海古籍出版社。
劉洪濤　2019　《形體特點對古文字考釋重要性研究》，商務印書館。
劉洪濤　李桂森　2017　《右中戠鼎銘文補釋》，《出土文獻》（第11輯），中西書局。
蘇建洲　2001　《戰國燕系文字研究》，台灣師範大學碩士學位論文。
湯志彪　2020　《晋系璽印彙編》，學苑出版社。
吴振武　1986　《釋“受”並論盱眙南窯銅壺和重金方壺的國别》，《古文字研究》（第14輯），中華書局。
吴鎮烽　1987　《金文人名彙編（修訂本）》，中華書局。
徐在國　2013　《上博楚簡文字聲系》，安徽大學出版社。
徐在國　2018　《新出燕陶文選釋》，《中國文字學報》（第9輯），商務印書館。
徐在國　2021　《新出古陶文文字編》，安徽大學出版社。
楊　博　2011　《河北地區所見先秦時期有銘兵器調查與研究》，河北師範大學碩士學位論文。
楊　爍　2021　《燕陶文補釋四則》，《中國文字學報》（第11輯），商務印書館。
殷　澄　2002　《寬“敞”的住房》，1997年《咬文嚼字》合訂本，上海文化出版社。
曾憲通　陳偉武（主編）　2018　《出土戰國文獻字詞集釋》，中華書局。
張　飛　2019　《戰國官璽“關市”考》，《中國文字研究》（第30輯），社會科學文獻出版社。
周　亞　2000　《燕王職壺銘文初釋》，《上海博物館集刊》（第8期），上海書畫出版社。

Twelve Explanatory Notes on the Pottery Inscriptions of Yan 燕 and Qi 齊 States

Yang Shuo

Abstract: In the process of sorting out and studying the pottery inscriptions of Yan and Qi states during the Warring States period, we found that some materials were uninterpreted or misinterpreted, some of which were quite important. In view of this, the article interprets Fa 發, Chuan 郙, Mi 彌, Ou 傴, Zuo 翟, Hanyu 韓魚, Paojiu 庖酒, Yueren 越人, etc., in the pottery inscriptions of Yan and Qi states.

Keywords: Pottery inscriptions of the Warring States period; Sort-out ; Interpretations

（楊爍　安徽大學徽學與中國傳統文化研究院、漢字發展與應用研究中心　合肥　230039）

戰國文字雜識（五則）*

曹　磊

摘　要：文章認爲燕陶文“左市攻（工）□”之“□”當釋爲“書”；“公孫士恭”之“士”當改釋爲“屮（生）”；陵右劍銘文或係僞造；“露十命”錢權對於探討錢權與其對應方足小布的標準重量關係具有重要價值；相邦呂不韋戈銘文“”和“王我”當分别改釋爲“讋”和“義”。

關鍵詞：戰國文字；考釋；辨僞

一

2017年，《新出燕陶文輯録》一文公布了一批爲私人所藏、出土於河北易縣燕下都遺址戰國時期的燕國陶文，其中一方陶文上部已殘（圖1），整理者（楊爍，2017:97）釋爲“左市攻（工）□”，認爲末字不可識，或从“聿”。

圖1

從字形來看，此陶文“市”“攻”二字寫法具有典型燕系文字特徵（徐在國等，2017:712–714、442–443），結合其出土地，整理者認爲是燕國陶文，其説可從。不識之字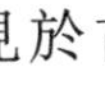下部所从形與其鈐印邊框平行且相接，實借用邊框作爲筆畫，此類現象多見於古璽、貨幣、楚簡、陶文等古文字資料（參看肖毅，2012；孫剛，2016:272–273；李桂森等，2020）。该形與燕系文字中的（《考古》1989.4:378）、（《璽彙》5282）、（《璽彙》3515）、（《文物》2020.10:61）、（《璽彙》

*小文在寫作與修改的過程中，承蒙何景成老師惠賜陶文圖版，得到單育辰、吴良寶兩位老師審閱指正。投稿後匿名審稿專家亦提出寶貴修改意見，在此一併致謝。

5456）、（《璽彙》5437）、（《璽彙》5308）、（《陶徵》171）[①]，齊系文字中的（《陶録》2.13.1），晋系文字中的（《珍戰》20）、（《璽彙》5383）等字所从一致[②]，實爲戰國文字中"口"旁的一種特殊寫法，歷經→→→→的演變過程（李家浩，1998:71-76），非古文字中常見的羨符"口"（參看程小丹，2016:40），故此字可分析爲从聿、从口，當釋爲"書"[③]，在陶文中作人名。

二

2019年，《天津静海出土陶文選釋》一文公布了一批出土於天津市静海區西釣臺村遺址的戰國陶文，其中一方爲泥質灰陶（圖2），陶文作"公孫士恷"，爲私名（何景成等，2019:51）。

圖2

我們認爲整理者將此陶文定性爲私名，可從，但將陶文第三字釋爲"士"實可商。此陶文印面呈方形，"公"字作，筆畫平直，下部"口"形部件中明顯有殘缺的點飾，"孫"字作，从子从幺（糸省），且幺左子右，具有典型的燕系文字特徵（肖毅等，2020），故此陶文當爲燕國陶文，亦與其出土地相合。陶文

①燕系文字中从小山形的字又見於（《璽彙》1237）、（《璽彙》5556）、（《璽彙》0363）等字，學者或認爲其下部所从是"口"旁的一種特殊寫法，或釋作"山"，或隸定作"止"，參看付梟（2016:203、621、119）；周波《燕璽"潮汕山金貞鍴"考釋》，《"古文字與出土文獻"青年學者西湖論壇論文集》，浙江杭州，2021年5月29-30日。

②晋系文字中从小山形的字亦見於（《吉大》41）、（《璽彙》3989）、（《璽彙》3809）、（《璽考》326頁）等字，學者或認爲其下部所从爲"口"或"曰"旁的一種特殊寫法，或釋作"山"，或闕疑待考，參看李家浩（1998:71-76）；施謝捷（2006:326）；付梟（2016:513、493）。

③我們曾聯繫劉釗（2011）讀格言璽"夕敬事"（《圖典》4709）中的（經水平翻轉）字爲"晝"或"夙"，作爲人名用字，春秋時期晋國有大夫趙夙、齊國有因地爲氏的晝氏，亦讀此陶文字爲"晝"或"夙"。但考慮到晝、肅、肇、盡等字與"聿"古音較爲遠隔，仍需進一步考察。

字中間一竪筆有點飾，與燕文字中明確的“士”字作（《璽彙》5570）者不符，而與（《璽彙》1340）、（《璽彙》2828）、（《璽彙》3947）、（《璽彙》4117）等“㞢（生）”字寫法一致（參看王愛民，2010:97-100），且“某生某”的璽文格式常見於燕璽（參看肖毅，2017:132-133），如“公孖（孫）㞢（生）聠”（《璽彙》3879）、“公孖（孫）㞢（生）昜”（《璽彙》3897）、“公孖（孫）㞢（生）騗”（《璽彙》3886）等，與此陶文文例相合，故字當釋爲“㞢（生）”。

此外，需要説明的是，陶文末字“恙”所从的心旁寫法較爲奇特，與（《璽彙》4101）、（《璽彙》3452）、（《璽彙》3463）等燕系文字所从有些許差別，聯繫晉系“怷（慎）”字（《璽彙》4959）所从心旁，我們認爲此燕系陶文心旁極有可能是將底部一横延長作對稱筆畫，故整理者釋爲“恙”可從。

三

2020年，《東北師範大學藏青銅器》一書公布了多批東北師範大學在不同時期通過購買、接受捐贈等方式收藏的青銅器，其中一件爲帶銘銅劍（圖3）。此劍爲長條形劍身，一字形劍格，圓柱形莖，莖上有兩箍，喇叭形首，素面。通長48.3厘米、柄長7.88厘米、闌長4.72厘米，重532克。劍身有銘文，整理者（東北師範大學歷史文化學院，2020:80）釋爲“陵右左庫工師”，時代定爲戰國時期。

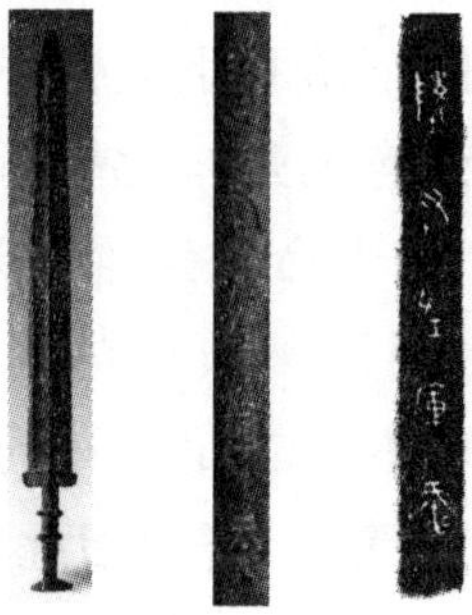

圖3

從此劍的形制、銘文來看，整理者的斷代和釋文較爲準確。劍銘“陵”字作，與齊系“陵”字作（《銘圖》18817）、（《璽彙》0156）、（《陶録》2.35.3）等形一致[1]。“陵”作爲地名（參看孫剛，2019:259），亦見於齊國兵器“陵右戟”

① 《璽彙》1128，何琳儀、付梟歸入晉系，但璽文“高”、“陵”二字寫法均與齊系文字相合，與三晉文字有別，且目前三晉文字未見“夌”及從“夌”之字，故當從孫剛、張振謙、徐在國等歸入齊系。參看何琳儀（1998:153）；付梟（2016:194）；孫剛（2010:371）；張振謙（2014:1747）；徐在國等（2017:711）。

（《銘圖》16621）。由此可見，此劍很有可能是一件戰國時期的齊國兵器。但“陵右戟”銘文中的“右”爲右庫之省，此劍銘在“右[庫]”後又綴加“左庫”，與常見齊系兵器“地名+左/右[庫]”的題銘格式不合（參看孫剛，2019:272–276），甚爲可疑。且“工師”作“工帀”合文的寫法目前僅見於三晋題銘（參看徐在國等，2017:2051–2052；下田誠，2019），與齊系題銘皆作不合書的“攻帀”（參看肖毅，2018:321；孫剛，2019:245）、或如師紿銅泡省作“帀”（黄盛璋，1985:464–465）的寫法有別。綜合來看，此劍銘文頗爲可疑，由於無法目驗原劍實物[①]，其真僞還需進一步考察。

四

2020年，《東北師範大學藏青銅器》一書公布了多批東北師範大學在不同時期通過購買、接受捐贈等方式收藏的青銅器，其中一件爲銅權（表1）。此銅權上部有半圓形紐，長方形，素面。通長4.96厘米、寬3.5厘米、高0.54厘米，重55克。上刻銘文“露十命”三字，整理者認爲是錢權，時代定爲戰國時期（東北師範大學歷史文化學院，2020:127）。

整理者對此枚錢權的釋文、定性及時代劃分均可信從。此類錢權以往亦有著録和發現（黄錫全，2004），目前所見另有“露十命”“皮氏六鈴”和“宅陽四鈴”三枚錢權（表1）[②]。遺憾的是，除“宅陽四鈴”錢權實物現存且形制、大小、重量等信息可知外，其他兩枚錢權的下落和重量皆不得而知，其與露字布、皮氏布之間的重量關係亦難以驗證。值得注意的是，此枚新公布的“露十命”錢權與黄濬舊藏、著録於《三代》18.38.4的“露十命”錢權在形制、大小和重量上極其相近，拓本痕迹亦十分相似，頗疑二者爲同一枚錢權[③]。且此枚新公布的具銘、具重的“露十命”錢權對於探討錢權與其對應方足小布的標準重量關係亦具有重要價值。結合學者相關研究可知，“宅陽四鈴”錢權指此錢權爲“宅陽”地鑄造，相當於“四錢”即四枚出土的“宅陽”方足小布的標準重量（陳劍，2006:384），“露十命”錢權指此錢權爲“露”地所鑄造，相當於“十錢”即十枚出土的“露”字方足小布的標準重量。“宅陽四鈴”錢權和“露十命”錢權分別對應的每枚宅陽方足小布和露字方足小布的標準重量爲5和5.5克，與宅陽方足小布一般重在4.3–6.5克左

---

①編者亦未交代此劍的具體來源或相關捐贈信息。

②除新公布的“露十命”錢權外，其他幾枚錢權的出處、器形、大小、重量等相關信息，參看黄錫全（2004:8）。

③由於編者未交代此枚銅權的具體來源或相關捐贈信息，其與黄濬舊藏、著録於《三代》“露十命”錢權之間的關係，還需進一步考察。

右（參看汪慶正，1988:509–516）、露字方足小布一般重在3.5–6克左右（平均重在4.75克左右）相合（黄錫全，2004:9）。據此，黄錫全根據皮氏方足小布一般重5–6.5克左右、平均重在5.7克左右，推測六枚皮氏方足小布所代表的“皮氏六錀”錢權在34克左右亦十分合理。

表1

名稱	圖版		著録	通高	身寬	重量
皮氏六錀	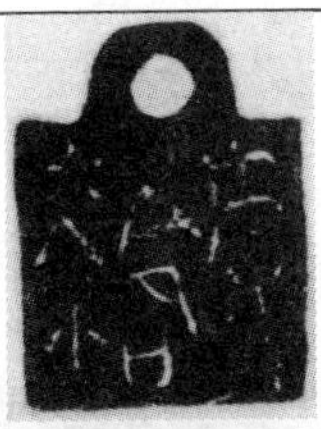		《三代》18.38.3（左） 《集成》11901（右）	3.8厘米	2.8厘米	
宅陽四錀			《中國錢幣》2004.2	3.5厘米	2.3厘米	20克
露十命			《三代》18.38.4（左） 《集成》11900（右）	4.8厘米	3.4厘米	
露十命			《東北師範大學藏青銅器》138	4.96厘米	3.5厘米	55克

五

近來，河南淅川溝灣遺址簡營南地點出土了一件戰國有銘銅戈（圖4）。該戈僅殘存内部，殘長10.4厘米、寬6.1厘米。内後緣與上下緣圓轉，呈圓弧刃尖刀形。一面有刻銘兩行，發掘者對戈銘的釋文如下：“□年相邦吕不韋造[illegible]丞王我工周。”（《華夏考古》2021.2:38–39）

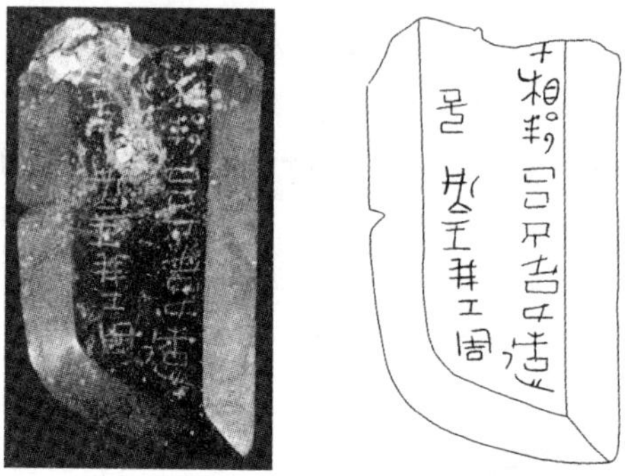

圖4

從此戈銘文字寫法來看，當爲戰國秦兵器。整理者摹作的字，照片作，此字雖殘泐，但據其殘存筆畫仍大致可摹作，明顯从龍、从言，與秦文字中的（《銘圖》17251）、（《銘圖》17103）、（《集粹》443）等“讋”字相近，當釋爲“讋”。整理者釋爲“王我”二字的字，照片作（筆者試摹作），實从羊、从我，與秦文字中的（《銘圖》17249）、（《銘圖》17257）、（《陶録》6.446.1）等“義”字寫法一致，當爲“義”字誤釋，爲丞之私名。從此戈戈銘行款布局及相關秦兵文例來看，“讋”字前明顯殘失數字。目前所見帶有“讋”“丞義”的秦兵銘文見於以下十二件兵器（參看陳林，2012:99-118）：

（1）二年，寺工讋、金〈丞〉[①]角・寺工[②]。

（《銘圖》17103）

（2）□年，寺工讋、工嘉・寺工。

（《銘圖》17102）

（3）三年，相邦呂不韋造，寺工讋、丞義、工沱・寺工・左・寺工。

（《銘圖》17249）

（4）四年，相邦呂不韋造，寺工讋、丞義、工可・戟・寺工・文・寺工。

（《銘圖》17252）

（5）四年，相邦呂不韋造，寺工讋、丞義、工。

（《秦銅》88頁）

（6）四年，相[邦]呂[不韋]造，寺工讋、丞義、工[可]。

（《銘續》1247）

①參看王輝（1990:83-84）。

②間隔號之後的文字係器物反面銘文，以下同此。

(7) 四年，相邦呂不[韋造][1]，寺工讋、丞[義、工]·可。

(《銘圖》17251)

(8) 五年，相邦呂不韋造，寺工讋、丞義、工成·寺工·午·寺工。

(《銘圖》17256)

(9) 五年，相邦呂不韋造，寺工讋、丞義、工成。

(《銘三》1516)

(10) □年，相邦呂不韋造，[寺工][2]讋、丞義、工豫·寺工。

(《銘圖》17261)

(11) 七年，相邦呂不韋造，寺工周，丞義、工競·寺工·壬·寺工。

(《銘圖》17257)

(12) 七年，相邦呂不韋造，寺工周，丞義、工同·寺工·子。

(《銘圖》17258)

結合上述秦戈辭例，“讋”字之前極有可能殘失“寺工”二字。“寺工”爲戰國時期秦國重要的中央手工業生産機構，負責生産和制造各類銅器（主要包括兵器、食器和車馬器等），且由其主造的器物在始皇帝陵園範圍内大量出土，故學者認爲其是置辦皇室所需器物的手工業機構（參看陸德富，2012）。故此戈戈銘可補全作“□年，相邦呂不韋造，[寺工]讋、丞義、工周”。由於上述個別兵器銘文紀年殘泐不清、難以辨識，並且目前暫未見秦王政六年監造的兵器，而“寺工讋”和“丞義”共同出現在秦王政第三到第五年由相邦呂不韋監造的兵器中，第七年已改由“周”擔任“寺工”機構的長官，故我們懷疑此戈殘缺的年份很有可能爲秦王政執政期間第三年到第六年中的某一年。

此外，值得注意的是，此戈出土於河南南陽淅川溝灣遺址簡營南地點，此爲漢代遺存。在上述十二件帶有“寺工讋”“丞義”銘文的秦戈中，與此戈出土情況類似的是1957年出土於湖南長沙市南郊左家塘的1號秦代墓戈（見7）。黄盛璋先生（1983:829）據戈後内之三邊磨而爲刃時將“韋造”二字磨去，認爲該戈使用多次，當與統一六國，收復楚疆域戰争有關。其説可從。由此，淅川溝灣遺址出土的相邦呂不韋戈亦有可能因戰争原因而遺落此地[3]。

引書簡稱目録：

《璽彙》　　羅福頤編：《古璽彙編》，文物出版社，1981年。

---

①參看黄盛璋（1983:829）。

②參看王輝等（2006:82-84）。

③此類現象較爲常見，參看吴良寶（2006:245）；李家浩（2009:200）。

《吉大》	吉林大學歷史系文物陳列室編：《吉林大學藏古璽印選》，文物出版社，1987年。
《圖典》	徐暢編：《古璽印圖典》，天津人民美術出版社，2016年。
《集粹》	菅原石廬編：《中國璽印集粹》，二玄社，1997年。
《珍戰》	蕭春源編：《珍秦齋藏印（戰國篇）》，澳門基金會，2001年。
《璽考》	施謝捷：《古璽彙考》，安徽大學，2006年。
《陶録》	王恩田：《陶文圖録》，齊魯書社，2006年。
《陶徵》	高明、葛英會：《古陶文字徵》，中華書局，1991年。
《三代》	羅振玉：《三代吉金文存》，中華書局，1983年。
《集成》	中國社會科學院考古研究所編：《殷周金文集成》，中華書局，1987年。
《秦銅》	王輝編：《秦銅器銘文編年集釋》，三秦出版社，1990年。
《銘圖》	吴鎮烽編：《商周青銅器銘文暨圖像集成》，上海古籍出版社，2012年。
《銘續》	吴鎮烽編：《商周青銅器銘文暨圖像集成續編》，上海古籍出版社，2016年。
《銘三》	吴鎮烽編：《商周青銅器銘文暨圖像集成三編》，上海古籍出版社，2020年。

參考文獻：

陳　劍　2006　《關於“宅陽四鈴”等“布權”的一點意見》，《古文字研究》（第26輯），中華書局。
陳　林　2012　《秦兵器銘文編年集釋》，復旦大學碩士學位論文。
程小丹　2016　《戰國文字羡符研究——以〈戰國文字編〉爲例》，福建師範大學碩士學位論文。
東北師範大學歷史文化學院　2020　《東北師範大學藏青銅器》，東北師範大學出版社。
付　梟　2016　《〈古璽彙編〉字釋綜覽》，復旦大學碩士學位論文。
何景成　盛立雙　2019　《天津静海出土陶文選釋》，《中國文字研究》（第30輯），社會科學文獻出版社。
何琳儀　1998　《戰國古文字典——戰國文字聲系》，中華書局。
黄盛璋　1983　《寺工新考》，《考古》第9期。
黄盛璋　1985　《關於魯南新出趙㝵工劍與齊工師銅泡》，《考古》第5期。
黄錫全　2004　《新見一枚“宅陽”布權》，《中國錢幣》第2期。
劉　釗　2011　《古璽格言璽考釋一則》，《出土文獻》（第2輯），中西書局。
李桂森　劉洪濤　2020　《“三豖涉河”與竹簡文字的借邊》，《中國文字研究》（第31輯），華東師範大學出版社。
李家浩　1998　《燕國“洀谷山金鼎瑞”補釋》，《中國文字》（新24輯），藝文印書館。
李家浩　2009　《忓距末銘文研究》，《古文字與古代史》（第2輯），“中央研究院”歷史語言研究所。
陸德富　2012　《寺工續考》，《考古》第9期。
孫　剛　2010　《齊文字編》，福建人民出版社。
孫　剛　2016　《讀〈夕惕藏陶〉〈步黟堂藏戰國陶文遺珍〉所録戰國齊陶文札記》，《古文字研究》（第31輯），中華書局。
孫　剛　2019　《東周齊系題銘研究》，上海古籍出版社。
汪慶正（主編）　2010　《中國歷代貨幣大系1・先秦貨幣》，上海人民出版社。
王愛民　2010　《燕文字編》，吉林大學碩士學位論文。
王　輝　蕭春源　2006　《珍秦齋藏秦銅器銘文選釋》，《故宫博物院院刊》第2期。
吴良寶　2006　《戰國兵器兩考》，《陝西歷史博物館館刊》（第13輯），三秦出版社。
下田誠　2019　《三晉銅器銘文字形分類研究——戰國文字的標準化與地方化的一個側面》，《南方文物》第3期。
肖　毅　2012　《古文字中的欄綫借用》，《中國文字學報》（第4輯），商務印書館。
肖　毅　2017　《古璽讀本》，鳳凰出版社。
肖　毅　2018　《古璽文分域研究》，崇文書局。
肖　毅　屈　彤　2020　《古璽“公”字的地域特徵及相關問題補説》，《簡帛》（第20輯），上海古籍出版社。
徐在國　程　燕　張振謙　2017　《戰國文字字形表》，上海古籍出版社。
楊　爍　2017　《新出燕陶文輯録》，《中國文字學報》（第8輯），商務印書館。
張振謙　2014　《齊魯文字編》，學苑出版社。
鄭州大學歷史學院　河南省文物局南水北調文物保護管理辦公室　2021　《河南淅川溝灣遺址簡營南地點漢代遺存發掘簡報》，《華夏考古》第2期。

Five Miscellaneous Notes on the Warring States Period Inscriptions

Cao Lei

Abstract: This article holds that the last word of the Yan pottery inscription zuoshigong□ 左市攻□ should be interpreted as yu 書. The third word of the Yan pottery inscription gongsunshijing 公孫士恭 should be interpreted as sheng 生. The inscriptions of Lingyou Sword 陵右劍 is a forgery. Lushiming Qian Quan 露十命錢權 is of great value to explore the relationship between the standard weight of Qian Quan 錢權 and of its counterpart Fangzu Xiaobu 方足小布. The inscriptions “[illegible]” and wangwo 王我 of the Xiangbang Lü Buwei Dagger-axe 相邦吕不韋戈 should be interpreted as zhe 讋 and yi 義.

Keywords: The Warring States period inscriptions; Interpretation; Identification of authenticity

（曹磊　吉林大學考古學院　長春　130012）

上博五《姑成家父》“爲士忨”新説

季旭昇

摘　要： 上博五《姑成家父》舊説以爲與《左傳》《國語》差異較大，對於簡1的△，説法很多。本文以爲當隸爲“宛 / 宛”，讀爲“忨”，“爲士忨”就是“爲官貪忨”，這就可以把《姑成家父》與《左傳》《國語》的差異全部解决。另外，簡1“君臣之節”的“君”下面打的“提示性符號”，也得到了合理的解釋。

關鍵詞： 貪忨；郤犨；君臣之節；提示性符號

《上海博物館藏戰國楚竹書（五）》①出版至今有16年了，但是其中還有很多字詞我們未能完全了解。《姑成家父》簡1的“爲士△行正誳弝（强）”（下文表示此一圖形字時或以“△”替代）便是其中的一個例子。

原考釋者李朝遠先生把此句隸爲“爲士宫行，征誳弝（强）”，以爲“士宫行”爲人名，“正”讀“征”（應是“征討”的意思），“誳弝”爲“地名，具體地望待考”。其後學者有很多不同的意見，由於“誳弝”讀爲“迅强”應該已是大家接受的釋讀，因此以下專就學者對“△”的不同解讀進行分類：

一、隸爲“宫”，讀爲“憲”，意爲“模範”（周鳳五，2006:6）。或讀爲“邑”，謂“士邑”爲“范氏之封邑”（黄人二，2012:166）。或讀爲“館”，釋“爲士宫”爲“建士館”，以供士辦公、住宿（李家浩，2015:247）。或讀爲“怨”，“爲士宫（怨）”即“被士怨恨”（廣瀨薰雄，2020:66）。

二、隸爲“宛”，釋爲“婉”②。或釋爲“憲”，謂“憲行”爲“依法令行事”③。或釋爲“勉”，意爲“勤奮努力”（高佑仁，2010:1-13）。或讀爲“官”，“爲士官”即“治士官之事”（黄國輝，2013:122-123）。

---

①馬承源主編：《上海博物館藏戰國楚竹書（五）》，上海：中西書局，2005年12月。以下所引《姑成家父》相關資料均見此書，不再出注。

②季旭昇：《上博五芻議（下）》，武漢大學簡帛研究中心簡帛網，2006年2月18日，http://www.bsm.org.cn/?chujian/4417.html。

③劉洪濤：《上博竹書〈姑成家父〉重讀》，武漢大學簡帛研究中心簡帛網，2007年3月27日，http://www.bsm.org.cn/?chujian/4754.html。

三、隸爲“序”，釋“序行”爲“依序行事”[①]。或以“士序”爲叙官之官名[②]，或釋爲“使行陣有序”[③]，或釋爲“訓練士的學校”[④]。

四、隸爲“令”，讀爲“官”，釋“士官”爲“察獄之官”（孟蓬生，2012:706）。

原考釋以爲“士宫行”爲人名，大概没有人會接受。我最初改隸爲“士宛（婉）行”，其實和“行政迅强”是矛盾的（“行政迅强”會見惡於厲公，其實應該是帶負面義，即過於强勢），而且姑成家父一點也不“婉”。其他釋爲“爲士的模範”“爲官守法”“依序行事”“管理士官”“擔任容獄之官”“建立士館”諸説，與典籍及《姑成家父》所載並不切合。諸家評論已多，這裏不再一一細述。

以上各説，除了釋爲“被士怨恨”一説外，其他各説都是正面肯定姑成家父，這應該是難以正確理解此句的最大原因。各家會正面肯定姑成家父，推其原因，一則可能是受了原考釋在上博五《姑成家父》“説明”最末行説本篇“所記與《左傳》《國語》等文獻或相同相近，或不同。其基本立場似是同情三郤”的影響，因而認爲簡文中有關姑成家父的“行政迅强”“苦成家父以其族三郤征百豫，不使反。躬與士處館，旦夕治之，使有君臣之節”“三郤中立，以正上下之訛”“吾直立經行，遠慮圖後，雖不當世，苟義毋咎，立死何傷哉”“君貴我而授我衆，以我爲能治。今吾無能治也，而因以害君，不義，刑莫大焉”“初吾强立治衆，欲以長建主君而禦邦難”“吾毋有它，正公事，雖死，焉逃之？吾聞爲臣者必使君得志於己，而有後請”“苦成家父乃寧百豫，不使從己蒞於廷”“郤錡、郤至、苦成家父立死，不用其衆”等句子，讀起來都感覺一片大義凛然，忠君愛國，因而没能細細體會簡文中也有“行政迅强，以見惡於厲公”“（三郤）强於公家”“苦成家父捕長魚矯，梏諸廷，與其妻，與其母”等這些很負面的記載。同時對《左傳》《國語》等文獻中三郤形象與本篇差異極大的問題也就都未予深究了。

第二個原因，應該是“爲士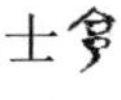”句中的第三個字與上博一《緇衣》簡6“小民唯日（怨）”中的“怨”字太相似了，因此學者很容易地就把此字往“夗／宛”

①陳偉：《〈苦成家父〉通釋》，武漢大學簡帛研究中心簡帛網，2006年2月26日，http://www.bsm.org.cn/?chujian/4458.html。

②蕭聖中：《上博竹書（五）札記三則》，武漢大學簡帛研究中心簡帛網，2006年5月17日，http://www.bsm.org.cn/?chujian/4562.html。

③冀小軍：《姑成家父補説》，武漢大學簡帛研究中心簡帛網，2006年6月13日，http://www.bsm.org.cn/?chujian/4579.html。

④2009年7月2日裘錫圭在武漢大學主辦的“中國簡帛學國際論壇”演講《談談〈苦成家父〉中的“士序”》。案：此篇講詞並未收入《裘錫圭學術論文集》，似是裘先生對此一説法尚未完全認可。本文是從蘇建洲《根據清華簡〈治政之道〉“”字重新討論幾個舊釋爲“夗”“邑”“序”的字形》一文轉引的。

的讀音去聯想，因而釋爲“婉”“憲”等正面形象義的字，也就不足爲怪了。

但是，《清華大學藏戰國竹簡（玖）》（李學勤，2019）中有一篇《治政之道》，簡42“夫𡢃（亂）者乃違心㤪（悁）𡧣（怨），不楫（輯）君事以辱亓（其）君”，“悁怨”二字作“”。由於原整理者把後一字釋爲“怨”，前一字是否還能讀爲从“夗”聲的字，就值得深思了。因此原整理者把前一字隸爲“㤪”，讀爲“悁”，釋爲“憂”，看起來也頗爲合理。

2020年12月12日由萬卷樓圖書公司與福建師大聯合舉辦的“《中國文字》出刊100期暨文字學國際學術研討會”同時有三篇文章對此字進行了相關的討論。蘇建洲先生發表《根據清華簡〈治政之道〉“”字重新討論幾個舊釋爲“夗”“邑”“序”的字形》（2020:223-252）一文，以爲“”的上部作“”，下没有一横畫，只能視爲“宀”旁；中部从“邑”不从“夗”，下部从“心”，因此應該隸作“㤪”；而見於其他材料與此形相近作“”形的字，上部作“”，“入”形下部有一横畫，則應視爲倒口形的“亼”，因此應該隸定作“夗”；又主張“入”形下部有無一横畫，是“宫”與“夗”的重要區别標識，而戰國文字各系統都存在的、等字，以釋爲“宫”“序”最有可能，不能釋爲“夗／宛”；對上博五的“爲士△”，則採用前引裘錫圭先生在武漢大學演講的意見，讀爲“爲士序”，是“建訓練士的學校”，以爲“序”即“榭”，是講武習射的地方，苦成家父即是在“榭”被殺；又引董珊先生在《五年春平侯相邦葛得考》（2012:292-293）一文中也贊成把《姑成家父》的“爲士△”讀爲“爲士序（舍）”爲證，但董文以爲“士舍的性質有待考證”。

同一場會議，鄔可晶先生發表《“丸”字續釋——從清華簡所見的一種“邍”字談起》（2020:206-229），文中多處牽涉“夗”字字形的問題，又在論文集227-228頁的注中討論了“宫”形與“夗”形上部从“宀”與从“亼”的不同，以爲《姑成家父》“爲士△”的“△”應隸爲“宫”，與“夗”爲不同字。

同一場會議，廣瀨薰雄先生發表《説上博簡〈姑成家父〉的“爲士宫”——從清華簡〈治政之道〉的“㤪悁”談起》（2020:63-70），以爲清華玖《治政之道》簡42的“㤪悁”與《鮑叔牙與隰朋之諫》簡5的“宫悳”應是同義或義近連文，“㤪／宫”表示的是“怨恨”一類的意思，《姑成家父》簡1的“宫”也應該是“怨恨”的意思，因此“爲士宫”應該理解爲“被士怨恨”。對於“宫”的字形，贊成趙平安先生《戰國文字中的“宛”及其相關問題研究》（2009:147）注7把楚文字“”與金文“饒”及《説文》“宛”相聯繫；對於這個字的讀法，相信張富海先生《上博簡五〈鮑叔牙與隰朋之諫〉補釋》（2006:9）把“宫悳”讀爲“怨悁”的意見，並在張文所舉同義或近義連文“麤粗、麤犅”例證之外，另外加了“戴戳”和“居尻”二例。

上舉三位學者的文章，對相關的字形都做了深入的探討，讀後令人獲益良多。他們的文章在發表之前是互相討論過，並在同一場研討會發表。但是仍然有从“夗”、从“邑”的不同解讀。這個字釋讀複雜，由此可見。

從以往的經驗來看，類似這種糾纏難解的字，諸説之間多半存有形、音、義多重相近的關係，最終取捨的關鍵往往在文義。從字形來説，楚文字从“宀”與从“亼”本來就没有截然的區别，學者舉證已多，此處再加一例：“家”字上部應該从“宀”，與“豖”中間没有一横畫，但是《姑成家父》的“家”字在“宀”與“豖”中間全部都有一横畫，寫得跟“亼”毫無分别[①]，那麽象倒口形的“亼”少寫一横畫，應該也不是不可能的。此外，我們同意前引趙平安先生認爲“宛”也可能有另外一個來源——“餮 / 餩”。此字上从“宀”、下从“夗”。甲金文目前雖然看不到單獨的“宛”字[②]，但是有“餮”，作（商 • 戍學鼎，《集成》2708）、（西周早期 • 上士卣，《集成》5421）、（西周中期 • 吕鼎，《集成》2754），後二形應該可以視爲从“食”，“宛”聲[③]。先秦兩漢“宛”字多見，《説文》分析爲“从宀，夗聲”，寫成楚簡的字形就是“”[④]，其下部的“夗”形可以考慮爲省略了“肉”形（後訛爲“倒口形”），但保留了附加的“〇（圓）”聲[⑤]。戰國文字的簡省訛變劇烈，這樣的解釋應該還在可以接受的範圍。那麽，寫成“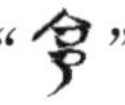”形的字，就不必非隸爲“宫”不可。這種寫法的字，上部的“宀”形加一横畫飾筆，就變成了“亼”。兩個不同來源的字“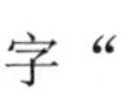（宛）”與“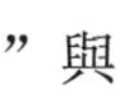（夗）”就産生了同形混訛的現象了（至於是否與“宫”同形，牽涉更多複雜的辭例，不在本文所要討論的範圍，暫不討論）。

從聲音來説，李家浩先生（2015:235-266）指出“邑”又有“苑”音，“苑”“怨”古音相近。他舉的例證雖然數量不是很多，但事實俱在，是無法全部否認的。當然，像這種特殊的通讀，往往是有其特别條件，不能視爲通例。

從字義來説，學者都指出“宫 / 悹”“怨”與“悁”表示的都是“怨恨”一類的意思。至於讀爲什麽字，要根據文本的上下文來决定。如果在常見的通讀都無法

①學者或許可以説這一横畫是“豖”形上加横畫飾筆，但查檢武漢大學簡帛研究中心簡帛網的“簡帛字形辭例數據庫”，未見“豖”字上部加一横筆；“家”字也只見到《姑成家父》有這一横畫。這或許可以説明《姑成家父》的書手對偏旁“宀”與“亼”是不太嚴格區分的。有此確證，其他書手當然也有不仔細區分的可能。

②甲骨文舊釋“宛”的幾個字，鄔可晶（2020:219）都做了詳細的分析，以爲都不是“宛”。

③趙平安（2009:146）已經指出這一點。

④李零（2007:41）以爲這種“宛”字“才是與今‘宛’字直接對應的字形”。

⑤“夗”字的“肉”形訛爲“倒口形”，並加“〇”聲，參見馮勝君（2004）。

讀通的時候，就要跳脱“用字習慣”來思考了，畢竟楚地簡帛出土的數量還很有限，無法代表當時全部的通讀。

廣瀨先生把“爲士宫”釋爲“被士怨恨”，可能不是很好的解釋，姑成家父不會因爲“事厲公”就“被士怨恨”，如果可以這麽解，那麽滿朝臣子都該“被士怨恨”了，更别説“事厲公”的人之中，也有很多“士”。不過，他的解釋雖然不容易被人接受，但是他解釋的大方向却是非常正確的，也就是説：“爲士宫”應該是個負面意義的話。同樣的，下一句的“行政迅强”意思是行政“强勢”，“强勢”則容易“專權”，當然不爲國君所喜。晋國史上有“曲沃代晋”的事件，晋昭侯把曲沃封給叔叔成師，67年後，曲沃武公滅了晋侯湣。這樣的歷史經驗當然會讓晋君特别忌憚人多勢衆，位高權重的卿。姑成家父崛起時，三郤一族有“三卿五大夫”；欒書進讒言説“三郤家厚，取主君之衆，以不聽命，將大害”，自然很容易被厲公聽信。在這種背景下，姑成家父“爲上△”應該和“行政迅强”一樣是“見惡於厲公”的話，因此我們認爲這三個字應該隸定爲“爲士宛”，讀爲“爲士忨”。“士”泛指臣子，最高可以指“卿士”，《書・秦誓》：“嗟，我士，聽無譁。”孔傳：“誓其群臣，通稱士也。”《儀禮・喪服》：“公士大夫之衆臣，爲其君布帶繩屨。”鄭玄注：“士，卿士也。”賈公彦疏：“云‘士，卿士也’者，以其在公之下、大夫之上，尊卑當卿之位，故知是卿士也。”“忨”，《説文》訓爲“貪也”。宛／夗，於阮切，上古屬影紐元部；忨，五丸切，疑紐元部，二字聲近韻同，“夗”聲與“元”聲相通，見《漢字通用聲素研究》（張儒、劉毓慶，2002:735）。

姑成家父事厲公，爲官貪忨（貪忨有很多類型，權勢、金錢、田地、女人……有形無形的都屬之），見惡於人，典籍記載很多。鑒於本次事件，《左傳》所記主角是郤至，簡文主角是郤犨，孰是孰非很難判斷。但依照史籍記載，三郤家族非常團結，所以我們不妨把“姑成家父”看成是三郤的代表。至於三郤如何貪忨、無禮？如何遭到時人的惡評？以下是摘録自《左傳》《國語》中的一些記載：

郤犨來聘，求婦於聲伯，聲伯奪施氏婦以與之。

（《左傳・成公十一年》）

晋郤至與周争鄇田，王命劉康公、單襄公訟諸晋，郤至曰：“温，吾故也，故不敢失。”

（《左傳・成公十一年》）

春，晋侯使郤錡來乞師，將事不敬，孟獻子曰：“郤氏其亡乎！”

（《左傳・成公十三年》）

衛侯饗苦成叔，甯惠子相，苦成叔傲。甯子曰：“苦成家其亡乎！”

（《左傳・成公十四年》）

宣伯使告郤犨曰：“魯之有季、孟，猶晋之有欒、范也，政令於是乎成。今其謀曰：‘晋政多門，不可從也，寧事齊楚，有亡而已，蔑從晋矣。’若欲得志於魯，請止行父而殺之……。”郤犨曰：“苟去仲孫蔑而止季孫行父，吾與子國，親於公室。”

（《左傳 • 成公十六年》）

郤犨將新軍，且爲公族大夫，以主東諸侯，取貨于宣伯。

（《左傳 • 成公十六年》）

使郤至告慶於周。未將事，王叔簡公飲之酒，交酬好貨皆厚。

（《國語 • 周語二》）

趙文子冠，……張老曰：“善矣，從欒伯之言，可以滋；范叔之教，可以大；韓子之戒，可以成。物備矣，志在子。若夫三郤，亡人之言也，何稱述焉！智子之道善矣，是先主覆露子也。”

（《國語 • 晋語六》）

夫郤昭子（郤至），其富半公室，其家半三軍，恃其富寵，以泰于國，其身尸于朝，其宗滅于絳。不然，夫八郤，五大夫三卿，其寵大矣，一朝而滅，莫之哀也，唯無德也。

（《國語 • 晋語八》）

郤犨求婦（聲伯奪施氏婦與之）、傲、拘季文子、取貨，郤錡將事不敬，郤至與周争田、其富半公室，其家半三軍，三郤之言是“亡人之言”，簡單的幾條，就足以看到三郤貪忨、無禮、弄權的一面，遭人厭惡。詳細的分析，可以參李隆獻先生《先秦傳本 / 簡本叙事舉隅——以“三郤之亡”爲例》（2010）一文。

至於篇中姑成家父的正面描述，有些是舊讀有誤，如“躬與士處館，旦夕治之，使有君臣之節”，其實只是姑成家父使百豫有“上下之節”，好收爲自己的勢力，並不是讓百豫對晋厲公效忠（看全篇自是此意）。春秋時代，家臣可以稱其主人（卿大夫）爲“君”，自稱“臣”。《國語·晋語九》：“趙簡子田于螻，史黯聞之，以犬待于門。簡子見之，曰：‘何爲？’曰：‘有所得犬，欲試之兹囿。’簡子曰：‘何爲不告？’對曰：‘君行臣不從，不順。主將適螻而麓不聞，臣敢煩當日。’”韋昭注謂史黯即史墨，時爲趙簡子史。旁觀者也可以用“君臣”來稱卿大夫與其家臣，《晋語九》：“趙簡子曰：‘吾愿得范、中行之良臣。’史黯侍，曰：‘將焉用之？’簡子曰：‘良臣，人之所愿也，又何問焉？’對曰：‘臣以爲不良故也。夫事君者，諫過而賞善，薦可而替否，獻能而進賢，擇材而薦之，朝夕誦善，敗而納之。道之以文，行之以順，勤之以力，致之以死。聽則進，否則退。今范、中行氏之臣，不能匡相其君，使至于難，君出在外，又不能定而棄之，則何良之爲？

若弗棄，則主焉得之？夫二子之良，將勤營其君，使復立于外，死而後止，何日以來？若來，乃非良臣也。’簡子曰：‘善。吾言實過矣。’”《左傳》中也有這種用法，昭公十四年：“南蒯之將叛也，盟費人。司徒老祁、慮癸，僞廢疾，使請於南蒯曰：‘臣願受盟而疾興，若以君靈不死，請待間而盟。’許之。二子因民之欲叛也，請朝衆而盟，遂劫南蒯，曰：‘群臣不忘其君，畏子以及今，三年聽命矣！子若弗圖，費人不忍其君，將不能畏子矣，子何所不逞欲，請送子。’”（參看劉澤華、劉景泉，1982:66）據此，本篇的“君臣之節”自是“上下之節”之意，“君”指“姑成家父”，不指“厲公”。書手在“君”字下打了一個提示性符號“”，正是要提醒讀者，此“君”字不是指“諸侯國君”，而是指“姑成家父”①。如果依這個解釋，“躬與士處館，旦夕治之，使有君臣之節”不但不是忠於厲公，其實根本就是姑成家父自私自利，擴張自己的勢力。

簡6“以正上下之訛”，表面上是“行政迅强”，實際上也是要培養自己的勢力，簡文在“以正上下之訛”之後接着説“强於公家”，已經透露了這一點。至於欒書要策動三郤造反，姑成家父説：“吾直立經行，遠慮圖後，雖不當世，苟義毋咎，立死何傷哉！”應該是姑成家父自以爲强於公家，犯不着跟着欒書去造反，因而説“冠冕堂皇”的話，認真不得。

在策反不成後，欒書向厲公進讒言，厲公命長魚矯謀害三郤家時，郤錡想要起而反抗，姑成家父説：“君貴我而授我衆，以我爲能治。今吾無能治也，而因以害君，不義……吾毋有它，正公事，雖死，焉逃之？吾聞爲臣者必使君得志於己，而有後請。”這一段話是姑成家父過於自信，以爲厲公拿三郤没辦法，一切都在三郤掌握中，並非真的不抵抗，否則接着長魚矯有動作，三郤立刻得知，並且立刻“捕長魚矯，梏諸廷”，説明了三郤耳目靈活，確實掌握了朝中大勢。三郤不但拘捕了長魚矯，並且連長魚矯的妻子與母親一起抓起來。在這之前，姑成家父裝模作樣地説的那些話，其實是他以爲勝券在握，不必急着先動手，以免落人口實。

姑成家父没想到的是：當一切掌握在手中，已經把長魚矯抓起來了，厲公“慍而無告”之際，突然冒出一個强門大夫，獻了奇計，放出内庫的囚犯，帶着兵器，迅雷不及掩耳，不但釋放了長魚矯，而且立刻擊殺三郤。等三郤發現情況不對，已經完全來不及了，只能接受“立死”，因爲强弱易勢，已經無法抵抗了。因此三

①討論此一標點的文章，有沈培《關於“抄寫者誤加‘句讀符號’”的更正意見》，武漢大學簡帛網，2006年2月25日，http://www.bsm.org.cn/?chujian/4452.html；黄人二《上博藏簡第五册姑成家父試釋》（2006）；劉洪濤《上博竹書〈姑成家父〉重讀》，武漢大學簡帛網，2007年3月27日，http://www.bsm.org.cn/?chujian/4754.html；孫偉龍、李守奎《上博簡標識符號五題》，武漢大學簡帛網，2008年10月14日，http://www.bsm.org.cn/?chujian/5088.html。本文的説法與上述各家不同，如本文之説能成立，則可以爲“提示性符號”增加一種新的用例。

郤不是“不用其衆”，實際上是因爲太有自信，前面已經“寧百豫，不使從己菹於廷”，所以無衆可用。三郤怎麽死的，簡文記載和《左傳》的記叙雖然不一樣，但都是出於輕敵，這一點應該是相同的。

三郤“立死”下一句“不用其衆”，照一般語義解，有點多餘，因爲前面已經説了長魚矯“拘人於百豫以入，囚之”，人都被“囚”了，當然不能讓三郤調遣來救命。也可能“不用其衆”的“衆”不指“百豫”，而是指三郤身邊的人，姑成家父眼看大勢已去，身邊的人也抵抗不了，所以“不用其衆”。或許這些“衆”還有一點活命的機會，將來也許還能爲三郤家族留下一點發展的機會。

把“爲士夗／宛”讀爲“爲士悁”後，上博五《姑成家父》全篇的記載其實和《左傳》《國語》相近，並没有“其基本立場似是同情三郤”的矛盾。如果這樣的詮釋可以成立，應該能作爲“”可以讀爲“夗／宛”的一個旁證。

參考文獻：

董　珊　2012　《五年春平侯相邦葛得考》，《古文字與古代史》（第3輯），“中研院”史語所。

馮勝君　2004　《釋戰國文字中的“怨”》，《古文字研究》（第25輯），中華書局。

高佑仁　2010　《〈姑成家父〉補釋七則》，《雲漢學刊》（第21期），成功大學中文系。

廣瀨薰雄　2020　《説上博簡〈姑成家父〉的“爲士宧”——從清華簡〈治政之道〉的“悹悁”談起》，“《中國文字》出刊100期暨文字學國際學術研討會（福州場）”論文集，萬卷樓圖書公司。

黄國輝　2013　《上博簡〈姑成家父〉補釋》，《史學研究》第3期。

黄人二　2012　《上博藏簡第五册姑城家父試釋》，《考古學報》第2期。

李家浩　2015　《戰國文字中的“宧”字》，《出土文獻與古文字研究》（第6輯），復旦大學出土文獻與古文字研究中心。

李　零　2007　《上博楚簡三篇校讀記》，中國人民大學出版社。

李隆獻　2010　《先秦傳本／簡本叙事舉隅——以“三郤之亡”爲例》，《臺大中文學報》第32期。

李學勤（主編）　2019　《清華大學藏戰國竹簡（玖）》，中西書局。

劉澤華　劉景泉　1982　《戰國時期的食邑與封君述考》，《北京師範學院學報（社會科學版）》。

馬承源（主編）　2005　《上海博物館藏戰國楚竹書（五）》，上海古籍出版社。

孟蓬生　2012　《説“令”》，《古文字研究》第29輯，中華書局。

蘇建洲　2020　《根據清華簡〈治政之道〉“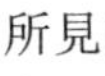”字重新討論幾個舊釋爲“夗”“邑”“序”的字形》，《中國文字》（夏季號），萬卷樓圖書公司。

鄔可晶　2020　《“丸”字續釋——從清華簡所見的一種“邍”字談起》，“《中國文字》出刊100期暨文字學國際學術研討會（福州場）”論文集，萬卷樓圖書公司。

張富海　2006　《上博簡五〈鮑叔牙與隰朋之諫〉補釋》，《北方論叢》2006年第4期（總第198期）。

趙平安　2009　《戰國文字中的“宛”及其相關問題研究》，《新出簡帛與古文字考論》，商務印書館。

周鳳五　2006　《上博五〈姑成家父〉重編新釋》，《臺大中文學報》第25期。

A New Opinion on the character Wan 忨 in *Guchengjiafu* 姑成家父 of the *Shanghai Museum Bamboo Slips* (Vol.V)

Ji Xusheng

Abstract: With regard to *Guchengjiafu* 姑成家父 of the Shanghai Museum bamboo slips, scholars used to think that the contents are quite different from *Zuo Zhuan* 左傳 and *Guoyu* 國語. About the character  on the first slip, scholars have many different views. This article holds that the character should be wan 夗 / 宛, pronounced as wan 忨, and weishiwan 爲士忨 means weiguantanwan 爲官貪忨. Thus, the differences between *Gucheng Jiafu* and *Zuo Zhuan* and *Guoyu* will also be fully settled in this article. Furthermore, the "indicative symbol" under the character jun 君 of junchenzhijie 君臣之節 will also be reasonably explained.

Keywords: Tanwan 貪忨; Xi Chou 郤犨; Junchenzhijie 君臣之節; Indicative symbol

（季旭昇　鄭州大學漢字文明傳承傳播與教育研究中心講座教授　鄭州　450001）

清華簡《五紀》新用字現象舉例*

石小力

摘　要：清華簡第十一輯收録的長篇竹書《五紀》，出現了許多新的用字現象，如以“矞、褍”表{規}、以“螽”表{廟}、以“寠”表{官}、以“鹹”表{咸}、以“㚬”表{飽}等，給我們提供了若干新的認知，對古文字考釋和漢語字詞關係的研究有重要意義，本文選取其中幾例，加以介紹。

關鍵詞：清華簡；《五紀》；用字習慣；字詞關係

清華簡第十一輯收録了一篇長篇竹書《五紀》，全文共有竹簡130枚，現存126枚，這是繼清華簡《繫年》之後的又一篇長篇竹書。本篇内容基本完整，是前所未見的先秦佚籍。原簡没有篇題，因其内容以“五紀”爲中心展開，擬題爲《五紀》。全篇藉托“后”，將五紀與五算、五度、五德等相配，構建了嚴整宏大的天人體系。簡文始論曆數，終歸人事，結構嚴整，層次豐富，對於古代天文曆數、國家治理研究具有重要意義，是先秦思想史、學術史的重要文獻。

本篇出現了許多新的用字現象和新的寫法，給我們提供了若干新的認知，對古文字考釋和漢語字詞關係的研究有重要意義。本文選取幾例，加以介紹。

一、以“矞、褍”表{規}

戰國楚簡中，規矩之{規}，最早出現在清華簡第六輯《鄭武夫人規孺子》一文中，寫作“設”，字形如下：

（《鄭武夫人規孺子》1）　（同上12）

李守奎（2016:80-86）指出此字爲“規誡”之{規}的專字，認爲其右部源自

*本文是國家社科基金重大項目“先秦兩漢訛字綜合整理與研究”（15ZDB095）的階段性研究成果，受到“清華大學自主科研項目”（2021THZWJC21）的資助，曾提交2021年7月24-25日在東北師範大學召開的“第四届古文字與出土文獻語言研究學術研討會”，並在會上宣讀。

“枝指”之“枝”，在楚簡中假借爲“規矩”之{規}。李先生在文中引用了《五紀》的一條材料爲證。因爲辭例明確，“設”用作{規}已經得到了學界的廣泛認可。在《五紀》中，“設”字右部的聲符“設”單獨成字，共出現3次，皆用爲規矩之{規}：

（1）叏：一直，二矩，三準，四稱，五叏（規），圓正達常，天下之度。（簡5）

（2）叏：后曰：五叏（規），四稱，三準，二矩，一繩。（簡17）

（3）叏：義白，中黄，黄白爲章，叏（規）矩成方。（簡18）

叏，與“直、矩、準、稱”四者合稱“五度”，釋作“規”正是不二之選。此外，在楚簡中，規矩之{規}還用“毁”來表示。例如：

（4）君乃無從毁（規）下之蟲（讒）□。

（清華八《邦家處位》簡3）

（5）往盡廼心相上，欲毁（規）念之以告惡美、毋欲。

（清華九《廼命二》簡15）

在《五紀》中，規矩之{規}除了用“叏”字來表示，更多的是用“矞”字來表示：

（6）矞（規）矩五度，天下所行。（簡45）

（7）天下有德，矞（規）矩不爽。（簡46）

（8）中正矞（規）矩，權稱正衡。（簡63）

（9）矞（規）受天道，祀有常，后是矩。（簡87-88）

（10）於天如矞（規），於神如矩，於人如度。（簡97）

（11）夫是故后矞（規）矩五度，道事有古，言禮毋沽。（簡124）

（12）由矞（規）正矩遂度。（簡126-127）

（13）天下之成人，參伍在身，矞（規）矩五度。（簡127-128）

在這些文例中，“矞”多與“矩”連用，無疑是用作“規”的。但是從古音看，規，見母支部，矞，喻母物部，聲韻皆有距離，傳世古書和出土文獻也未見二者通假的例證。程浩（2021）據《五紀》以“矞”爲“規”推斷“規”字的古音應當與物部比較接近①。大徐本《説文》分析“規”字的構形爲“从夫見”，學者據

①程浩（2021）《談談楚文字中用爲“規”的“夬”字異體——兼説篆隸“規”字的來源》，清華大學出土文獻研究與保護中心網站，12月16日首發，https://www.ctwx.tsinghua.edu.cn/info/1073/2747.htm。

此多認爲“規”爲會意字。陳劍（2018:1–25）認爲“規”字實應分析爲“从矩省、見聲”。“規”字上古音在見母支部，“見”是見母元部字，二者聲母相同，韻部爲旁對轉。從聲紐看，“喬”雖然爲喻母，但从“喬”聲的“橘、繘”等字古音在見母，與“規”聲紐相同。從韻部看，“規”字上古音雖然在支部，但其聲符“見”在元部，與文部關係密切，而物部係文部對應的入聲，故韻部也相近。因此，從聲韻兩方面看，“喬”可以通作“規”。從通假例證看，从喬聲之字多可與元部字通用。觼，从敻得聲，古音在元部（參看段玉裁，2007:231；徐寶貴、孫臣，2001:81–82），其《説文》或體从喬聲作“鐍”。瓊，从敻得聲，其《説文》或體从喬聲作“璚”，或體又作“瓗”，从巂得聲，古音在支部，與“規”韻部相同，且“巂”與“規”有直接通假的例證。《禮記 • 曲禮上》：“立視五巂。”鄭玄注：“巂猶規也，謂輪轉之度。”孔穎達疏：“知巂爲規者，以巂、規聲相近，故爲規。”《説文》：“巂，巂周，燕也。从隹，中象其冠也。冏聲。一曰蜀王望帝，婬其相妻，慙亡去，爲子巂鳥。故蜀人聞子巂鳴，皆起云‘望帝’。”段玉裁注：“子巂亦曰子規，即杜鵑也。”因此，從音理和通假兩方面看，“喬”與“規”古音相近，又有輾轉相通的例證，二者應是音近通假的關係①。

在《五紀》中，規矩之{規}還用“徜”字來記録，只有一例：

（14）禮義所止，愛忠輔仁，建在父母，矩方徜（規）圓，行用共祀。（簡17）

簡文“矩方”和“徜圓”並舉，矩是劃“方”的工具，“徜”應是劃圓的工具，讀“規”甚爲允恰。徜从彳，耑聲，古音在端鈕元部，與“規”字的語音關係，黄德寬（2021:95）指出：

> 規，支部字，古音支部字與歌部音近，對轉與元部“耑”聲字相通。或以爲“規”爲形聲字，从夫，見聲，如小徐本《説文》，“見”爲元部字，與“耑”聲字相通。義楚觶之“觶”字作“耑”“鍴”，“觶”，支部字，从元部“單”聲，異體又作“觽”。參看王國維《釋觶觛卮𦉢觽》，收入《觀堂集林》卷六，《王國維全集》第八卷，浙江教育出版社、廣東教育出版社，二〇一〇年，第一九一至一九二頁。

①“喬”與“規”音近通用，王子楊先生《“規”“喬”的會通》（待刊稿）一文有深入全面討論，請讀者參考。

二、以“⿱爻室”表{廟}

在楚簡中，宗廟之{廟}用“⿱宀苗、⿱宀淖”兩形記録。例如：

（15）吾以《甘棠》得宗⿱宀苗（廟）之敬。

（上博一《孔子詩論》24）

（16）《清⿱宀苗（廟）》，王德也。至矣！敬宗⿱宀苗（廟）之禮，以爲其本。

（上博一《孔子詩論》5）

（17）萃：王格于⿱宀苗（廟），利見大人，亨。

（上博三《周易》42）

（18）其余沖人，服在清⿱宀苗（廟）。

（清華三《周公之琴舞》10）

（19）今望鴟，誕不在厥攸，日來服，集止于先公寢⿱宀苗（廟）。

（清華十《四告》42）

（20）競平王就鄭壽，訊之於层⿸厂苗（廟）。

（上博六《平王問鄭壽》1）

（21）親事祖⿱宀淖（廟），教民孝也。

（郭店《唐虞之道》8）

（22）賓客，清⿱宀淖（廟）之文也。

（郭店《語叢一》88）

《説文》：“廟，尊先祖皃也。从广，朝聲。庿，古文。”楚簡{廟}一般寫作“⿱宀苗”，从“宀”，偶或作“⿸厂苗”，从“厂”，與《説文》古文同从“苗”聲。郭店簡《唐虞之道》等具有非楚特點的竹書中，寫作“⿱宀淖”，類似寫法已見於西周金文，如（盠方彝，《集成》9899），“⿱宀淖”字所从的“淖”即“朝”之異體。學者或認爲{廟}寫作“⿱宀淖”是齊系文字的寫法（參看禤健聰，2017:219–220）。在《五紀》中，{廟}記作“⿱爻室”。

（23）：樹設邦家，⿱爻室（廟）祧經遂，道載正鄉。（簡44–45）

（24）：載⿱爻室（廟）於營室，明啓於昌<東>壁。（簡76）

整理者認爲該字爲“廟”字異體。甚是。此字从室，簡44之字室旁有借筆，爻聲。室是意符，如楚簡中“臺”从室作“⿱室土”，是其比。爻是聲符，在楚文字中，{廟}字多用“⿱宀苗”表示，而“⿱宀苗”又可以表示容貌之{貌}。如郭店《性自命出》20：

“至容窗（貌），所以文節也。”郭店《性自命出》63：“行欲勇而必至，窗（貌）欲壯而毋拔。”容貌之{貌}又用从爻聲之字表示。郭店《五行》32：“顏色容佼（貌），温變也。”上博六《孔子見季桓子》7：“仁人之道，衣服必中，容谸（貌）不求異於人。”因此，爻可以作“廟”字的聲符。{廟}記作“螽”，爲我們提供了{廟}的一種新的異體。

三、以“𤝉”表示牲用之{用}

用，作名詞可以泛指資財或者器物，也就是費用，器用之{用}。《周禮•宰夫》：“掌治法以考百官府、群都縣鄙之治，乘其財用之出入。”鄭玄注：“財，泉穀也。用，財賄也。”《國語•周語上》：“王乃使司徒咸戒公卿、百吏、庶民，司空除壇于籍，命農大夫咸戒農用。”韋昭注：“農用，田器也。”《左傳》襄公十年：“昔平王東遷，吾七姓從王，牲用備具，王賴之，而賜之騂旄之盟。”楊伯峻（1990:983）：“牲用爲一詞，義猶犧牲。《尚書•微子》‘今殷民乃攘竊神祇之犧牷牲用以容，將食無災’可證。”這種名詞用法的{用}在文獻中一般都記作“用”。在楚簡中，則多以“甬”字表示。例如：

（25）大成若缺，其甬（用）不敝。大盈若中（盅），其甬（用）不窮。

（郭店《老子（乙）》13–14）

在《五紀》中，牲用之{用}記作“𤝉、𧲣”，乃其專造字（參看陳斯鵬2011:299–314）。

（26）：犧𤝉（用）不用大物之厚全。（簡49）

（27）：牲𤝉（用）比物，曰：唯宜。（簡60）

（28）：犧𧲣（用）幣帛，賓于四荒。（簡115）

𤝉，从豕，用聲，或易聲符“用”爲“甬”，即牲用之“用”的專造字。犧用、牲用，皆爲犧牲。簡49同一簡中名詞之{用}作“𤝉”，動詞之{用}作“用”，可見二者之區別。

四、以“㝵”表{官}

官長之{官}，不管在傳世古書，還是出土文獻中，多用“官”字表示。例如：

(29) 建五官弗措，是謂反逆。

（上博五《三德》6）

(30) 其政治而不賞，官而不爵。

（上博二《容成氏》43）

(31) 無嬖大夫必有數大官之師、公孫公子。

（上博四《曹沫之陣》25）

(32) 大夫假使便嬖知官事長。

（清華六《管仲》9）

(33) 其在邑司事及官師之人則廢也。

（清華七《越公其事》40）

官長之{官}，還用“管”字表示，只一見。

(34) 凡邊縣之民及有管（官）師之人或告于王廷曰。

（清華七《越公其事》39）

在《五紀》中，官長之{官}除了用“官”表示之外，還記作“宦”。

(35) 六宦（官）六府，五刑五音。（簡121）
(36) 六宦（官）六府，民之裕財。（簡129）
(37) 百宦（官）百工，百府百司。（簡56）
(38) 宦（官）長秉義，善于東<西>宅。（簡60）

宦　，从又，从官，乃動詞義之{官}的專造字，在簡文中則用作名詞義官長之{官}，這反映了專造字不專用的特點。

五、以“鹹”表{咸}

皆咸之{咸}，在楚簡中寫法較多，可以記作“咸、淦、戕”等，分別舉一例：

(39) 唯尹既及湯咸有一德。

（清華一《尹誥》1）

(40) 巫覡龜筮，淦（咸）吉有慶。

（清華九《禱辭》15）

(41) 戕（咸）祀天神，戎兵以能興，軍用多實。

（清華一《皇門》6）

《周易》卦名“咸”還記作“欽、慼”：

（42）欽（咸）：亨，利貞，取女吉。（上博三《周易》26）

（43）夬，萃，慈（咸），困，革。（清華四《別卦》6）

在《五紀》中，用“鹹”來表示咸皆之{咸}。

（44）：后事鹹（咸）成，萬生行象則之。（簡79）

簡文“鹹”字，从鹵，咸省聲，字所从“鹵”旁亦有簡省①。如果没有文例的提示，該字很難與“鹹”字聯繫起來。鹹，此前在楚系簡帛中共出現3次，皆本用，表示鹹辛之{鹹}。例如：

（45）諸侯同盟于鹹泉以反晋，至今齊人以不服于晋，晋公以弱。

（清華二《繫年》103）

（46）[酸]爲斂，甘爲緩，苦爲固，辛爲發，鹹爲淳。

（清華八《八氣五味五祀五行之屬》4）

（47）……其味鹹，其音徵……（楚帛書）

簡文以“鹹”表示咸皆之{咸}，豐富了{咸}的記録形式，也突破了“鹹”字記録字詞的單一性。

六、以“匔”表{飽}

厭飽之{飽}，在楚簡中出現的次數較少，分别用“孚、𩚀”兩字形來記録。例如：

（48）侈其衣裳，孚（飽）其飲食。

（清華七《趙簡子》10）

（49）祭異（祀）奚逐（由），吾如之何使𩚀（飽）？

（上博七《凡物流形（甲本）》7、《凡物流形（乙本）》6）

飽，《説文》：“猒也。从食，包聲。餜，古文飽从采。𩚀，亦古文飽，从卯聲。”《説文》第一個古文形體與《趙簡子》以“孚”記録{飽}類似。第二個古文形體从食，卯聲，卯、飽古音都是唇音幽部字，“𩚀”是“飽”替换聲符的異體，與上博簡《凡物流形》寫法類似，可證古文淵源有自。在《五紀》中，{飽}的記録字形比較特别，前所未見。

（50）：擇蠲食飲匔（飽）。（簡89）

①趙平安師面告，“鹵”字的這種省體寫法與齊璽“徙鹽之鉩”的“鹽”字所从相同。編輯部審稿意見指出，“咸”字大徐本《説文》分析爲“从口从戌”，小徐本分析爲“从口，戌聲”，認爲是形聲字，孟蓬生（2015）贊同小徐本的分析，然則簡文“鹹”字可徑分析爲从鹵，戌聲。謹致謝忱。

黃德寬（2021:121）分析爲从勹，卯聲，認爲即“飽”之異構，並引《説文》古文从“卯”聲爲證。匍，有比較早的來源，應該是由甲骨金文中的下列字形演變而來的。

（《合集》20326）　（《合集》17953）

（《合集》9100）　（《合集》17952）

（毛公旅鼎，《集成》2724）　（作册矢令簋，《集成》4300）

（弭仲簠，《集成》4627）

上引諸字，謝明文（2015）認爲甲骨文字形即“飽”之初文，以食或皀爲意符，以勹（“腹”的表意初文）爲聲符，弭仲簠之字，則在甲骨文字形的基礎上加注“缶”聲，作册矢令簋和毛公旅鼎之字，即《説文》“䬳”字，也是“飽”字異體，所从之“㲃”有表音的作用。簡文“匍”字所从的“勹”，應該就是甲骨金文中“飽”所从之“勹”，即“腹、飽”字的共同表意初文。如果仔細分析字形，簡文的“勹”還多出左部的彎筆，這種寫法更接近毛公旅鼎“飽”字所从的“勹”旁[①]。

七、以“𩭹”表{髪}

眉髪之{髪}，西周金文从首，从犬，犬旁後聲化作“犮”旁，與《説文》古文寫法相同。楚簡繼承了西周金文的寫法。例如：

（51）参頞（髪）如云，不屑傢（髢）也。

（安大簡《詩經》88）

（52）一捉頞（髪）之帾（巾）。

（信陽2-9）

（53）申成公棗其子虎未蓄頞（髪）。

（上博九《靈王遂申》2）

在《五紀》中，眉髪之{髪}改易意符“頁（首）”爲“須”，寫作“𩭹”。

①編輯部審稿意見指出，匍字構件中的“勹”多出左部彎筆，應爲“腹”的表意初文，應是變形聲化，同時表示腹部突出之象，即已吃飽飯，又屬於變形意化。

（54）：以其須（髮）爲韭。（簡110）

須，即“鬚”之本字，本義指鬍鬚，爲身體毛髮之一種，作“髮”之意符比“頁（首）”更爲合適①。

此外，《五紀》還有一些新的用法，如以“佻”表盜竊之{盜}，以“鴟”表張宿之{張}，用“䐁”表示收藏之{藏}等，都是楚簡中新的記録形式。

《五紀》中還有一些字的寫法較爲特別，與楚簡中常見的寫法不同，豐富了楚文字的構形。

黑，省去字形的下部，只保留上半部分，寫作（簡18）、（簡18）、（簡24），與“卥”字同形。“黑”字的這種省形寫法以前未見，不過“黑”字作爲偏旁有時也會省作此形。比如上博五《三德》1：“更旦毋哭，晦毋歌，弦望齊宿，是謂順天之常。”簡文“晦”字原作，晏昌貴（2006）讀爲“晦”②。這種寫法即从“黑”省作，所从“黑”旁的省形寫法可參看《五紀》“鹹”字的形體。“晦”又見於清華九《成人》3“毋則司典失常，以進退晦朔”，《成人》9“晦朔枉違，四維以會（缺）羸”，原形作（3）、（9），也从“黑”省作，這種寫法的“晦”可徑直隸定作“䵒”，是一個从黑省，从月的會意字。

愳，原形作（1）、（簡125），瞿，原形作（簡101），此類寫法還見於中山王銅器，可能有比較早的來源。中山王譽鼎：“寡人懼其忽然不可得。”（《集成》2840）銘文中的“懼”字原作，與簡文寫法相類。謝明文（2018）認爲該字“心”上部分不宜簡單地看作是“瞿”，它應該與瞿姒簋（《商周青銅器銘文暨圖像集成》04675、04676）、形聯繫起來考慮，前者既可能是後者把上部的兩個圈形變形聲化作“䀠”演變而來，也可能是後者與“䀠”或“瞿”因音近糅合而來。

《五紀》中从今的字，所从“今”旁多寫作“尹”形或“冃”形。如“酓”字形作（簡43）、（簡63）、（簡72）、（簡102）；歙，字形作（簡35）、（簡89）；禽，字形作（簡33）。這與“冃”旁訛作“今”正好相反。如甲冑之{冑}在清華簡《越公其事》中作（簡3）、（簡20），所从冃旁訛作“今”形。

艮，在簡文中用爲天根之{根}，字形作（簡26），所从目旁和匕旁下部皆有飾筆。這種增益飾筆的寫法還見於楚簡中的一些从“力”之字，清華七《越公其事》

①匿名審稿人指出，“須”旁也有可能由“頁”旁添飾筆而來。

②晏昌貴《〈三德〉四札》，武漢大學簡帛網，2006年3月7日，http://www.bsm.org.cn/?chujian/4491.html。

中“劮”字四見，字形作（簡33）、（簡33）、（簡35）、（簡35），“劼”字二見，作（簡38）、（簡38），“勸”字作（簡31），字形下部皆贅加飾筆，與此略同。

熱，字形作（簡94），文曰：“㬢（暑）炅（熱）儇=（嬛嬛）。”在“炅”字上加注“尸”旁，應該是受“㬢（暑）”字影響類化的結果。

射，字形作（簡77），“䠶”字訛體，所从“矢”旁訛作“必”形。

巟，字形作（簡26）、（簡38）等，與楚簡常見从川，亡聲的寫法不同。

以上介紹了清華簡《五紀》中新出現的一些用字現象，這進一步豐富了戰國楚文字的字詞關係，同時也反映了楚文字字詞關係的複雜性，值得我們進一步深入研究。

參考文獻：

陳　劍　2018　《説“規”等字並論一些特别的形聲字意符》，楊榮祥、胡敕瑞主編《源遠流長：漢字國際學術研討會暨AEARU第三屆漢字文化研討會論文集》，北京大學出版社。

陳斯鵬　2011　《楚系簡帛中字形與音義關係研究》，中國社會科學出版社。

段玉裁　2007　《説文解字注》，鳳凰出版社。

李守奎　2016　《釋楚簡中的“規”——兼説“支”亦“規”之表意初文》，《復旦學報（社會科學版）》第3期。

清華大學出土文獻研究與保護中心（編）　黄德寬（主編）　2021　《清華大學藏戰國竹簡（拾壹）》，中西書局。

孟蓬生　2015　《“咸”字音釋——侵脂通轉例説之二》，《出土文獻與古文字研究》（第六輯），上海古籍出版社。

謝明文　2015　《説腹、飽》，《甲骨文與殷商史》（新五輯），上海古籍出版社。

謝明文　2018　《清華簡説字零札（二則）》，《出土文獻》（第14輯），中西書局。

徐寶貴　孫　臣　2001　《古文字考釋四則》，《考古與文物》第1期。

禤健聰　2017　《戰國楚系簡帛用字習慣研究》，科學出版社。

楊伯峻　1990　《春秋左傳注（修訂本）》，中華書局。

Examples of New Characters and their Interpretations in *Wuji* 五紀 of the Tsinghua Bamboo Slips

Shi Xiaoli

Abstract: *Wuji* 五紀 published in *The Bamboo Slips in Warring States Period Collected by Qinghua University* (vol.11) presents many new characters, e.g. using "喬、偳"as "規" (regulation), "螽"as "廟" (temple), "宦" as "官" (faculty), "鹹"as "咸" (salty), "匑" as "飽" (full), etc. These cases offered some new cognizance and significance for Chinese paleography and research on relationship between Chinese characters and words, thus this article selects some of these cases to introduce.

Keywords: Tsinghua Bamboo Slips; *Wuji* 五紀; Character usage; Relationship between Chinese characters and words

（石小力　清華大學出土文獻研究與保護中心　北京　100084）

帛書《衷》篇校釋兩則*

范育均

摘　要：本文在已有研究成果的基礎上，對帛書《衷》篇中的兩處釋文、注釋作了補充、更正。第4行无妄卦内容中的“嗇”字，應释作“昔”，是其戰國寫法的遺留，“昔”讀作“束”，訓爲約束、收斂。第19行中的“五行”非《二三子》《要》篇所説的“地之五行”“天之五行”，而是與郭店簡、帛書《五行》篇中的“五行”一致，指“仁、義、禮、智、聖”五種德行，“五言”則是此“五行”在言語方面衍生的一個概念。

關鍵詞：帛書；《衷》；所以嗇故也；五行；五言

帛書《周易》經傳出土已近半個世紀，研究成果十分豐碩，單《易傳》的釋文就有近80種。2014年由裘錫圭先生主編的《長沙馬王堆漢墓簡帛集成（叁）》（以下簡稱《集成》）一書根據重新拍攝的高清照片，對帛書《周易》經傳進行了更爲完善的整理和釋讀，可謂後出轉精，大有裨益於學界。本文試在此書的基礎上，對《衷》篇的釋文和注釋提出一些意見，不當之處，敬請方家批評指正。

一、所以嗇（？）故也

帛書《衷》篇第4行有：

《无妄》之卦，有罪而死，无功而賞，所以嗇（？）故也①。

*本文承蒙業師陳松長教授悉心指導，陳仁仁教授和匿名審稿專家也提出了寶貴修改意見，師兄鄭邦宏、王森等在修改過程中提供了許多幫助，謹致謝忱。

①“无妄”，帛書《周易》經文及《衷》篇、《昭力》寫作“无孟”，上博簡作“亡忘”，《别卦》作“亡孟”，阜簡作“无亡”，海昏侯簡作“無亡”，“妄”“忘”“亡”“孟”上古皆屬明母陽部字，音同通假。本文所引帛書《易傳》的釋文皆據裘錫圭（2014），下文不再出注。爲行文簡潔，本文所引簡帛材料釋文，一律採用寬式釋文，後文不再單獨説明。

“所以”下一字帛書寫作“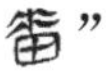”①（以下用“A”表示），對於此字，學界主要有三種意見，釋作“番”“甾”或“嗇”②。

“番”字，馬王堆出土簡帛中共四見。帛書《二三子》第13行上“番庶”之“番”，寫作“”，《木人占》、三號墓出土遣册以及《十六經》的寫法與此同，上部爲“釆”，下部爲“田”。細審圖版，此字與“A”差别較大。

馬王堆簡帛中，“嗇”和“甾”及其相關字形主要有：

表1：馬王堆漢墓簡帛中的“嗇”“甾”及相關字

A	嗇			廧（“牆”字變體）③	

	老乙21.24④	老乙21.27	星8.7	氣6.317	陰乙五禁15.10

A	甾			

	老甲143.18	遣三51.1	遣三53.18	老乙67.8

A	菑		

	戰96.9	周8.31	二12.70

①本文所涉馬王堆帛書中的文字材料，皆據劉釗（2020），下文不再出注。

②釋作“番”字，可參看于豪亮（2013:126）。除廖名春（1998:272）釋作“甾”外，廖名春（1995:21；1995:29）、鄧球柏（1996:459）、濮茅左（2006:612）、丁四新（2007:265）皆釋作“甾”。王國維認爲“甾”“甾”爲不同字，其後亦有贊成者。陳劍（2021:18-23）對“甾”“甾”的糾葛進行了詳細辨析，指出二字實爲一字異體，本文贊成這種觀點，且皆以“甾”字論之。連劭名（2012:328）還釋作“菑”，下文也將“菑”放在“甾”字部分討論。此外，張政烺（2008:138）並未釋讀此字，他將此字下部釋作“田”，上部摹寫原形，爲“”。釋作“嗇”字，可參看陳松長、廖名春（1993:429）、趙建偉（2000:237）。廖名春（2008:206）釋作“嗇”，認爲此字上从“來”，下从“田”，爲“嗇”字異體，丁四新（2011:521）釋與廖同。劉彬等（2016:154-155）也認爲是“嗇”字，“嗇”即貪也，並説此句的意思是：《无妄》之卦言有罪而死是正常的，期望無功而得賞，是貪心奢望的蠱惑。

③帛書中與“嗇”相關字形還有“薔”“蘠”和“轖”，其中所含“嗇”字與表中之形無差，唯獨“轖”之“嗇”上部爲“來”字變形“”。

④本文所列馬王堆帛書字形出處皆與劉釗（2020）保持一致，採用“篇章簡稱+行號或簡號+行或簡字序”的標號方式。

通過比較，“A”與表中的“畓”字上下不合；“甾”字下部雖爲“田”，但上部與“A”相差較遠，可見“A”與這兩字在帛書中的寫法不類。

我們知道，帛書《衷》篇雖然大致抄寫於漢高祖之後至漢文帝前元12年（前168）之間，但其底本要早於此，有些内容甚至會早至戰國時期，且帛書的抄寫年代，尚處於文字没有規範定型的時代（參看陳松長，2008:265）。陳松長先生（2008:89、261-273）曾談到帛書中兼有大量的楚文字成分以及戰國文字的構形成分，又指出帛書《繫辭》保存了較多的戰國古文形體，提示我們在對帛書文字進行識讀的時候不能忽略這種現象。

帛書《衷》篇確實留存了一些戰國文字的遺迹，如“孫”字，帛書諸篇寫作“”，同於秦和西漢前期的寫法，唯獨《衷》篇第5行寫作“”，與郭店簡《魯穆公問子思》簡4“”的寫法一致；“悔”，秦與西漢前期一般寫作“”（嶽麓簡《芮盗賣公列地案》0001+0038）、“”（張家山《引書》53），《衷》篇第31行寫作“”，與郭店簡《緇衣》簡22的“”寫法相同。那麽，有無可能“A”爲“番”“畓”“甾”其中一字在戰國時期的寫法，而被書手保留下來了？

“番”字，戰國時期主要寫作“”（《包山》52）、“”（郭店《緇衣》29）和“”（上博《緇衣》15）三形。《説文·釆部》：“番,獸足謂之釆。从釆，田象其掌。”郭店簡加義符“肉”，上博簡“番”字省寫成“釆”，且與“肉”共用筆劃，與《説文》古文同（參看季旭昇，2014:89）。其戰國時的寫法與“A”相差較遠。

“甾”字，戰國晚期秦國及秦代文字主要寫作“”（《貨系》四〇三八錢）、“”（北大秦簡《魯久次問數于陳起》04-128①）和“”（《里耶（壹）》8-1107）三形。陳劍先生（2021:23-31）對“甾”中變出“巛”形的過程進行過詳細分析，認爲早期“甾”上部之“巛”寫作“”“”“”，皆從“”而來，其中“”爲“”的簡形，“”是將“”上方左右兩筆移到下方而形成的。漢初馬王堆帛書中的寫法，繼承了里耶秦簡中的“”形，並在此基礎上進行省簡或變形，寫作“”“”形。“甾”字和“甾”旁有作上部“”“”與下部“田”粘連之形的，如“”和“”，而後其上下部又作分開之形，如“”，這種演變正是“甾”中變出“巛”形的最終來源。

從“甾”字上半之形的演變過程來看，無論是“”“”“”形，還是“”“”形，其顯著特徵是始終存在一個“凵”形，且這些部件的横筆未從中斷開分成兩部分，即使演變爲此形的“”，也是由“”“”等形變來的，

①參看韓巍、鄒大海（2015）。陳劍先生（2021:24）指出雖然此字圖版不清楚，但仍然可以判斷上部是寫作“甴”類形的。

而與“”形毫無關係。由此看來，“甾”字與“A”大不相同。

“嗇”，戰國時期主要有“”（《中山》64頁）、“”（《中山》65頁）、“”（郭店《老子》乙1）和“”（上博六《用曰》12）幾種寫法；秦簡中寫作“”（睡虎地《秦律十八種》169）和“”（睡虎地《秦律雜抄》30），《説文》古文與此相似，寫作“”。將“A”釋作“嗇”字，應是據秦簡和《説文》古文而來。但此觀點最大的問題在於戰國至漢初並未見作“”形的“來”，或簡省最上一横筆的“嗇”。“A”爲“嗇”字異體的説法缺乏足够證據，同時也難説是“嗇”之省簡，因爲若將“A”看作“嗇”，此寫法也僅一例，很難在字形上找到根據，這是《集成》對此字是否爲“嗇”字存在疑問的原因所在。此外，將此字釋作“嗇”，讀作“貪”，在文義上亦有不妥。從“《无妄》之卦，有罪而死，无功而賞，所以嗇（？）故也”一句的邏輯來看，“有罪而死，无功而賞”是行爲產生的結果，而“所以嗇（？）故也”是由此而得出的結論，且爲无妄卦所要表達的主旨。因此，將“嗇”訓爲“貪”，認爲“故”字爲“災”，作“所以貪，災也”（廖名春，2008:206），或將“故”讀作“蠱”，作“所以貪蠱也”（劉彬等，2016:154-155），都只是對“无功而賞”进行阐释，也不能很好表達无妄卦的主旨。

對於“A”，我們認爲應當釋作“昔”。馬王堆漢墓出土文獻中“昔”主要有三種寫法，一種寫作“”，主要見於《春秋事語》《戰國縱橫家書》以及一、三號墓出土的遣册；一種寫作“”，主要見於帛書《周易》經文和《二三子》；一種寫作“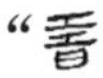”，亦主要見於帛書《周易》經傳、《十六經》和《老子》乙本。這樣看來，“A”與“昔”字寫法相差更遠。但“昔”字戰國時期的寫法却與“A”密切相關，現將戰國時期“昔”字及其相關字形羅列如下：

表2 戰國時期“昔”及相關字形

昔		猎	[illegible]	惜	譽		散	

1 上博簡《舉治王天下》6	2 中山王譽鼎（《殷金》2840）	3 包山204	4 包山277	5 清華簡《湯處於湯丘》2	6 《璽彙》1874	7 中山王譽方壺（《銘文選》881）	8 《璽彙》1968	9 中山王譽方壺（《銘文選》881）

殷商及西周早期，“昔”字主要寫成“”（《合集》1502）、“”（克鼎，《殷金》2836）和“”（善鼎，《銘文選》321）三形，這一時期“昔”字通常

爲上部“”或“”①，下部“日”或“口”的寫法。而到了西周晚期至戰國時期，“昔”字下部多寫作“田”，但仍有保留“日”字的寫法，如天星觀一號墓遣策簡寫作“”（《楚系》647頁）；其上部常常作分開的“兩重鋸齒形”，如字形1、3、4，這還與“A”上部不合。但因鋸齒形中部筆畫延伸或“兩重鋸齒形”相接而産生了類似竪筆的寫法，如字形2、5，以及“兩重鋸齒形”中間明顯存在竪筆的字形6、7、8、9，就與帛書《衷》篇中“A”的寫法趨於一致②。

“昔”的這種寫法還見於稍晚的長沙走馬樓西漢簡牘中，編號爲1938的“都鄉男子旁藉”木楬（參看宋少華，2021）中的“藉”字寫作：

右下“昔”字，下部爲“田”，上部中間確有竪筆，明顯來源於戰國時期的寫法，與“A”寫法相同。

爲了進一步説明這個問題，以及“A”與帛書中“昔”字其他寫法相差較遠的情況，需要厘清秦至漢初“昔”字（包括作爲構件）字形演變的路徑，現圖示如下：

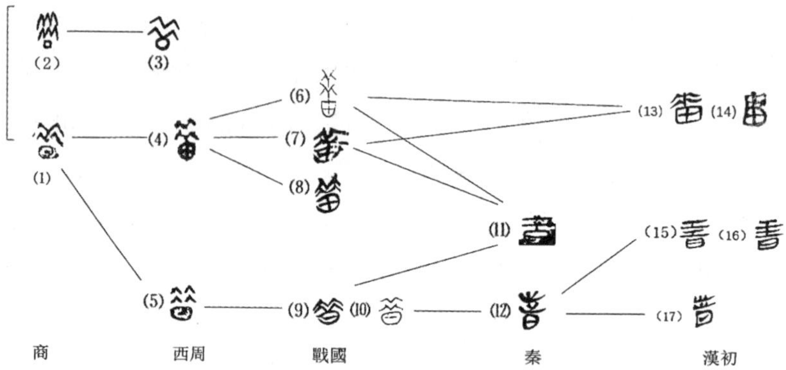

圖1：“昔”字字形演變圖③

①陳劍先生（2021:1-12）指出“昔”字上部“兩重或三重鋸齒形相錯的筆畫形”，可以看作“腊、散”等字共同的表意初文，也可看作抽象意義相錯之“錯”的表意初文。下文按陳劍先生的説法，將“”形稱爲“兩重鋸齒形”。

②單從字形6、7、8、9來看，很難確定上部“竪筆”的性質，可能是“兩重鋸齒形”中部筆畫的延伸，亦有可能是獨立的筆畫。但不管怎樣，戰國時期出現了上部有“竪筆”特徵的字形，而這種字形正是後期字形演變的基礎。

③圖中字形（2）爲甲骨文之“昔”（《合集》36317）；（4）爲弭伯師耤簋中“耤”（，《銘文選》271）字之“昔”；（5）爲何尊之“昔”（《殷金》6014）；（7）爲清華簡《湯處於湯丘》2中“惜”字之“昔”；（10）取自《詛楚文》（王輝，2015:1047）；（11）取自嶧山刻石（王輝，2015:1047）；（12）取自睡虎地秦簡《日書乙種》120；（14）爲走馬樓西漢簡編號1938木楬中“藉”字之“昔”，雖然此字形不是帛書中的内容，但爲了説明“A”與“昔”字的關係，故也納入此圖。其餘字形已見上文，不再單獨説明。

前文已經闡述了“昔”字戰國及其以前的字形演變情況，秦的寫法在此基礎上有兩種演變路徑。第一種直接受（9）（10）的影響，將“昔”字兩重鋸齒形的左右兩筆分别合成一曲筆（或直筆），下部寫作“日”，如（12）；第二種在“昔”字上部採用了第一種的變形手法，且受（6）（7）有竪筆寫法的影響，下部寫作“日”，如（11）。而漢初帛書中“昔”字的寫法主要有三種演變路徑。第一種直接受（6）（7）的影響，只是“昔”字上部的鋸齒形筆畫稍顯平直，竪筆筆畫特徵十分明顯，且貫穿“昔”字上部，如（13）（14）；第二種直接受秦文字的影響，與（12）寫法相同，如（17）；第三種亦是在秦文字的基礎上進行演變，若將（12）上部中間兩短捺筆收尾處與兩短撇筆起筆處相連，再稍寫平直①，而下部依舊寫作“日”，就與（15）無異，而（16）則在（15）的基礎上將兩竪筆連通作一竪筆。要之，漢初“昔”字的寫法主要有兩種來源，一種承襲了秦文字的寫法，如（15）（16）（17）；一種仍保留戰國寫法，如（13）（14）。前一種爲漢初常見寫法，但不能因此忽略了後一種，畢竟帛書抄寫時還處於文字未規範定型的時代。因此，從字形上來看，釋“A”爲“昔”字當可信。

再從文義上來看。无妄卦卦義是不虛妄、不妄爲而行正道②。卦辭曰：“元亨，利貞。其匪正有眚，不利有攸往。”之所以“元亨，利貞”，是因爲不妄爲。初九爻曰“无妄，往吉”，六二爻曰“不耕穫，不菑畲，則利有攸往”③，九四爻曰“可貞，无咎”（“貞”，堅固不變，可以看作不妄爲的一種表現），九五爻曰“无妄之疾，勿藥有喜”。這些都是説不妄爲就會有吉、無所咎害，也會有類似不勞動而有所收穫之喜，即使有意外之疾，不用藥也會痊愈。而《衷》中的“无功而賞”就與此對應，與九二爻“不耕穫”的寓意高度相似，即不妄爲，無所功勞也會得到賞賜（意外收穫）。卦辭“其匪正有眚，不利有攸往”，則講妄爲而不行正道，將會導致災禍的產生。《衷》云无妄卦“有罪而死”，正是從妄爲就會招致災禍的角度來講，與卦辭所言保持一致。可見《衷》篇從正反兩方面來强調行爲要正、不妄爲的重要性，與无妄卦卦爻辭主旨相同。

“昔”，讀作“朿”。“昔”上古音屬心紐鐸部，“朿”屬書紐屋部，心書準雙聲，鐸屋旁轉，音近可通。如古“嗽”“唶”通用，《史記 · 佞幸列傳》：“文

①“道”字，秦簡寫作“”（里耶7-304a），帛書寫作“”（《戰》46.35）和“”（《衷》21.3），秦至漢初“昔”字上部的演變路徑與“道”字右上部分演變路徑一致。

②王化平先生（2020:182）指出了漢代京房、馬融、鄭玄等人將“无妄”釋爲“無所希望”的缺陷，認爲釋“无妄”爲不虛妄、不妄行是符合經義的，筆者贊成此説法。

③廖名春先生（2004；2012:179-182）據上博簡、帛書《昭力》等相關内容，認爲今本“耕”下當脱“而”字，王化平先生（2020:184）進一步指出此爻辭是説“不勞作而有收穫，不積蓄而有餘財。這些都是意外之財，是吉兆，當然‘利有攸往’。爻辭的意思是人無妄行，故受庇佑”。

帝嘗病癰，鄧通常爲帝唶吮之。”“唶”，《漢書•佞幸傳》作“嗽”。“唶”从昔聲；“嗽”，从欶得声，《説文•欠部》：“欶，吮也。从欠，朿聲。”“欶”又从“朿”得聲，故知昔、朿可通。《莊子•秋水》曰：“曲士不可以語於道者，束於教也。”《商君書•畫策》曰：“行間之治，連以五，辨之以章，束之以令；拙無所處，罷無所生。”[①]“束”，爲約束、限制義，此處引申爲約束、收斂自身行爲。“《无妄》之卦，有罪而死，无功而賞，所以昔（束）故也”，无妄卦講的是（妄爲則）有罪而招致死亡之災，（不妄爲即使）無所功勞也會獲得賞賜，所以要約束自身，而不妄爲。這是從正反兩方面强調不妄爲的重要性，是符合无妄卦卦義的。因此，“A”（）應釋作“昔”，讀作“束”，意爲約束、收斂。

二、“五行”“五言”

帛書《衷》篇第19行有：

> 子曰：五行者迎【□□□□□□□□□□】□□用，不可學者也，唯其人而已矣。易其和□，此五言之本也。

“五行者”後殘缺12字，其義難詳，只有少數學者對此句中的“五行”進行了説解。鄧球柏先生（1996:461）指出此處的“五行”，可能是孔子用五行解説《周易》的一種方式，這在《二三子》和《要》篇中運用過。丁四新先生（2007:267）説：“‘五行’，又見帛書《二三子》，帛書《要》以爲水、火、金、土、木五者。”彭華先生（2011:236）列舉了帛書《二三子》和《衷》篇中涉及的“五行”文字，並説《要》篇明文道及“五行”。可見鄧、丁、彭三位先生是將《衷》篇的“五行”看作“水、火、金、土、木”的。劉彬先生等（2016:166）指出鄧、丁二人的觀點可能正確，但也認爲“五行”一詞或有他意[②]。

在帛書抄寫年代之前，文獻所見“五行”一詞指向“地”“天”“物”“人”四大類别（參看彭華，2011:99-114）。“地之五行”即《要》篇所説“水”“火”等五種物質，“天之五行”指五星或與星曆天時有關，“物之五行”是一種樂舞名

---

①蔣禮鴻先生（1986:108）指出“行”字之前無“入”字，“《指海》本不疊入字，是也。當從《指海》本删此入字”。此處引文據此删。

②此後，劉彬先生（2019:63-66）認爲《衷》篇“五行”爲孔子“五行説”，又在《帛書〈衷〉篇“子曰‘五行’”段申論》一文中做了進一步論證，指出孔子“五行説”具有人性論氣質，具體内容是“文”“武”“仁”“義”等五種品性（參看劉彬，2021:372-383）。本文開始寫作時，未見劉彬先生後來的意見，雖然本文與劉彬先生都認爲此處“五行”指向人道，但對“五行”具體内涵的理解有所不同。

（五行舞），而"人之五行"大致有三種。第一種，《吕氏春秋·孝行》云："居處不莊，非孝也。事君不忠，非孝也。莅官不敬，非孝也。朋友不篤，非孝也。戰陳無勇，非孝也。五行不遂，災及乎親，敢不敬乎？"此"五行"指"事君忠心""莅官敬慎""與友交篤"等五種孝行。第二種，《荀子·樂論》云："貴賤明，隆殺辨，和樂而不流，弟長而無遺，安燕而不亂：此五行者，是足以正身安國矣。"此又見於《禮記·鄉飲酒義》。這裏的"五行"則指正身安國的五種行爲或措施。第三種，即郭店楚簡和帛書《五行》篇（以下簡稱"簡帛《五行》"）所説的"仁、義、禮、智、聖"五種德行[①]。

《二三子》第12行至13行云："聖人之莅政也，必尊天而敬衆，理順五行，天地無災，民□不傷，甘露時雨驟降，飄風苦雨不至，民總相觴以壽，故曰'蕃庶'。"第18行下至19行下云："此言天時漸，戒保常也。歲始於【東北】，□於西南。温始於□，寒始於▨▨德，與天道始，必順五行，其孫貴而宗不崩。"前一則是對晋卦卦辭的闡釋，講如何蕃育衆物，後一則是對坤卦初六爻辭"履霜，堅冰至"這種自然現象的闡釋，兩者都是由天道而及人道。"必尊天而敬衆，理順五行，天地無災"以及"與天道始，必順五行"明顯與順從天地運行，自然規律有關，而非"理順""必順"人道中的五種具體行爲或五種德行。因此，《二三子》中的"五行"應爲"天之五行""地之五行"之類。《要》篇云："故《易》有天道焉，……有地道焉，不可以水、火、金、土、木盡稱也，故律之以柔剛……"則直接表明"水""火"等五種物質爲地道的内容，屬於"地之五行"。

而此處所提"五行者……不可學者也，唯其人而已矣"，"其人"，今本《繫辭》曰"推而行之存乎通；神而明之存乎其人"（帛本作"神而化之存乎其人"），又曰"苟非其人，道不虚行"（又見《衷》篇），皆説賢明或聖人能闡明、推行《易》道之理。《二三子》在闡述"王臣蹇蹇，非今之故"時曰："君子知難而備之，則不難矣；見幾而務之，則有功矣。故備難者易，務幾者成。存其人，不言吉凶焉。"此"其人"指君子。可見此處之"五行"非一般人通過學習而能達到，只有賢明、君子或聖人才能具備，這是"其人"所具有的特質。由此，《衷》篇"五行"不是天、地之五行，而是人道意義上的五行。《衷》篇39行上對坤卦六二爻辭進行闡釋，云："子曰：'生文武也，雖强學，是弗能及之矣。'"[②]這與"五行者迵【□□□□□□□□□□】□□用，不可學者也，唯其人而已矣"所表達的意思十

①馬王堆帛書《五行》篇對"五行"的闡述與郭店楚簡基本一致，只是篇首無"五行"二字，且以仁、智、義、禮、聖爲序，這與郭店楚簡爲仁、義、禮、智、聖的順序不同，分别參看武漢大學簡帛研究中心等（2011:47)、裘錫圭（2014:58)。

②此句《集成》句讀爲"生文武也，雖强學是，弗能及之矣"，誤。"是"此處爲加重語氣之詞，應屬下句。按諸家釋文，"生"讀爲"性"。

分相近，“五行”與“文武”一樣，應指向“其人”的品性。劉彬先生（2019:65；2021:373）指出將此處的“五行”看作“水火金土木”五種物質在邏輯上行不通，又根據《中庸》“天命之謂性”認爲此處的“五行”即爲五種德行，只有聖人才具備，這是十分合理的。

前面所講“人之五行”有三種，《吕氏春秋·孝行》中的五種孝行，也可看作五種“德行”，但普通人通過學習也能達到，並不是“其人”的特質。《荀子·樂論》中的“貴賤明、隆殺辨”等“五行”並非指向“德行”，而是五種保身治國的行爲或措施。由此看來，《衷》篇的“五行”應爲簡帛《五行》篇裏的“仁、義、禮、智、聖”五種德行。

再者，簡帛《五行》云：“德之行五，和謂之德；四行，和謂之善。善，人道也。德，天道也。”[①]此句不僅强調了德和善、五行與四行的區别，還提出了五種德行和諧而成“德”，四種德行和諧而成“善”的觀點，重點指向了五行之間的和諧、和合思想。《衷》篇多處也表達了“和合”的思想。第2行上云：“會三者而台（始？）作《易》，和之至也。”《爾雅·釋詁》：“會，合也。”《楚辭·天問》：“陰陽三合，何本何化。”王逸注：“謂天地人三合成德，其本始何化所生乎？”“三者”當指天、地、人三才。此句是説《易》融合天、地、人三才，這是和合的最高境界。第22行上至25行上，從天地、萬物的剛柔、動静講到了人之文武，通過闡述“剛之失”“柔之失”以及如何做到“文而能勝”“武而能安”，重點突出了剛柔、動静、文武和合，不能偏及一方的思想。又28行下、29行上在闡述“《乾》《坤》之厽説”時云：“《坤》之至德，柔而反於方。《乾》之至德，剛而能讓。”第38行下闡述“《坤》之詳説”時云：“【武】人有弼，文人有輔。弼不橈，輔不絶，何不吉之有？”都體現了剛柔、文武和合的觀念。第40行下“《乾》，陽物也；《坤》，陰物也。陰陽合德而剛柔有體”等多處都表達了這種思想，可以看出“和合”是《衷》篇的一個重要内容。因此，將此處的“五行”看作簡帛《五行》篇中的“仁、義、禮、智、聖”，它們之間和諧而成“德”，是符合《衷》篇的思想的。

其實最重要的是本句中的“五言”一詞，它與此處的“五行”關係密切。“五言”，最早見於《尚書·益稷》：“予欲聞六律、五聲、八音，在治忽，以出納五言，汝聽。”孔安國注：“言欲以六律和聲音，在察天下治理及忽怠者，又以出納仁、義、禮、智、信五德之言，施于民以成化，汝當聽審之。”孔穎達疏曰：“以此樂音出納仁、義、禮、智、信五德之言，乃君之發言，合彼五德，施之於人，可以成其教化，是出五言也。人之五言，合彼五德，歸之於君，可以成諷諫，是納

①此處句讀據裘錫圭（2014:58）。

五言也。"五言，即五德之言。古人認爲言有善、惡，"五德"發之於心，施之於行，人之言語亦發之於心，合之五德，就能成爲善言，君王聽取善言施政，並教化民衆。可見"五言"即"五德"在言論方面衍生出的一個概念。

除孔安國外，《漢書・律曆志》在疏解《益稷》此句時，指出"五言"爲"五常之言"。五常，也就是上文的"五德"。可知在漢代，"五言"常被理解爲"仁、義、禮、智、信"之言，它們是附着在漢代"五常"（或五德）上的概念。雖然先秦也有"五常"一詞，但它恐非指"仁、義、禮、智、信"五種德行（參看龐樸，1988:132）。它同表示五種德行的漢代"五常"以及先秦"五行"在內涵上又稍有不同，即前者以"信"取代後者的"聖"，這種做法最早應該開始於西漢時期的董仲舒[①]。《漢書・董仲舒傳》云："夫仁誼禮知信五常之道，王者所當修飭也；五者修飭，故受天之祐，而享鬼神之靈，德施于方外，延及群生也。"

那麽，這裏需要辨正的一點是，《衷》篇的"五言"並非孔安國、《漢書・律曆志》所說，而是附着在簡帛"五行"，即仁、義、禮、智、聖上的一個概念。原因有三：第一，孔安國、《漢書》所説的"五常"（或五德）産生時間晚於帛書時代；第二，在戰國時期已有指向道德修養的"五行"（簡帛《五行》篇）；第三，簡帛《五行》表達了五種德行和合的思想。此處"易其和口，此五言之本也"，雖然有所殘缺，但仍然可以看出"和"爲"五言"的根本，二者在"和合"思想上是相通的。因此，《衷》篇的"五言"是指簡帛《五行》之"仁、義、禮、智、聖"五種德行在言語方面的體現，這也更進一步證明了《衷》篇的"五行"乃道德修養的五個方面，而非"水、火、金、土、木"。

有學者指出簡帛《五行》乃子思、孟子一派的著作，也就是《荀子・非十二子》所批評的思孟五行之説（參看龐樸，1988:124-141；曉菡，1974；魏啓鵬，1997:97-112；李學勤，1999:19、75-79；彭華，2011:245）。又有簡帛《五行》經説可能爲世子及其門人所作的觀點（參看丁四新，2000:160-168）。《漢書・藝文志》顔師古注曰："（世子）名碩，陳人也，七十子之弟子。"世子也爲儒門弟子。所以，無論是思孟學派，還是世子一派作《五行》篇，我們都可以明確知道《衷》篇此段與儒家有緊密聯繫，不僅因爲其中的"五行""五言"指向"仁、義、禮、智、聖"五種德行，還因爲此段包含了"和諧""和合"的思想，這也是儒家思想的一

① 《莊子・庚桑楚》："蹍市人之足，則辭以放驁，兄則以嫗，大親則已矣。故曰：至禮有不人，至義不物，至知不謀，至仁无親，至信辟金。"雖然這裏將"禮""義""智""仁""信"並列，但並未冠之以"五行"或"五常"之名。據龐樸先生（1988:131）分析："《莊子》攻訐儒家道德信條的地方何止百處？所涉及的德目，也不下十餘；而集中了禮義智仁信五者於一地予以奚落的，只此一條，何況，這五者的次第又如此雜亂！"龐樸先生認爲這僅是一個偶然現象，不能認爲先秦時期即出現了以"仁義禮智信"爲內容的"五行"或"五常"，筆者贊成這種説法。

個重要體現。

引書簡稱目録：

《合集》　郭沫若主編：《甲骨文合集》，中華書局，1978-1983年。
《璽彙》　羅福頤編：《古璽彙編》，文物出版社，1981年。
《銘文選》　馬承源：《商周青銅器銘文選》，文物出版社，1986年。
《楚系》　滕壬生編：《楚系簡帛文字編（增訂本）》，湖北教育出版社，2008年。
《貨系》　汪慶正編：《中國歷代貨幣大系·先秦貨幣1》，上海人民出版社，1988年。
《中山》　張守中編：《中山王譽器文字編》，人民美術出版社，2010年。
《殷金》　中國社會科學院考古研究所編：《殷周金文集成（修訂增補本）》，中華書局，2007年。

參考文獻：

班　固（撰）　顔師古（注）　1962　《漢書》，中華書局。
陳　劍　2021　《説"昔"字並論"巛"形的真正來源》，《饒宗頤國學院院刊》第8期，中華書局（香港）有限公司。
陳松長　廖名春　1993　《帛書〈二三子問〉〈易之義〉〈要〉釋文》，陳鼓應主編《道家文化研究》（第3輯），上海古籍出版社。
陳松長　2008　《簡帛研究文稿》，綫裝書局。
陳松長　李洪財　劉欣欣等　2017　《嶽麓書院藏秦簡（壹—叁）文字編》，上海辭書出版社。
陳　偉（主編）　2014　《秦簡牘合集（壹）》下，武漢大學出版社。
鄧球柏　1996　《帛書〈周易〉校釋》（增訂本），湖南出版社。
丁四新　2000　《郭店楚墓竹簡思想研究》，東方出版社。
丁四新　2007　《馬王堆漢墓帛書〈周易〉》，《儒藏精華編》第281册，北京大學出版社。
丁四新　2011　《楚竹書與漢帛書〈周易〉校注》，上海古籍出版社。
郭　璞（注）　邢　昺（疏）　1980　《爾雅注疏》，阮刻《十三經注疏》本，中華書局。
韓　巍　鄒大海　2015　《北大秦簡〈魯久次問數于陳起〉今譯、圖版和專家筆談》，《自然科學史研究》第34卷第2期。
湖北省荆沙鐵路考古隊　1991　《包山楚墓》，文物出版社。
湖南省文物考古研究所　2012　《里耶秦簡（壹）》，文物出版社。
黄靈庚　2009　《楚辭集校》，上海古籍出版社。
季旭昇　2014　《説文新證》，（台北）藝文印書館股份有限公司。
蔣禮鴻　1986　《商君書錐指》，中華書局。
蔣偉男　2018　《里耶秦簡文字編》，學苑出版社。
孔安國（傳）　孔穎達（疏）　1980　《尚書正義》，阮刻《十三經注疏》本，中華書局。
李　敏　2014　《〈上海博物館藏戰國楚竹書（九）〉文字編》，安徽大學碩士學位論文。
李學勤　1999　《郭店楚簡與儒家經籍》《荆門郭店楚簡中的〈子思子〉》，《郭店楚簡研究》（《中國哲學》第20輯），遼寧教育出版社。
李學勤（主編）　2015　《清華大學藏戰國竹簡（伍）》，中西書局。
連劭名　2012　《帛書〈周易〉疏證》，中華書局。
廖名春　1995　《帛書〈易之義〉釋文》，朱伯崑主編《國際易學研究》（第1輯），華夏出版社。
廖名春　1995　《馬王堆帛書〈衷〉》，《續修四庫全書》第1册《經部·易類》，上海古籍出版社。

廖名春　1998　《帛書〈易傳〉初探》，(台北）文史哲出版社。
廖名春　2004　《楚簡〈周易〉校釋記（二)》，《周易研究》第5期。
廖名春　2008　《帛書〈周易〉論集》，上海古籍出版社。
廖名春　2012　《〈周易〉經傳與易學史續論：出土簡帛與傳世文獻的互證》，中國財富出版社。
劉　彬　孫　航　宋立林　2016　《帛書〈易傳〉新釋暨孔子易學思想研究》，中國社會科學出版社。
劉　彬　2019　《帛書〈衷〉篇新校新釋》，北京大學出版社。
劉　彬　2021　《帛書〈衷〉篇“子曰‘五行’”段申論》，《易學“兩創”研討暨〈易圖文獻選輯〉成果發布會論文集》，山東曲阜，11月20-21日。
劉　釗（主編）　2020　《馬王堆漢墓簡帛文字全編》，中華書局。
龐　樸　1988　《帛書五行篇研究》，齊魯書社。
彭　華　2011　《陰陽五行研究（先秦篇)》，吉林人民出版社。
濮茅左　2006　《楚竹書〈周易〉研究——兼述先秦兩漢出土與傳世易學文獻資料》下册，上海古籍出版社。
裘錫圭（主編）　2014　《長沙馬王堆漢墓簡帛集成（叁)》，中華書局。
裘錫圭（主編）　2014　《長沙馬王堆漢墓簡帛集成（肆)》，中華書局。
饒宗頤（主編）　2012　《上博藏戰國楚竹書字匯》，安徽大學出版社。
司馬遷　2013　《史記》(點校本二十四史修訂本)，中華書局。
宋少華　2021　《長沙市走馬樓西漢古井及簡牘發掘報告》，《考古》第3期。
王　弼　韓康伯（注）　孔穎達（疏）　1980　《周易正義》，阮刻《十三經注疏》本，中華書局。
王化平　2020　《〈周易〉卦爻辭校釋》，西南師範大學出版社。
王　輝（主編）　2015　《秦文字編》，中華書局。
王先謙　2012　《莊子集解》，沈嘯寰點校，中華書局。
王先謙　2013　《荀子集解》，沈嘯寰、王星賢點校，中華書局。
魏啓鵬　1997　《馬王堆漢墓帛書〈德行〉校釋》，巴蜀書社。
武漢大學簡帛研究中心　荆門市博物館　2011　《楚地出土戰國簡册合集（一)：郭店楚墓竹書》，文物出版社。
曉　菡　1974　《長沙馬王堆漢墓帛書概述》，《文物》第9期。
許　慎　2013　《説文解字》，中華書局。
許維遹　2009　《吕氏春秋集釋》，中華書局。
于豪亮　2013　《馬王堆帛書〈周易〉釋文校注》，上海古籍出版社。
張守中　2012　《張家山漢簡文字編》，文物出版社。
張政烺　2008　《馬王堆帛書〈周易〉經傳校讀》，中華書局。
趙建偉　2000　《出土簡帛〈周易〉疏證》，萬卷樓圖書有限公司。

Two Notes of Collation and Annotation of *Zhong* 衷 of the Silk Manuscripts

Fan Yujun

Abstract: Based on the previous research, this paper supplements and corrects two interpretations and annotations in *Zhong* 衷 of the silk manuscripts. In the 4th line, the character “嗇” of the hexagram of Wuwang 无妄 should be interpreted as the character “昔”, which is a legacy of the writing style of the Warring States period. The character “昔” can be read as “束”, and means to restrain. Wuxing 五行 in the 19th line is not the Wuxing of earth or heaven mentioned in *Ersanzi* 二三子 and *Yao* 要, but is consistent with Wuxing in *Wuxing* 五行 of the Guodian bamboo and silk manuscripts, consisting of five virtues: Ren 仁, Yi 義, Li 禮, Zhi 智, and Sheng 聖. Wuyan 五言 is a concept derived from this Wuxing.

Keywords: Silk manuscripts; *Zhong* 衷; The sentence 所以嗇故也; Wuxing 五行; Wuyan 五言

（范育均　湖南大學岳麓書院　湖南　410082）

虎溪山漢簡《食方》釋文考訂*

姚　磊

摘　要：文章綜合虎溪山漢簡《食方》的整理者意見、簡帛網上的討論意見，全面梳理了虎溪山漢簡《食方》的釋文，對學界的文字考釋意見進行了吸收，補充了一些整理者未釋的簡文或殘字、綴合了部分殘簡、訂正了整理者釋文中的部分錯誤，並對個别疑難字詞進行了考釋。

關鍵詞：虎溪山漢簡；《食方》；文字；考訂

湖南沅陵虎溪山一號漢墓經過後期整理，簡牘已經全部公布（湖南省文物考古研究所，2020）。這批簡牘較爲重要，已經引起學界熱議。簡帛網簡帛論壇《〈沅陵虎溪山一號漢墓〉初讀》的點擊量目前已超過1萬[①]，對《食方》的討論也非常熱烈。故筆者梳理學界目前的討論，草寫小文，敬請方家指正。

爲使行文方便，且符合刊物體例，以下將《食方》釋文分爲若干組，在準備討論的文字下加下劃綫，在每組之後加按語。

第一組

1.☐斗漬析榣㵎之令清如水∟漬置以手排☐4

2.☐漬析榣㵎之令清如水漬置有頃∟以手□其米阿然浚裝之偏烝反之復烝緤出置盎中以水一升脩∟復裝烝反之復烝緤出置二幅素☐6

3.☐裝之烝緤出置二幅素巾上以手排去其大氣而成爲飯二斗 7+92a

4.☐清如水浚烝之葢以巾∟偏烝稍出擇捧去皮鋰取其膏盛以梧棗索∟浚米裝之偏烝☐10

5.☐□芮炙車□温肉醬汁以芮炙孰解擇進之☐14

6.橿……15

*本文係國家社科基金青年項目“西北漢簡綴合研究”（20CZS016）的階段性成果。

①本文引用網友意見較多，皆據簡帛論壇《〈沅陵虎溪山一號漢墓〉初讀》一文後面的跟帖，爲避繁瑣，僅在“參考文獻”中注明，文中不再注出。

7.卌六　爲豚胾方先刺殺乃燒齊毛乚以手逆掐之掾然以清涑洎鼎☑16

8.死乚入肉醬汁一升其中數撓令醬黃即入肉復撓孰以前洎=之㲋𢧜

□17a

9.二升段櫑半兩☑17b

10.☑其中嘗之孰絥出以朱臾漬乃進之☑18

按：4號簡“排”字整理者未釋，依據辭例補①。6號簡整理者原釋“盎出”，從書寫位置以及上下文相對距離分析，只能是一個“盎”字，即整理者多釋了一個“出”。92號簡是整理者用三枚殘簡拼合而成，從辭例看，“爲飯二斗”是句子末尾，語義已完，不應該再進行綴合，故三枚簡不應該綴合在一起，應分列標出（上部分92a、中部分92b、下部分92c）。7號簡與92號簡（上部分92a）内容可以貫通，碴口拼合後可復原“其”字，可綴合。10號簡“清”字整理者未釋，依據辭例補。14號簡整理者原釋的“輒”字，恐非，此字圖版右側殘缺，與266號簡的“軞”可能爲同一個字，由於右側均殘斷，均釋作“軞”較爲適宜。15號簡gefei補釋“櫑”，可從②。16號簡“掐”高一致（2021）改釋，原整理者作“指”；gefei改“炙”爲“然”；參照33、108、212號簡，釋文可補“然以清涑洎鼎”。唐彊認爲“簡17或當分開作2枚簡”③。17b號簡“兩”gefei補釋。18號簡“漬”整理者原釋作“資”，改釋爲“漬”，《食方》中“漬”字非常普遍，“漬”，《説文•水部》：“漚也。”《漢語大字典》釋爲“浸、泡”之意，從文意看，用朱臾浸泡符合烹飪食物的語境。

第二組

11.☑七升漬澗析榣令清如水出浚炊之餔勿脩絥出去釀采上令其

□□19

12.☑長尺者廿四以酒和湯苦洎之鱗去其鱗及翼尾頭脊脅復以酒苦□洒清以水煮之段櫑☑20

①匿名審稿人認爲：“釋‘排’可存疑，殘墨很可能與簡6‘漬析榣澗之令清如水漬置有頃乚以手□其米’的‘□’是一字，它們辭例一樣，但可惜簡6‘□’也是殘字，不能釋出。”

②參看 gefei《〈沅陵虎溪山一號漢墓〉初讀》，簡帛網，2021 年 3 月 6 日至 4 月 23 日，http://www.bsm.org.cn/forum/forum.php?mod=viewthread&tid=12681&extra=&highlight=%E6%B2%85%E9%99%B5%E8%99%8E%E6%BA%AA%E5%B1%B1&page=1。以下引網友 gefei 意見較多，因出處相同，不再加注。

③唐彊《〈沅陵虎溪山一號漢墓〉初讀》，簡帛網，2021年3月18日至21日，http://www.bsm.org.cn/forum/forum.php?mod=viewthread&tid=12681&extra=&highlight=%E6%B2%85%E9%99%B5%E8%99%8E%E6%BA%AA%E5%B1%B1&page=3。以下引唐彊意見均出此，不再加注。

13.☐**上**令其洎毚瀸鏞∟候其上毋洎∟徙置煨上令流孰☐鬻二斗 22

14.☐☐取肉漬以水苦洒肉白乃清閻水以洎鼎∟富**釀肉**撓之鼎**潰**斟去其沫孰煮之和以美酒醬鹽∟嘗其和甘∟肉孰成 23

15.[廿]四•爲鵠鬻方先刺殺以湯煮去其毛以煨=之令毋赫以湯**潼洒**☐28

16.……**☐☐☐**其胳皮去膚**刵**☐☐☐☐☐29

17.☐……**足**……**其毛**入煨火中數候之香而孰即出以白布巾擇解進之 30

18.☐☐☐☐煮之潰釀**肉**撓**之**☐肉醬汁鹽醯段櫑并和以爲芮緤出肉入芮中撓**進** 31

19.☐萃靡者清閻其洎復洎肉孰鹽之**嘗其味和甘**……☐32

20.☐以清湅洎鼎枝解肉以水☐☐☐☐☐☐**☐**櫑木閵穤米半升其中☐33

按：19號簡“去”字整理者未釋，依據字形、辭例補。另，gefei认爲此字是“梔”，簡19末兩字似“烝徹”。20號簡gefei認爲“脊”下之字是“膂”，“苦”下諸字是“洶（洗）漬以水煮”，經核查圖版及101、104號簡辭例，釋“膂”及“以水煮”可從，“洶漬”疑爲“洒清”，“苦”下第一字疑在另一側的斷簡之上，此處當加一“☐”。22號簡簡首“上”字整理者未釋，依據字形、辭例補。另，雷海龍認爲“鬻”字應即“鬻”[①]。23號簡“釀肉”“潰”字整理者未釋，依據辭例補。28號簡簡末整理者所釋“洎☐”，圖版殘損嚴重，僅能分辨出左側部首均爲“氵”，參111號簡辭例，懷疑爲“潼洒”兩字。29號簡gefei認爲簡首三字作“切置鼎”，由於圖版殘缺嚴重，暫存疑；另gefei認爲“膚”下字只釋左半“革”，按右似“刂”，可從。30號簡簡首一字整理者未釋，依據殘存字形疑爲“足”字，“入”上兩字參67號簡可補“其毛”。31號簡“釀”下一字整理者未釋，當爲“肉”字殘筆，“撓”下一字可補“之”字，《食方》中“釀肉撓之”較爲常見，參23、94等簡。另簡末一字，gefei認爲是“進”字。32號簡“之”下諸字，整理者未釋，從辭例及現存墨迹看，可補“嘗其味和甘”。33號簡gefei認爲“櫑”上是“入”字。

①網名爲“落葉掃秋風”，參看雷海龍《〈沅陵虎溪山一號漢墓〉初讀》，簡帛網簡帛論壇，2021年3月6日至15日，http://www.bsm.org.cn/forum/forum.php?mod=viewthread&tid=12681&extra=&highlight=%E6%B2%85%E9%99%B5%E8%99%8E%E6%BA%AA%E5%B1%B1&page=1。以下引雷海龍意見均據此，不再出注。

第三組

21.卌七 爲雞臧方先刺殺乃熱湯潦之毛盡撓去其**苦**□□……34

22.☑醬鹽孰䌷出肉清閻去其脺復以其洎之……35a

23.☑䌷出進 35b

24.☑先刺殺乃以湯潦去其毛**以水洒刀**靡之……36

25.☑□取其脯**釀肉漬**□以水□□□□□□□□□□□□**和以酒上**尊□38a

26.□□而治之和以酒上尊二斗肉醬汁二升鹽二升乾茈一 38b

27.☑洎鼎富之漬釀肉□**撓**……**和**以美酒醬鹽孰䌷（**出肉清**）閻去其脺復以其洎之嘗其味和美∟肉孰䌷出進 40

28.☑足去素腸以水洒漬之（**肉白以**）水洎鼎富釀肉瀆斟去其沫肉毚孰䌷出棄其 41

29.☑熱湯潦毛**□煨□䊵**以水苦洒以刀靡之即斷☑42

30.☑**鹽**孰䌷出肉∟清閻去其脺復以其洎=之**當（嘗）**其味和美∟肉孰䌷出進 43

按：34號簡“苦”整理者未釋，依據字形補。35號簡是整理者用兩枚殘簡拼合而成，從碴口看，不能貫通，應分列標出（上部分35a、下部分35b）。36號簡依據辭例補“以水洒刀”。38號簡是整理者用兩枚殘簡拼合而成，從碴口看，不能貫通，應分列標出（上部分38a、下部分38b）。38a號簡“肉”上下兩字圖版殘損，整理者未釋，參考89號簡辭例以及現存墨迹，當作“釀肉漬”；“和以酒上”gefei補並指出：“釋漬不可信，可能是善。”40號簡依據辭例，“肉”下第二字補“撓”字，“以”上補“和”，“䌷”下補“出肉清”。高一致（2021）改釋“瀆”，整理者原作“漬”。41號簡“之”下諸字圖版殘損，整理者未釋，參39號簡疑補“肉白以”三字。42號簡依據辭例，補“□煨□䊵”。43號簡依據辭例，簡首一字補“鹽”字。“當”整理者原釋“嘗”，gefei改釋，可從，此處疑爲書手誤書，“嘗其味”較爲常見。

第四組

31.☑□**飯苦**靡以水洒∟刀靡之即斷其頭足去其素腸∟以水洒之復以水二酒一逆洒漬肉白以水 44

32.☑去其沫和以酒醬鹽橿木**蘭**嘗之味**和**☑45

33.☐潰入穤米半升∟肉醬脺橿鵠復中乃釀之潰和以美酒醬鹽棗嘗其味和美肉孰緤46

34.☐……以水洒∟刀靡之清∟腸復洒即體解桗之皮□二□☐47

35.☐（合孰入其中合）孰入酒鹽復煮之孰緤出進49

36.☐□□骨以肉醬汁鹽……漬茈入其中合孰入其中合孰入酒鹽復煮之孰緤出進☐50

37.洎肉富之潰渝擇韭若殣□……51

38.☐□一 爲馬臇方取馬北膂肉和酒清涑以洎鼎□☐52

39.☐□二 爲雞脩炙方先刺殺乃湯潦去其毛以水洒□□□□□□復□53

40.☐到縣令般（股）炙之孰解去其英進之56

按：44號簡依據96、111號簡，簡首補“飯苦”兩字。45號簡“和”整理者未釋，依據27號簡釋文補，另“蘭”字gefei改釋，整理者原作“闌”。46號簡簡首諸字圖版殘損，依據97號簡可改釋作“潰入”。47號簡“解”下一字殘，僅存圖版左側的“木”，整理者作“材”，恐非，從文意看可能與59號簡爲同一字，暫作“桗”。49號簡從現存辭例看，與50號簡内容趨於一致，可參考補入。50號簡“汁”下一字由於圖版不清，整理者未釋，從殘存墨迹及結合31號簡辭例分析，疑爲“鹽”字。由於缺乏辭例加之圖版模糊，整理者所釋“之細切”暫存疑不釋較爲適宜，另簡末一字圖版殘損，整理者未釋，結合49號簡等辭例看，可補“進”字。51號簡“殣”字整理者未釋，雷海龍補。52號簡“以”下一字圖版殘損，整理者未釋，從33、103、212號簡辭例看，疑爲“洎”字，《食方》“洎鼎”常見，另“臇”字原作“膲”。53號簡gefei認爲簡53下部殆“復洶”，所釋“復”可從，“洶”殘斷太多，暫存疑。56號簡簡首一字整理者未釋，從現存墨迹，並結合266號簡“到縣”的辭例分析，可補“到”字；“般”字用作“股”。

第五組

41.☐白布巾揗擇去毛體解進之爲□雞如此57

42.……以水洒刀靡之清腸去其素復洒□□□☐58

43.☐□揗去其皮腸□以白布巾去其血體解桗去其般（股）☐59

44.卌五 爲鹿蘩旨（脂）䊷方☐61

45.☐七十四　爲□炙方□☐64[①]

46.☐其毛入煨火中數候其□香☐67

47.☐水洒刀靡之□清以水煮即入段橿半兩木蘭一兩潰以 72

48.☐去其足萃者以酒水煮潦□□□□□□☐73

49.☐鼎牛膳令黄以漬洎半斗稍洎毚濊入肉其中復洎過濊 76

50.☐□方先刺殺乃搑去皮以白布巾□□□77

按：57號簡整理者原釋“梔維”，石光澤（2021）改釋作“炮雞”，“雞”可從，“炮”暫存疑。58號簡gefei補“以水洶刀靡”“腸”，大都可從，惟“洶”字參36、44、47號簡改作“洒”。59號簡“解”下一字整理者未釋，從殘存字迹看，左側从木應無問題，右側似从采，暫作“棌”；另59號簡整理者所釋“之”字從殘存字形看與《食方》的“之”字有很大差異，《食方》此處一般是“出以白布”，參30、98、99號簡，此處暫存疑。搑，原釋“擇”，gefei改釋，可從。“般”字用作“股”。61號簡“截”字整理者未釋，依據字形、辭例補。“脂”字原釋“旨”，依據簡文大意補釋。67號簡之“毛”下兩個字圖版殘損，整理者未釋，參30號簡辭例及現存墨迹看，可補“入煨”，整理者所釋“膳”字恐非，參30號簡，當改釋作“候”。72號簡gefei補釋“刀”“□”“煮”三字，可從。簡首依據辭例可補“水”“洒”兩字。73號簡“水”下諸字整理者未釋，參照70號簡及現存墨迹，可補“煮潦”兩字。76號簡“漬”gefei補釋。77號簡gefei補釋“以白布巾柏去”，“柏去”殘損嚴重，暫存疑，其他皆可從。

第六組

51.☐□□以朱臾靡乃進 79

52.☐□爲狗薺茈酸羹方先以木擊殺……少半升清擇去其足及萃者以酒水煮潦☐80+70

53.☐（升）段橿二果木蘭二寸其中潰復洎過濊縧☐81

54.☐靡者清酙其洎以復洎肉孰鹽之嘗其味和甘成而進☐82

55.☐肩膳方先□□□卮切置鼎中以醬材□富潰撓之入鹽段橿其中黄白以☐83

56.☐☐□逆以水三酒一善洒孰去治□清□☐84+204

57.☐斗漬澗榣之令清如水乚浚置二幅素巾上潰裝 86a

①匿名審稿人認爲“七十”可補，可從。

58.烝反之復烝緤出置盎中扇陽去其大氣復裝之烝反之復烝緤出置盎中漬手以撓復裝☐86b

59.☐盎中扇陽去其大氣寒復裝之烝乚反之復烝出置盎中以水半升脩復☐88

60.☐殺乃皮即腸枝解洒之以水洎鼎富釀肉瀻斟去其沫☐89

按：79號簡“以”下兩字整理者未釋，參考95、98號簡，疑“朱”“臾”兩字殘筆。80、70兩簡書風近似（向右側傾斜），內容相關，碴口吻合，疑可綴合。81號簡簡末一字整理者作“紀”，參考106號簡當釋作“緤”字，簡首一字參103號簡疑爲“升”字。82號簡簡首“靡者”gefei補釋。83號簡簡首“肩”字，gefei釋。84、204兩簡形制一致，左右均殘，書風近似，碴口吻合，可綴合。86號簡是整理者用兩枚殘簡拼合而成，從碴口看此簡不能貫通，碴口文字亦不能復原，應分列標出（上部分86a、下部分86b）。88號簡簡末一字圖版殘損，整理者未釋，參13號簡簡文，疑爲“復”字。89號簡之“肉”字下諸字整理者作“漬□□其□”，圖版殘斷，識別有一定困難。經梳理《食方》簡文，發現89號簡內容與39號簡趨同，依據39號簡簡文，89號簡簡末諸字可訂補爲“瀻斟去其沫”。

第七組

61.☐水乚漬置有頃浚裝之偏烝反之復烝緤出置盎中以水少半☐90

62.☐鹿羹方薄飯刺之□□□其□□□死□91a

63.□皮先出其腸 91b

64.□令懱逆之清閻水三罌乃內□肉 91c

65.……幅素巾上排扇寒之即取中 92b

66.……榣之令清如☐92c

67.☐☐□□方即□復洎煮孰緤出去其洎枝擇肉更以牛甘洎=入酒鹽肉醬汁櫄木蘭其中復煮之孰緤出進之爲馬濡羊濡鹿濡方如（此）93

68.☐去其洎更以水洎鼎富瀻入穤米半升肉醬胔乚櫄瘬復中乃釀之瀻和以美酒乚醬乚鹽乚棗嘗其味美肉☐97

69.☐水洒□殳□斤去其頟腸復洒之清以酒漬有頃出以白布懱柏去其水以竹莢貫其脊炙之孰和酒鹽叔醬汁朱臾以芮 98

70.☐……□□□以酒漬有頃出以白布懱柏去其水取穤米一升漬析榣澗之令清乚浚出取肉醬汁胔☐99

按：90號簡簡首“水”字gefei補釋。91號簡是整理者用三枚殘簡拼合而成的，從辭例以及碴口看，都不能貫通，應分列標出（上部分91a、中部分91b、下部分91c）。91a號簡簡末一字整理者釋“勿”字，也有可能是“肉”，暫存疑不釋較爲適宜。“方”“飯”兩字整理者未釋，gefei補釋。91b號簡參192+39、59、215+89號簡訂補“出”“腸”。91c號簡“令”字整理者原釋作“布”，今依據字形改釋。92c號簡的“榣之令清如”，gefei補釋。93號簡“即”“復洎”“枝”爲依據字形及辭例訂補；簡末補“此”字，“方如此”《食方》習見。另gefei補釋“方”。97號簡簡末一字整理者未釋，參考46號簡可補“肉”字。“去”“洎”gefei補釋。98號簡“腸”上一字整理者釋作“□頁”，相似辭例見於263號簡，同位置文字整理者釋“飠□”，懷疑此處爲同一字，作“飷”。另98號簡“贯”字整理者誤用簡體，當修改爲“貫”。99號簡“澗”字，整理者原釋作“淍”字，今依據字形、辭例改釋。

第八組

71.⧄□魚和酒∟清湅肉醬脺以洎鏖潰敦甗烝取肉醬**脺**段橿**木蘭**以靡魚烝之 100

72.⧄□**即**和酒清湅之洎毚濈入酒二升段橿三果其中潰以醯酸即緤出擇去橿 103

73.⧄□□□□**復洒**清以水煮合孰緤出材之復以湯洒以□□⧄104

74.⧄**穤米**半升以**□□肉孰**緤出**即**□□二**斗**□**入**腸其中復潰緤出以**酒**和湯逆□轅之以水煮其□□孰緤出方即入肉醬汁一升鼎 105

75.⧄**者**清閰其**洎**以復**洎肉**□□□擇□二斤令毚死以采羹孰以醯 107

76.⧄**□鹿**□**產**材之以肉醬汁少半升漬數撓勿令焦候其洎榮然以清湅毚鐵即入酒半升段橿 108

77.⧄段橿木蘭各半兩其（**中合**）⧄110a

78.⧄□**尺**□穤米半斗孰緤出魚去其**鱗**以黍靡魚乃進之 110b

79.⧄之毛盡以白**熱**煾**=之令**以湯灌洒以酒**餐**飯苦靡以水洒∟刀靡之即斷其頭足去其素∟腸以水洒之已復以水二酒一逆洒漬⧄111

80.⧄□以㰆掾之㰆滑輒□□□□**湯如**□□□□更乃已以 114

按：100號簡“段”上一字整理者釋作“月□”，參46號簡當爲“脺”字。“木蘭”，gefei補。103號簡“和”上一字圖版斷裂，整理者未釋，復原後乃“即”字，69號簡也有“即和酒”的辭例。104號簡“清”上兩字整理者未釋，從殘存墨迹並結合98號簡分析，可補“復洒”兩字。105號簡參33、46、97號簡，“以”下疑可補“肉孰”，“和”上一字參20號簡可補“酒”。另gefei補釋“穤米”“即”“斗”“入”。107號簡gefei補“者”“洎”“洎肉”。108號簡“材”上一字整理者未釋，參149、264號簡可補“產”，另gefei補“鹿”，認爲簡首爲“清”，暫存疑。110號簡是整理者用兩枚殘簡拼合而成，從碴口看，不能貫通，應分列標出（上部分110a、下部分110b）。110a號簡參考124、217號簡補“中合”。110b號簡參考20號簡補“鱗”字，“尺”爲gefei補。111號簡“煨”下諸字整理者未釋，參28號簡辭例及現存墨迹看，可補“之令”。“熱”“餐”整理者未釋，gefei補。114號簡“湯”整理者未釋，gefei補，“湯”下一字疑“如”。另簡末兩字gefei認爲是“更以”，暫存疑。

第九組

81.☑□其□**材之入**肉醬汁大半升膗令黃乃入肉**復**數撓勿令焦**□**116+117
82.☑**嘗**其味和甘成 118
83.☑□潰鹽之**當**（嘗）其味☑119
84.☑□□□□**孰**絑出**和酒清湅**☑120
85.☑**洎**毚韱 121
86.☑**洎**復以洎肉潰采以薺擇葵**滰洒**☑122
87.☑**入**段橿木閘其中合 124
88.☑段橿一兩其中復洎**過**韱 125
89.☑□**撓**之更取白巾布 126
90.☑□數撓勿令**焦**候其洎滎☑127

按：116、117兩簡可綴合，另116號簡簡首、簡末兩字圖版殘缺，整理者未釋，參17號簡辭例看，可補“入”“復”兩字。“材之”，gefei補釋並認爲簡末一字是“疾”，暫存疑。118號簡簡首一字整理者未釋，參照《食方》95、97、119等簡，可補“嘗”字。119號簡gefei指出“嘗”似“當”，疑書手誤書。120號簡整理者原釋“□酒漬”，gefei改釋“和酒清”，依據辭例，下一字可補“湅”；“孰”整理者未釋，gefei補。121號簡整理者原釋“酒”字，恐非，“酒毚”一詞《食方》不見，而“洎毚”習見，如22、76、148、212等簡，疑可改釋作“洎毚”。122號簡簡首一字整理者未釋，gefei補“洎”，並補釋簡末兩字爲“滰洒”。124號簡簡首一字整理者未釋，gefei補“入”。125號簡“過”整理者未釋，gefei補。126號簡“撓”字整理者未釋，依據字形、辭例補。127號簡整理者所釋的“膗”字，字形與108號簡的“焦”字一致，當統一作“焦”。

第十組

91.去其**荚**進之☐130
92.☐**漬**手以撓☐134
93.☐洎令清如水**□**☐139
94.☐□**入**酒一**升段**☐141
95.☐**擣**去其☐147
96.☐**解**産材之**以**☐149
97.**浚裝之偏烝**150
98.☐**即以飯**□□☐153
99.☐**半升**其中□□☐155
100.☐□洎復**煮**☐160

按：130號簡“荚”字，gefei補釋。134號簡簡首“漬”字，gefei補釋。139號簡末字，gefei認爲在“漬”“浚”之間選擇，據殘筆似“浚”，暫存疑。141號簡整理者原作“酒一斗”，gefei訂補作“入酒一升段”。147號簡“擣”字原釋“擇”，gefei改釋，可從。149號簡“之”下一字整理者未釋，從75、108、264號簡看，可補“以”字，另gefei補釋“解”。150號簡整理者未釋，gefei補釋。153號簡由於圖版殘損，整理者未釋，簡首前三字依據字形及辭例，疑“即”“以”“飯”殘筆。155號簡整理者原釋“三”“斗”字殘斷，恐非，對照296、33號簡，當釋爲“半升”。160號簡“煮”字，gefei補釋。

第十一組

101.☐**足**去其☐161
102.☐**浚烝**之葢以巾**令其**☐163
103.☐煮孰緤出**置**☐164
104.☐□□□**所有**☐165
105.☐□**橐**□□☐166
106.☐取魚腸**入**177
107.☐**澗**榣之令清如水浚置**二**☐183
108.☐方二尺[渫]**富**□☐190

109.⧄□蕺方先刺殺乃皮即腸洒之斷其頭足去其**素腸以水**洒漬之肉白以水洎鼎富釀肉瀆斟去其沫乚肉毚孰緤出棄其洎乚枝解以水二乚酒一逆洒⧄192+39

110.半斗漬析梌潤之令清如水**乚**漬置以手排⧄197

按：161號簡gefei補釋“足”。163號簡gefei補釋“令其”“浚烝”。164號簡gefei補“置”。165號簡gefei補“所有”。166號簡“棗”字整理者未釋，依據字形補。177號簡“入”字，gefei補釋。183號簡“榣”上一字整理者未釋，依據字形、辭例疑爲“潤”字殘筆。另“置”下一字疑爲“二”，《食方》86號簡有“浚置二幅素巾”的辭例可參。190號簡“富”字整理者未釋，依據字形補。唐彊綴192、39號簡，39號簡“去其”下諸字圖版不清晰，整理者未有全部釋讀，作“□以水□”，參41、44、96、111號簡及現存墨迹，可以訂補作“素腸以水”。197號簡“水”“漬”兩字中間圖版有模糊的墨迹，由於簡的右側殘斷，整理者未有釋讀，對照3號簡，此處應該補點號“乚”。

第十二組

111.二爲中黃飯方取水一斗漬析梌潤之令**清**⧄198

112.中和以棗**鹽醬**⧄206

113.⧄□□□**肉漬**⧄207

114.⧄**其洎榮**然以清湅洎毚溉即入酒半升段⧄212

115.⧄孰緤進•**治**鹿⧄⧄214

116.⧄蕺□方先薄刺殺乃皮即腸枝解洒之以水洎鼎富釀肉瀆斟去其沫⧄215+89

117.骨以醬**汁**⧄220

118.⧄即取中黃與中粲并撓裝之**烝**⧄224

119.⧄頭足以肉醬汁半升**和**肉⧄228

120.⧄**木闌及**萃**靡者**清閭 229

按：198號簡末未釋之字，依據辭例當爲“清”。206號簡gefei補釋“鹽”“醬”。207號簡整理者原釋“即取美”三字圖版殘損，識別有一定困難，依據字形、辭例修改爲“□肉漬”較宜。212號簡簡首“其洎榮”，gefei補釋。214號簡整理者原釋“爲”字，圖版殘損，恐非，疑“治”字殘筆，214號簡與94號簡簡文頗近，亦可佐證，此字即“治”。215、89兩簡文意相關，書風一致，碴口吻合，可綴合。220號簡“汁”，整理者未釋，依據字形、辭例補。224號簡“烝”，gefei補釋；“裝”，gefei認爲是“將”，暫存疑。228號簡“和”，gefei補釋。229號簡“清”上兩字圖版殘損，整理者未釋，從辭例及現存墨迹看，可補“靡者”。另gefei補釋“木闌及”。

第十三組

121.⧄□嘗其味**和甘**⧄236

122.**孰緤出鹽以湯洎材之以**⧄238

123.⧄□□□令黄**入**□□□⧄239

124.⧄**叔（菽）**方湩洒**叔**（菽）令清**叔**（菽）⧄240+213

125.⧄起洒以水**肉**即撓⧄241+221

126.⧄水一升脩**置**二幅素巾上⧄243+246

127.⧄□□**復洎過瀐**緤出□⧄244

128.⧄**方湩洒**⧄251

129.⧄**方湩洒**□⧄252

130.⧄□**以**□□□□⧄253

按：236號簡gefei補釋“和甘”。238號簡簡文gefei改釋，整理者原作“□□□□盡□□洎□□□□”。239號簡“入”字，gefei補釋。240、213號簡爲楊先雲（2021）綴合，雷海龍認爲“叔”字當釋“菽”。241、221號簡形制近似，文意相關，書風一致，均呈傾斜狀，碴口吻合，可以復原出“肉”字輪廓，可綴合。243和246號簡形制近似，均是右側殘缺，書風一致，文意相關，碴口吻合，拼合後可復原“置”字，可綴合。244號簡“復洎過瀐”，gefei補釋。251號簡整理者未釋，gefei補釋。252號簡整理者未釋，gefei補釋。253號簡簡首兩字gefei認爲是“汁以”，“以”可從，“汁”存疑。

第十四組

131.⧄□洎**稍**洎毚⧄254

132.⧄**富**醲**肉瀆**⧄255

133.⧄肉漬以水苦洒肉白乃清閭水以洎鼎富醲肉撓之鼎瀆斟去其沫孰煮之和以美酒醬鹽嘗其和=甘∟肉孰成∟治牛肩胅臠截□黄 256+195+24

134.☐乙酉日成擇醬☐257
135.☐擣去皮腸之以☐258
136.☐□瀆取穤米三升漬澗□令如水出浚炊之乚䈪261
137.去其頜腸復潅洒體解之以水洎鼎富☐263
138.☐十 爲牛膌方取牛肩掌肉産材之以肉醬汁□264
139.漬素巾二以裹肉和酒及……265
140.十一 爲麋270

按：254號簡“稍”，gefei補釋。255號簡整理者僅釋出“釀”字，尚可補簡末“瀆”；另gefei補釋“富”“肉”。257號簡簡首之“乙酉日”三字，gefei補釋；下面兩字可補“成擇”，gefei釋作“有得”。另gefei認爲此簡不屬《食方》。258號簡“擣”“之以”，gefei補釋。261號簡“漬”，gefei改釋，整理者原作“清”；“瀆取穤米”，gefei補釋。263號簡參98號簡補“頜”，另參39、89、97號簡辭例，可補“鼎富”兩字。264號簡“汁”字，gefei補釋。265號簡“和酒及”三字，gefei補釋。270號簡“爲”下一字，整理者未釋，雷海龍補“麋”字。

第十五組

141.橿一兩木蘭三两273
142.☐出擇去橿木蘭及萃靡☐276
143.☐其腸斷其頭足☐278
144.☐□成☐279
145.五十八 爲菜羹281
146.☐大飯出其□☐282
147.☐□候其☐283
148.☐米□□☐290
149.百卌七 治□☐294+295
150.☐□少半升其中□☐296
151.☐去橿木蘭及萃☐299

按：273號簡整理者未釋，gefei補釋。276號簡整理者釋文作“□□橿木□□□”，其他文字gefei訂補。278號簡“其腸”二字，gefei補釋。279號簡整理者原釋“木”字，恐非，該字位於簡末，疑爲“成”字。281號簡“爲”下二字，整理者未釋，雷海龍補釋“菜羹”二字。282號簡“大”“其”字整理者未釋，依據字形補。283號簡“其”字整理者未釋，依據字形、辭例補。290號簡gefei認爲是“米肉汁”，暫存疑。雷海龍綴合294+295兩簡。296號簡“少半升”三字，gefei補。299號簡整理者僅釋出“橿木蘭”三字，其他文字gefei補釋。

以上梳理了學界關於《食方》的文字考訂，由於圖版的殘損以及對讀文獻的缺失，目前疑難字詞的考釋工作主要圍繞烹飪技法展開。雖然很多字詞隸定尚存困難，但“地不愛寶”，相信隨着出土文獻的不斷涌現，一些問題也會得到解決。

參考文獻：

高一致　2021　《虎溪山漢簡〈食方〉拾遺六則》，簡帛網，2021年3月12日，http://www.bsm.org.cn/?hanjian/8366.html。

湖南省文物考古研究所編　2020　《沅陵虎溪山一號漢墓》，文物出版社。

石光澤　2021　《虎溪山漢簡〈食方〉札記二則》，簡帛網，2021年4月14日，http://www.bsm.org.cn/?hanjian/8388.html。

楊先雲　2021　《虎溪山漢簡綴合札記》，簡帛網，2021年3月9日，http://www.bsm.org.cn/?hanjian/8360.html。

Research on the Interpretation of *Shifang* 食方 of the Huxishan Han Bamboo Slips

Yao Lei

Abstract: Synthesizing the opinions from the collator of *Shifang* 食方 of the Huxishan Han Bamboo Slips and the discussion from the website *Bamboo and Silk Manuscrips* (http:// www.bsm.org.cn), this article comprehensively straightens out the interpretations of the *Shifang* of the Huxishan Han Bamboo Slips, absorbs the academic opinions of textual research, supplements some interpretation of the texts or fragmentary characters not interpreted by the collator, rejoins some incomplete slips, corrects some errors in the collator's interpretation, and interprets several specific knotty characters.

Keywords: Huxishan Han Bamboo Slips; *Shifang* 食方; text; textual research

（姚磊　信陽師範學院歷史文化學院　信陽　464000）

虎溪山漢簡《食方》校釋叢剳*

王凱博

摘　要：虎溪山漢簡《食方》殘損嚴重，通過核查圖版，作者補釋了一些整理者未釋的殘字，豐富了釋文内容。這些殘字分别見於77號、92號、100號、149號、150號、203號、265號、273號、296號和299號竹簡。在補釋殘字時，作者主要依據殘存墨迹和《食方》辭例。在分析墨迹時，作者注意與同批簡中的完整字形進行比較。

關鍵詞：虎溪山漢簡；《食方》；校釋

2020年11月出版的《沅陵虎溪山一號漢墓》刊載了虎溪山漢簡的照片與釋文，筆者在學習《食方》時稍有所得，隨即撰寫出了一些校讀札記。今選取數則，祈請方家指正。

一

77號簡原釋文作：

⧄□方先刺殺乃捧去皮□□□□□□⧄

“皮”下諸字殘去左側大部分，辨識比較困難。先看筆迹保留較多的“皮”下第二字，圖版作，應是“白”字無疑。《食方》中“白”作（簡23）、（簡44）、（簡94）、（簡99），可參照。

查檢《食方》中含“白”的辭例，知“白”下應是“布巾”二字殘筆，圖版如圖1所示。“白布巾”見於簡30、57、59（簡126有“白巾布”），截其圖版對比如下：

*本文的寫作受到國家社科基金重大項目“楚系簡帛文字職用研究與字詞合編”（20&ZD310）、2019年度河南省博士後科研項目（19030003）、國家語委甲骨文等古文字研究專項項目“楚系金文與簡帛用字對比研究”（YWZ-J027）的資助。

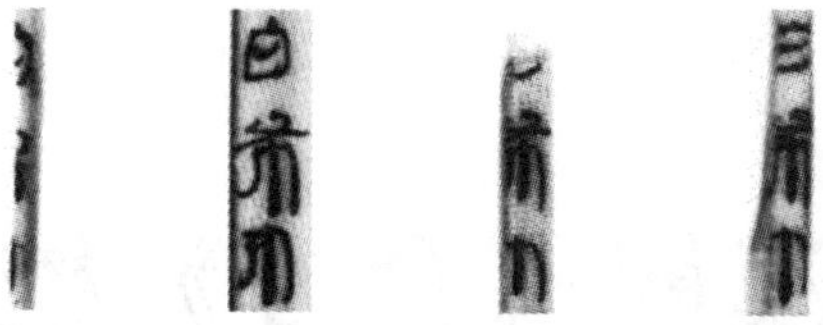

圖1　　簡30　　簡57　　簡59

“布”作（簡98）、（簡99），“巾”作（簡7）、（簡10）、（簡12），可參照。簡30、57、59“布”“巾”的中間豎筆大致上下對應，所以圖1下字墨迹應是“巾”之中間豎筆，其右豎則淺淡不顯。“白”上之字圖版作，應爲“以”字之殘。

“巾”下兩字，圖版如圖2所示，均呈三點狀。因簡左殘去，其右墨迹也已脱落，故其應是字形中部殘墨。

圖2　　簡98　　簡99

比勘簡98、99釋文“以白布巾幭柏去其水”[①]，疑即“柏去”二字。簡98、99“柏去”圖版分别如圖所示。所以圖2上字三點其實是“柏”所从“白”三横的殘墨，下面三點則是“去”的殘墨。“柏”可能與馬王堆帛書中表示擠壓的“捉”“掕”意近（參劉釗、張傳官，2018），或當讀“迫”。

二

92號簡原以三段殘簡拼合而成，姚磊指出不能綴合，當析作三段[②]。其中最後一段釋文原作：

□□□□□□□⍁

姚文亦無釋。上面一字筆墨脱落空白，剩下五字也大都脱墨嚴重，其圖版如圖3所示：

①簡59“⍁□擇去其皮，以白布巾去其血”，與簡77辭例語境大體相合，推測簡77闕失的賓語殆亦“血”而非“水”。

②參看姚磊《讀虎溪山漢簡〈食方〉札記（六）》，簡帛網，2021年3月13日，http://www.bsm.org.cn/show_article.php?id=3655。

圖3

簡86a

簡183

仔細觀察，筆者認爲圖3應釋作“榣之令清如”[①]。“榣之令清如水”之辭見於簡86a、183，截其圖版列於上，以便對比。

三

100號簡原釋文作：

▨□魚和酒乚清湅肉醬脺以洎鏖潰敦甗烝取肉醬月□段橿□□以靡魚烝之

姚磊推測殘字“月□”也當是“脺”[②]，可信。“段橿”下二字，圖版如圖4所示：

圖4

簡33

簡81

簡106

圖4右邊絶大部分筆墨脱落。據所餘殘迹，比勘辭例，當爲“木闌”二字。《食方》中“木闌”屢見，如簡33、81、106、110a、124、217，且一般與“橿”“段橿”相組合出現。爲方便對比，擇幾例圖版列於上面。

四

149號簡原釋文作：

①本篇“榣”字多次出現，比勘辭例，如簡4“漬析（淅）榣澗（瀾）之，令清如水”，與“漬”“析（淅）”“澗（瀾）”搭配組合，疑“榣”表示之詞爲{淘}。“臯陶”，《説文》“謨”“臮”字條引作“咎繇”，郭店簡《窮達以時》簡3作“叴（咎）繇”，是兩聲系字通假之證。典籍中“淘”用例出現較晚，如上列“榣”表示{淘}可信，則其使用時代可大幅提前。

②參看姚磊《讀虎溪山漢簡〈食方〉札記（五）》，簡帛網，2021年3月12日，http://www.bsm.org.cn/show_article.php?id=3652。

⧄□產材之□⧄

首字圖版作：

只剩左半，應是“解”字殘筆。《食方》中“體解產材之”見於簡108、143，“體解材之”見簡47，“體解之”見於簡263，各“解”字作：

（簡263） （簡108） （簡47） （簡143）

對比可知，此殘字釋“解”無疑。

五

150號簡原釋文作：

⧄□□□□□□⧄

此斷簡上諸字殘餘墨迹不多，辨識有一定難度，原皆無釋。筆者認爲是“浚裝之偏烝”的殘筆。先看第二字，圖版作，明顯从“爿”，只有《食方》屢見的“裝”或“醬”可當之。但考慮到下字圖版即“之”，“裝之”見簡7、13、88等，故第二字應爲“裝”字殘筆。

第一字圖版作，从“氵”旁，應釋“浚”。“浚”作（簡6）、（簡10）、（簡183），對比字形，與之吻合。

比勘簡6“浚裝之偏烝”、簡10“浚米裝之偏烝”，第四字圖版作，應該就是“偏”所从“亻”旁[①]；末字圖版作，則爲“烝”字殘筆無疑。爲直觀對比，把“偏烝”圖版列在下面：

（簡150） （簡6） （簡10）

①細察字形，下圖所舉簡10“偏”从“人”“日”“册”，簡6“偏”所从“日”已變成“户”，此可證劉釗先生（2013）對“扁”構形演變的推測。以上意見蒙編輯部提示，謹致謝忱。

六

203號簡原釋文作：

☐入肉<u>□□□□</u>☐

“肉”下四字殘墨不多，原皆無釋。其第一、二字圖版作：

分别殘留“爿”與“氵”旁，結合辭例，應爲“醬汁”二字。“肉醬汁”一詞《食方》屢見，如簡31、69、93、99。末兩字圖版如圖5所示：

圖5

簡116

應釋作“大半”。簡116“入肉醬汁大半升”是相同辭例，可與之比勘。簡116“大半”圖版如上所示，可參照。

七

265號簡原釋文作：

漬素巾二以裹肉<u>和□</u>□……☐

“肉”下之“和□”，圖版如圖6所示：

圖6

簡52

簡98

簡100

簡103

《食方》中“禾”旁字只有“穤”“和”，但結合下字看，圖6不會是“穤米”一詞。“米”作（簡10）、（簡33）、（簡99）（簡291），中間是一横筆，其左上下都是撇筆或點，此與圖6下字平行的三殘筆筆勢不同。

筆者認爲應釋“和酒”。《食方》中“和酒”多見，如簡52、98、100、103，截其圖版對比如上。以肉和酒，也見簡52“取馬北（背）膂肉和酒”。

八

273號簡原釋文作：

□□□□□□□□□☒

竹簡左邊絶大部分字迹已不存，辨識比較困難。

筆者認爲當釋“櫃一兩木闌三兩”。所釋兩個“兩”字，圖版作：

《食方》簡54、72、110a也有“兩”字，圖版各作：

通過比較，發現簡273殘筆與簡54、72、110a“兩”右邊大體一致，只不過右邊筆墨有所脱落。馬王堆帛書“兩”作、、、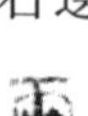（劉釗，2020:872），亦可參照。

“兩”當表示斤兩之兩，兩個“兩”前一字分别作、，容易看出就是數字“一”“三”。根據簡72釋文“段櫃半兩木闌一兩”，簡110a釋文“☒段櫃木闌各半兩其☒”，細察圖版，“一兩”“三兩”前當是“櫃”與“木闌”的殘餘。所謂“櫃”作，《食方》中完整的“櫃”作（簡31）、（簡83）、（簡106），可參照。

“三兩”前兩字，圖版如圖7所示：

圖7　　簡33　　簡81　　簡106

以簡33、81、106清晰的“木闌”圖版對比如上，知此二字可釋“木闌”。從完整圖版看，“木”下“三”上空間較長，“闌”字形體豎長，與之正合。《食方》中“櫑”或“段櫑”與“木闌”常相配出現，上舉簡33、81、106皆如此。由這一點，也證明上釋不誤。

九

296號簡原釋文作：

▨□□□斗其中□▨

第一字極少殘餘，已不可識。“□□斗”圖版如圖8所示：

圖8　　簡108　　簡70　　簡8

筆者認爲圖8中間之字應釋“半”。《食方》中“半”寫作（簡13）、（簡88）、（簡97）、（簡199），可參照。

圖8之上字剩筆墨較少，不好辨識。簡33、46、97有“穤米半升”，簡110有“穤米半斗”，“米”右側殘留應爲三筆，其不會是“米”。筆者認爲是“少”字殘筆。簡70、108有“少半升”，簡8有“少半斗”，其圖版如上所示（簡90也有“少半”，但不清晰，此不列），可參照。可見，殘筆當是“少”右上之捺點。簡70“少”上、右筆墨脱落，上一字作亦右半筆墨不全，可證。

此外，圖8下所謂“斗”只剩右尾部，“斗”“升”之别在左頭部，此字也可能是“升”。

十

299號簡原釋文作：

⧄□橿木蘭□□⧄

此簡右側字迹皆脱去（參看附圖之“10”）。“橿”上一字，圖版作：

此字應釋“去”。《食方》中“去”作（簡44）、（簡98）、（簡103）、（簡106）、（簡110b）[①]，可參照。

粗略觀察，《食方》應由不止一位書手抄寫完成。包括本簡在内的那部分竹簡，字迹稍潦草，墨迹濃重，此簡“去”與原所釋“橿”作、“闌”作（又見簡217），與《食方》中多數寫法有一定差異，原因就在於此。

“闌”下面一字，圖版作：

結合簡106與簡229、276釋文：

簡106：泊之過濊絏出去橿木闌及萃靡者清閒其泊以復泊肉
簡229：⧄木闌及萃靡者清閒
簡276：⧄出擇去橿木闌及萃⧄

可以肯定釋“及”。不過，其與《食方》中“及”字如（簡70）、（簡106）的書寫風格也不一樣，是其稍顯怪異未被釋出的原因之一。

末一字圖版作：

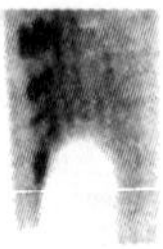

①簡110兩段不能綴合，應析開。參看姚磊《讀虎溪山漢簡〈食方〉札記（八）》，簡帛網，2021年3月17日，http://www.bsm.org.cn/show_article.php?id=3660。

可看出从“艸”頭，再比勘辭例，應釋“萃”。其他“萃”字作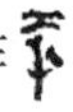（簡32）、（簡70）、（簡73）、（簡106），可參照。

附圖：

1	2	3	4	5	6	7	8	9	10
							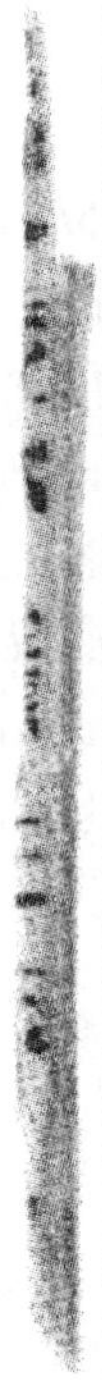		
簡77	簡92	簡100	簡149	簡150	簡203	簡265	簡273	簡296	簡299

參考文獻：

湖南省文物考古研究所（編著） 2020 《沅陵虎溪山一號漢墓》，文物出版社。

劉 釗（主編） 2020 《馬王堆漢墓簡帛文字全編》，中華書局。

劉 釗 張傳官 2018 《再談“一沐三捉髮”的“捉”》，《漢字漢語研究》第3期。

劉 釗 2013 《“瘧”字源流考》，劉釗《書馨集：出土文獻與古文字論叢》，上海古籍出版社。

Explanatory Notes on *Shifang* 食方 of the Huxishan Han Bamboo Slips

Wang Kaibo

Abstract: *Shifang* 食方 of the Huxishan Han Bamboo Slips was badly damaged. Through checking the photos of the bamboo slips, the author supplements some explanation of the fragmentary characters not interpreted by the collator, which enriches the contents of interpretation. These fragmentary characters can be found in bamboo slips No. 77, No. 92, No. 100, No. 149, No. 150, No. 203, No. 265, No. 273, No. 296, and No. 299 respectively. the author supplementarily interprets the fragmentary characters, mainly based on the remaining ink marks and the example phrases from *Shifang*. When analyzing the ink marks, the author pays attention to the comparison with fragmentary and intact characters.

Keywords: Huxishan Han Bamboo Slips; *Shifang* 食方; Explanatory notes

（王凱博　漢字文明傳承傳播與教育研究中心
鄭州大學文學院　鄭州　450001）

漢代磚文“墼”字誤釋刊謬*

鄭邦宏

摘　要：漢代磚文中有一字寫法較爲特殊，學者釋讀存在分歧。本文通過字形的比勘、磚文自名的揭示，認爲其字當釋爲“墼”，在磚文中是自名。並指出《隸辨》中的“墼”字爲字形誤摹，訂正了與“墼”相關的一些字的釋讀。

關鍵詞：漢代磚文；墼；誤摹；自名

殷蓀先生《中國磚銘》（1998:94）録有一方漢代磚文，如下：

殷先生將其釋爲“磚”。許可先生（2017:121-122）認爲殷説非是，並據漢代磚瓦文字，疑其是“萬歲”二字。

2002年，重慶市涪陵區横梁子墓群發掘，出土有一方漢代磚文，如下：

發掘報告（重慶市文物局、重慶市移民局，2010:1287）對此無釋。張曉超先生（2019:271）則將其釋爲“圣叀”二字，並以爲其性質不清。

李應蘭、彭川先生《長江三峽漢代圖文磚》（2015:119）録有重慶市涪陵區龍橋北拱出土的一方漢代磚文，如下：

*本文獲2020年度教育部人文社會科學研究西部和邊疆地區項目（青年基金項目）“基於語體差異的秦漢簡帛虚詞研究”（20XJC740007）以及國家社科基金重大招標項目“先秦兩漢訛字綜合整理與研究”（15ZDB095）資助。文章蒙喻遂生師，蘇文英、石小力、熊聰等先生審閱，匿名審稿專家亦提出很好的修改意見，並致謝忱。

李、彭二位先生將其釋爲“鍾”，林昌丈先生（2020:449）從之。

上引三方漢代磚文應是同一字無疑（我們下稱之爲A）。學者或認爲是一字，釋爲“磗”“鍾”；或以爲是二字，釋爲“萬歲”“圣吏”，可見學者對此字的釋讀仍存分歧。然而，諸説皆可商，我們認爲此字當釋爲“墼”。

“墼”，漢代磚文中或作如下形①：

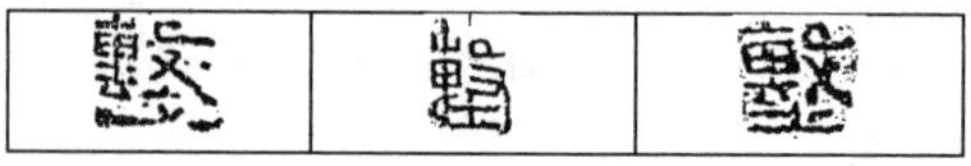

右上皆从“殳”。

這種寫法在漢代的簡牘文字中也有見②：

不同的是，右上或从“殳”，或从“攴”。秦漢文字中，構件“殳”“攴”通用的現象相當普遍（黄文傑，2008:83–84）。

高文先生《中國巴蜀新發現漢代畫像磚》（2016:158）録有同樣出土自重慶市涪陵區的一方漢代磚文，如下：

高先生將其釋爲“墼”，可從。此字右上从“攴”。“墼”的這種寫法（我們下稱之爲B），漢代的簡牘文字中也可見③：

與前一類字形相比較，此類寫法的“墼”，將下部的構件“土”，移到了右

①殷蓀：《中國磚銘文字徵》，上海書畫出版社，1996年，第1459頁。

②第一字形取自李瑶（2014:824）；第二字形取自葛丹丹（2019:1278）；第三字形取自于淼（2015:607）。

③第一、二字形取自李瑶（2014:824）；第三字形取自于淼（2015:607）。

邊。這種現象可與“擊”字類比①：

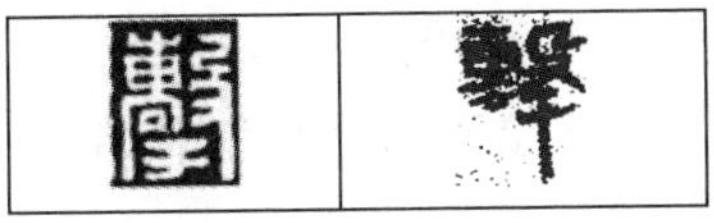

殷蓀先生《中國磚銘文字徵》（1996:2414）“磚”字條下，有如下一字②：

此字應就是“墼”的B形，實該歸在“墼”字條下，殷先生誤釋。胡海帆、湯燕二位先生（2008:2）也將該字釋爲“墼”。殷先生後出的《中國磚銘》將A釋爲“磚”，可能就是受此影響。由此可見，殷先生對此字的釋讀是較爲堅持的。

《隸辨》中將東漢磚文“永初官墼”（後詳）的“墼”，摹寫作（顧靄吉，1986:185）：

這種“墼”的寫法特殊，不曾見於漢代其他磚文。與前引的“墼”字相較，我們懷疑“弋”當是“攴”的誤摹。

我們將A與B相比較，可知A其實就是B的“反書”。所謂“反書”，即是文字的反寫現象。我們知道，磚文若是模印，磚文正寫，模印則需反寫。但由於工匠的疏忽或草率，漢代磚文中，反書現象相當普遍，如③：

作	禮	秋	孫
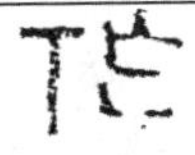			
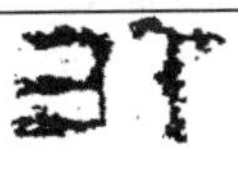			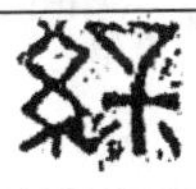

前人對磚文的此類現象早有關注，柯昌泗先生就曾指出（1995:515）：

反書之見於磚刻者尤早，始自漢之“單于和親千秋萬歲長樂未央”十二字磚。此類出土甚多，正文者皆陽文左行，反文者皆陰文右行。其

①第一字形取自《秦漢印章封泥文字編》（趙平安等，2019:1062）；第二字形取自《馬王堆漢墓簡帛文字全編》（劉釗主編，2020:1262）。

②“磚”字條下收有（東晉泰元）一字，當也是“墼”。

③字形分別取自殷蓀《中國磚銘文字徵》第395、2454、2457、1235頁。

餘吉語方磚，時有反文，未若此磚之秩然不紊也。

不過，需要特别指出的是，A爲B的反書，其所从“攴”同時亦反寫①，此應是學者誤釋此字的重要因素。漢代磚文中的“造”字反書與其相類（殷蓀，1996:2781）：

正書	反書

“造”字所从“辵”同時亦反寫②。

“墼”字單獨出現在磚文中，當是自名。殷蓀先生將A釋爲“磚”，應是敏鋭察覺其性質。這正可從側面説明我們釋“墼”爲自名的可靠性③。《説文・土部》：“墼，瓴適也。一曰未燒也。从土，毄聲。”王筠釋例（1937:1934）：“案：瓴適今謂之塼。”

《隸辨》中載有磚文七方，其一爲“永初官墼文”（1986:296）：

> 《字原》云：“眉州人掘武陽故城得之。文一行七字，云：‘永初七年作官墼。’”《隸續》云：“范至能在蜀得其二，惟七及官字，文有反背不同。重有十八斤。”

對此，王筠（1937:1934-1935）指出：

> 所收塼文七，其銘不言爲何物。獨此文自名爲墼也。此乃已燒者也。《後漢書・酷吏周紆傳》：“常築墼以自給。”則未燒者也。

四川廣漢縣出土有東漢磚文“雒官城墼”（陳顯丹，1984），資陽縣出土有東漢磚文“資中城墼”（高文，2007）。正與“永初官墼”相類，都以“墼”自名。

①此蒙匿名審稿專家指出，謹致謝忱。

②此蒙匿名審稿專家指出，謹致謝忱。

③此蒙匿名審稿專家指出，謹致謝忱。

明止堂藏有四川出土的一方東漢“永元改元磚”：

朱明歧先生（2018:65）釋文：永元十七年四月廿三日大舍來元興元年八月十一日造此壁。將最末一字釋爲“壁”。高文先生《中國巴蜀新發現漢代畫像磚》（2016:118）亦録有此磚，但釋文不全，末字未釋。

“壁”，漢代磚文中或作（殷蓀，1996:1460-1461）：

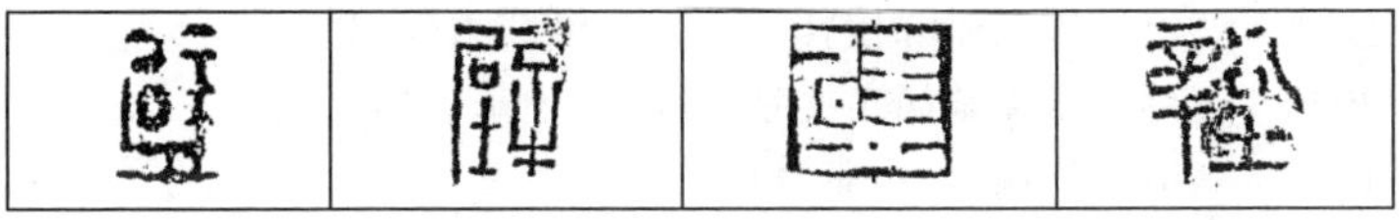

顯然與“永元改元磚”末字並非一字。將末字的殘留形體與漢代磚文的“墼”相比勘，其應就是“墼”字，此也爲自名。

漢簡中有“積墼”“作墼”的記載，如：

（1）二人積墼五千五百六十，率人積二千七百八十墼。

（《疏勒河流域出土漢簡》89）

（2）九人作墼，人作百五十，凡墼千三百五十□□。

（《疏勒河流域出土漢簡》665）

（3）己酉騎士十人。其一人爲養，其一人侯，八人作墼，人作百五十墼，凡墼千二百。

（《疏勒河流域出土漢簡》666）

王國維對這一類簡有過考證（1993:149）：

《釋宮》：“瓴適謂之甓。”毛傳從之，殆謂已燒之磚。唯顔師古注《急就篇》云：“墼者，抑泥土爲之，令其堅激。”則謂未燒者也。塞上所作者，當爲未燒之墼，漢時築城多用之。

總之，“墼”可用爲自名應無疑。因此，A與B單獨出現在磚文中，是磚的自名。簡言之，綜合字形與磚文自名現象，我們將A釋爲“墼”當是可信的。

參考文獻：

顧靄吉　1986　《隸辨》，中華書局。
王　筠　1937　《説文釋例》，商務印書館。
重慶市文物局　重慶市移民局　2010　《重慶庫區考古報告集2002卷》，科學出版社。
陳顯丹　1984　《廣漢縣發現“雒城”磚》，《四川文物》第3期。
葛丹丹　2019　《〈肩水金關漢簡（貳）（叁）〉文字編》，吉林大學碩士學位論文。
高　文　2007　《四川漢代地名磚考》，《四川文物》第3期。
高　文（主編）　2016　《中國巴蜀新發現漢代畫像磚》，四川美術出版社。
胡海帆　湯　燕（編著）　2008　《中國古代磚刻銘文集》（下册），文物出版社。
黄文傑　2008　《秦至漢初簡帛文字研究》，商務印書館。
林梅村　李均明　1984　《疏勒河流域出土漢簡》，文物出版社。
李　瑶　2014　《居延舊簡文字編》，吉林大學博士學位論文。
李應蘭　彭　川　2015　《長江三峽漢代圖文磚》，重慶大學出版社。
林昌丈　2020　《漢魏六朝墓塼銘文輯録校釋（一）》，厦門大學出版社。
劉　釗（主編）　2020　《馬王堆漢墓簡帛文字全編》，中華書局。
羅振玉　王國維　1993　《流沙墜簡》，中華書局。
許　可　2017　《漢篆研究》，清華大學博士學位論文。
葉昌熾　柯昌泗　1995　《語石異同評》，中華書局。
于　淼　2015　《漢代隸書異體字表與相關問題研究》，吉林大學博士學位論文。
殷　蓀　1996　《中國磚銘文字徵》，上海書畫出版社。
殷　蓀　1998　《中國磚銘》，江蘇美術出版社。
朱明歧　2018　《明止百磚》，浙江大學出版社。
趙平安　李　婧　石小力　2019　《秦漢印章封泥文字編》，中西書局。
張曉超　2019　《西南地區出土戰國秦漢時期花紋磚與銘文磚研究》，貴州大學碩士學位論文。

Misinterpretation and Correction of the Character Ji 墼 in Brick Inscriptions of the Han Dynasty

Zheng Banghong

Abstract: There is a special way of writing a character in the brick inscriptions of the Han Dynasty, and scholars have different interpretations. Through the comparison of the character forms and the disclosure of the self-name in the brick text, this article believes that the word should be interpreted as Ji 墼, which is the self-name in the brick text. It also points out that the form of the character Ji in *Libian* 隸辨 is miscopied, and it corrects the interpretation of some characters that are related to Ji 墼.

Keywords: Brick inscriptions of the Han Dynasty; Ji 墼; Miscopy; Self-name

（鄭邦宏　西南大學文學院　重慶　400715）

《老子》“自視者不彰”校讀*

楊　瑩

摘　要：文章根據傳世與出土文獻版本異文，結合相關詞義用法，指出今本《老子》二十二章“不自是故彰”與二十四章“自是者不彰”的“自是”原應寫作“自視”，讀爲“自示”，意爲顯示、展示自己。今本《老子》“是”字蓋後人據文意和語音而誤改[①]。在音韻上，“視”與“是”“示”皆符合通假條件，而“視”通“示”在先秦兩漢的傳世、出土文獻中有大量用例。在文意上，“視”讀爲“示”時，則“見”“視（示）”“伐”“矜”爲同義、近義對文，皆爲表現、顯示、誇耀、誇大義，文意可通。讀作“自以爲是”時雖單句文意可通，但不能形成對文。故讀爲“自視（示）者不彰”更優。

關鍵詞：《老子》；自視者不彰；不自是故彰；校讀；對文

今本《老子》有如下文句：

> 不自見故明，不自是故彰，不自伐故有功，不自矜故長。
>
> （二十二章）
>
> 自見者不明，自是者不彰，自伐者無功，自矜者不長。
>
> （二十四章）

兩句文意相成（高亨，1988:55），傳世諸本文字皆如此。北京大學藏西漢竹書《老子》與馬王堆漢墓帛書《老子》甲、乙本亦有此二句，對應如下。

對應“不自見”句，馬王堆《老子》甲本（簡136-137）有文：

> 不【自】視（示）故明（明），不自見故章（彰），不自伐故有功，弗矜（矜）故能長。[②]

*本文草成後，蒙林志强、麗丠城師及《出土文獻綜合研究集刊》編輯老師與審稿專家批評指正，謹致謝忱。

①匿名審稿人指出：“文章結論認爲今本作‘是’爲訛誤，此結論似可做微調，宜認作音近而訛。”已在相應位置做出修改，感謝匿名審稿人的建議。

②《馬王堆漢墓帛書（壹）》整理者（1980:15）注：“當作‘不自示故章，不自見故明’，方與上文合，乙本不誤。”筆者按：帛書《老子》“自見”句與“不自見”句的次序與通行本、北大本相反。本文依傳世本的句序。

乙本（簡64上）：

不自視（示）故章（彰），不自見也故明（明），不自伐故有功，弗矜（矜）故能長。

北大漢簡《老子》（簡180）：

不自見故明（明），不自視（是）故章（彰），不自發（伐）故有功，弗矜故長。[①]

對應“自見”句，馬王堆《老子》甲本（簡134–135）有文：

自視（示）不章（彰），【自】見者不明，自伐者无（無）功，自矜（矜）者不長。

乙本（簡63上）：

自視（示）者不章（彰），【自】見者不明，自伐者无（無）功，自矜（矜）者不長。

北大漢簡《老子》（簡185）：

自見者不明，自視（是）者不章（彰），自發（伐）者無功，矜者不長。

在傳世本《老子》中，二句皆是“見”與“明”相配，“是”與“彰”相配。在出土《老子》中，均以“視”對“章（彰）”，帛書整理者（1980:12）讀作“示”，高明（1996:334、341）讀作“是”，北大漢簡整理者（2012:154–155）依傳世本讀作“是”。帛書《老子》都出現上下句顛倒的情況，“不自見”句中，帛甲《老子》還出現“彰”與“明”位置互倒的情況[②]。《老子》此二句中“自是”與“自視”爲異文，要還原此二句的原貌，需先確定《老子》的正文寫作什麽，再進一步釋義。

①《北京大學藏西漢竹書（貳）》整理者（2012:155）注：“‘視’讀爲‘是’，‘章’同‘彰’，帛書用字同漢簡本。帛甲‘章’‘明’二字位置互倒。”

②劉笑敢（2006:264）指出“明”和“彰”皆是陽部韻，句子順序調换對韻脚没有影響。本文採用傳世本的語序。

一、“自視”爲正文

要討論《老子》此二句的原貌寫作什麽，應依據《老子》出土古本的用字，以及《老子》中“是”和“視”字的使用情況，同時考察“自是”“自視”在先秦兩漢中的使用情況以作輔證。《老子》此二句在出土文獻中都作“自視”，僅傳世本作“自是”。“自是”很有可能爲音近而訛，“自視”當爲正文。

傳世本《老子》中共有71個“是”字，除“自是者”“不自是”二句可讀爲“自以爲是”外，還有67個作代詞，表此、這、這裏，如“是以聖人處無爲之事”（第二章）。剩下2個表示確指，將賓語提前，如“使我介然有知，行於大道，唯施是畏”（五十三章）。出土本《老子》“自是”都寫作“自視”。北大本《老子》亦有71個“是”字，與傳世本基本一致，有69個爲代詞，2個表示確指，將賓語提前。帛書《老子》甲本、乙本共有119個“是”，其中116個爲代詞，其餘作爲賓語前置的標記。郭店《老子》共有19個“是”字，皆爲代詞。可見各本《老子》其他“是”字皆不通“視”，不可解爲展示、顯示，且出土本《老子》中並未有其他“是”字可讀爲“自以爲是”。

而各本《老子》中的“視”字大多可讀爲“示”，表展示、顯示義。傳世本《老子》中共有3個“視”字，北大本有6個，帛書本有8個，郭店本有3個，除去“自視”“不自視”外，没有“視”字可通“是”讀爲“自以爲是”。却都有超過3例的“視”可讀爲“示”，如“魚不可説於淵，國之利器不可以視（示）人”（北大《老子》簡219）、“不自視（示）故章，不自見也故明，不自伐故有功，弗矜故能長”（馬王堆《老子》乙本簡64）、“視（示）素保樸，少私寡欲”（郭店《老子》甲本簡2）[①]。

再來看“自是”“自視”在先秦兩漢時的使用情況。“自是”在傳世典籍中有四种用法：（1）自以爲是；（2）自然是、原來是；（3）從此；（4）猶只是。《老子》中的“自是/自視”與“自見”“自伐”“自矜”對文，皆是主謂結構，“見”

---

①匿名審稿人指出：“作者的内證主要是這兩句話的語境和文法，這兩句話的上句分別是‘不自見故明’‘自見者不明’，‘彰’與‘明’對文，‘見’與‘視’對文，‘見’與‘是’在詞義上難以形成對文。這一點毫無疑問是成立的。不過，從今本《老子》與各種古本的對勘來看，經常能在今本中看到文章上作優化的例子，‘見’與‘視’固然能形成對文，但古人撰寫之初是否如此，却很難判斷。”

筆者按：因出土本《老子》“自視者不彰”“不自視故彰”二句都寫作“視”，又《老子》再無其他“是”字可以讀作“認爲正確”，所以可以順理成章地得出《老子》原文寫作“視”這一結論。而不一定存在對文則涉及此二句的讀法問題，不是寫法的問題。本節此處及以上的修改内容皆爲受到審稿人意見啓發而增添修改，以更明確文章的邏輯，感謝匿名審稿人的建議。

“視”“伐”“矜”是“自”的謂語。在以上四種用法中，僅“自以爲是、自認爲正確”義的{自是}語法結構與之相符。但在先秦兩漢典籍中僅有約20%的“自是”可釋爲“自以爲是”，其他大多釋爲“從此”，如《説苑・臣術》：“自是之後，君不以禮不見晏子也。”兩種用法用例的占比兩極分布明顯[①]。

在先秦兩漢的傳世典籍中，“自以爲是、自認爲正確”不是“自是”的常用義，用作此義的文例占比很小，且時代晚於《老子》[②]。

（1）小人之論也，專意自是，言人之非，瞋目扼腕，疾言噴噴，口沸目赤，一幸得勝，疾笑嗌嗌，威儀固陋，辭氣鄙俗，是以君子賤之也。

（《韓詩外傳》卷九）

（2）故治者不貴其自是，而貴其不得爲非也。

（《淮南子・主術訓》）

（3）所謂是與非各異，皆自是而非人。

（《淮南子・齊俗訓》）

（4）得道之人，貴爲天子而不驕倨，富有天下而不騁夸……就就乎其不肯自是，鵠乎其羞用智慮也……（《吕氏春秋・下賢》）[③]

①匿名審稿人指出：作者的外證是先秦兩漢典籍中“自是”較少見，“自視”較常見。“但在先秦兩漢典籍中僅有約20%的‘自是’可釋爲‘自以爲是’，其他大多釋爲‘從此’。”按，這20%恐怕有點高估。在先秦兩漢典籍中，可釋爲“自以爲是”的例子主要見於《吕氏春秋》（約兩例）、《淮南子》（約兩例）和《文子》《韓詩外傳》《鹽鐵論》等，絶大部分例子是“從此”之義。不過，縱然没有20%，只要有3例以上，就無法推翻《老子》中有“自是”的用法。更何況《淮南子》《吕氏春秋》中的4例都可能與《老子》關係密切，尤其《文子》中的一例（《上義》“凡爲道者，塞邪道，防未然，不貴其自是也”）更引“老子曰”，似能説明秦漢之際確有可能存在“自是者不彰”“不自是故彰”的説法。

筆者按：的確，《淮南子》《吕氏春秋》，以及匿名審稿人補充的《文子》一例都能够説明秦漢之際存在“自是”表“自以爲是、自認爲正確”的用法，這些例子與《老子》的密切聯繫也使得我們不能忽略在《老子》的書寫時代，“自是”已有“自認爲正確”這一用法可能性。但筆者認爲《老子》此二句的“自是”讀爲“自以爲是”並不是最好的處理方式。首先，《老子》文意的解讀是離不開正文的確定的。根據《老子》出土本的用字，以及《老子》中“是”和“視”字的使用情況，我們可以確定《老子》此二句的正文寫作“自視”。進一步考慮“自視”的讀法時，在音韻上，“視”通“是”是符合通假的條件的，但並未有其他文例佐證。且“視”字没有“認爲正確”的意義，所以“自視”讀爲“自以爲是”是不合適的。感謝匿名審稿人的建議。

②本文搜羅文獻用例時參考了“中國哲學書電子化計劃”與“國學大師”兩個網站，特在此處説明。

③匿名審稿人指出：作者也應注意讀爲“自示”的不利證據。作者説“自是”在先秦、兩漢文獻中理解爲“自以爲是”的只占20%，這個比例其實已經不少了，且以作者所引《吕覽・下賢》：“貴爲天子而不驕倨……就就乎其不肯自是”看，這裏的“自是”顯然就應該理解爲“自以爲是”，再聯繫前面的“貴爲天子而不驕倨”，這與22、24章傳統的理解即不矜伐並無不同。作者可以説《吕覽》較晚，但更早的《孟子》亦云“衆皆悦之，自以爲是”，“自以爲是”不就是“自是”的繁化嗎？且道家的《莊子》對自矜之舉屢見“自以爲……”句式，含義也與“自是”同，這説明道家在這個問題上可能還有一貫性。

（5）口惛之命不愉，若舟車衣冠滋味聲色之不同，人以自是，反以相誹。

（《吕氏春秋 • 察今》）

（6）夫醜者自以爲姣，故飾；愚者自以爲知，故不學。觀笑在己而不自知，不好用人，自是之過也。”

（《鹽鐵論 • 殊路》）

（7）獨非自是，無與合同。引之不來，推之不往，狂狷不遜，忮害不恭，刻轢公主，侵陵大臣。

（《鹽鐵論 • 訟賢》）

（8）巫祝不可與並祀，諸生不可與逐語，信往疑今，非人自是。

（《鹽鐵論 • 論災》）

（9）十六難曰：“脉有三部九候，有陰陽，有輕重，有六十首，一脉變爲四時，離聖久遠，各自是其法，何以别之？”然：“是其病，有内外證。”

（《難經 • 經脉診侯》）

“自是者”連用的文例未見於先秦兩漢典籍，出土《老子》中未見“自是”二字，其他出土文獻中亦未見“自是”或“自是者”。而“自視”用作主謂結構在傳世和出土文獻中都較爲多見。在先秦兩漢傳世典籍中“自視”連用的文例如下：

（1）湯嘗病，天子至自視病，其隆貴如此。

（《史記 • 酷吏列傳》）

（2）臣又且以事勢諭陛下之愛，令匈奴之自視也，苟胡面而戎狀者，其自以爲見愛於天子也，猶弱子之遌慈母也。若此，則愛諭矣，一表。臣又且諭陛下之好，令胡人之自視也，苟其技之所長與其所工，一可當天子之意。若此則好諭矣，一表。

（《新書 • 匈奴》）

（3）故賓之容，一體也，或以爲君子，或以爲小人，所自視之異也。故趣舍合，即言忠而益親；身疏，即謀當而見疑。

（《淮南子 • 齊俗訓》）

（4）孟子曰：“附之以韓魏之家，如其自視欿然，則過人遠矣。”

（《孟子 • 盡心上》）

筆者按：對於這一點，筆者認爲《老子》此二句中的“自見”“自矜”“自伐”並不能擴充爲“自以爲見”“自以爲矜”“自以爲伐”，那麽“自是/視”也不應擴充爲“自以爲是”，這似乎也能成爲讀爲“自以爲是”的不利證據。

（5）人之爲德，其猶虚器歟！器虚則物注，滿則止焉。故君子常虚其心志，恭其容貌，不以逸群之才加乎衆人之上，視彼猶賢，自視猶不足也。

（《中論·虚道》）

（6）故夫知效一官，行比一鄉，德合一君而征一國者，其自視也亦若此矣。

（《莊子·逍遥遊》）

（7）夫子立而天下治，而我猶尸之，吾自視缺然，請致天下。

（《莊子·逍遥遊》）

（8）后稷廣利天下，猶不自矜。禹無廢功，無廢財，自視猶觖如也。滿如陷，實如虚，盡之者也。凡人各賢其所説，而説其所快。

（《淮南子·繆稱訓》）

（9）牛之性不若羊，羊之性不若豚，所自視之勢過也，而因怒於牛羊之小也，此狂夫之大者。狂而以行賞罰，此戴氏之所以絶也。

（《吕氏春秋·壅塞》）

（10）明日，徐公來。孰視之，自以爲不如；窺鏡而自視，又弗如遠甚。

（《戰國策·齊策》）

（11）書奏，天子以册書答曰："問：弘稱周公之治，弘之材能自視孰與周公賢？"

（《漢書·公孫弘卜式兒寬傳》）

（12）是時朝廷多賢材，上復問朔："方今公孫丞相、兒大夫、董仲舒、夏侯始昌、司馬相如、吾丘壽王、主父偃、朱買臣、嚴助、汲黯、膠倉、終軍、嚴安、徐樂、司馬遷之倫，皆辯知閎達，溢於文辭，先生自視，何與比哉？"

（《漢書·東方朔傳》）

（13）光母曰："女自視孰與長孫、中孫？"

（《漢書·王莽傳》）

（14）蒼罷朝，謂暉曰："掾自視孰與藺相如？"

（《後漢書·朱樂何列傳》）

（15）同郡謝季孝問曰："子自視天下孰可爲比？"良曰："我若仲尼長東魯，大禹出西羌，獨步天下，誰與爲偶！"

（《後漢書·逸民列傳》）

“自視”在先秦兩漢典籍中的用法大致可以分爲兩類：（1）親自看、自己看。如例1至例3，“天子至自視病”釋爲“天子親自前往探望他的病”，“令匈奴之自視也”釋爲“讓匈奴自己看到（陛下的好）”。（2）認爲自己、審視自己，即“視自”。如例4至例15，這種用法往往帶有與他人比較的含義，審視自己與别人相比，故後面往往會接“不足”或“過”，以表示“認爲自己比不過他人”或“自視過高”“自我感覺比他人厲害”的含義。

“自視”在出土文獻的用例還見於：

（1）自旲[1]（視）亓（其）所能，員（損）。

（郭店簡《語叢三》簡13）

（2）自旲（視）亓（其）所不族（足），嗌（益）。

（郭店簡《語叢三》簡14）

（3）用曰：咎群言之弃（棄）。曼=柬=，亓（其）頌（容）之怍。贛=（坎坎）隮=（險險），亓（其）自旲（視）之泊。

（上博簡《用曰》簡7）

例1、例2中的“自視”與出土本《老子》中“自視”文意相同。上博簡中“自視”與《淮南子•齊俗訓》中“故賓之容，一體也，或以爲君子，或以爲小人，所自視之異也”中的“自視”文意相同，表示“自己認爲、自己看待”。可見“自視”無論是在出土文獻中，還是在傳世文獻中，其語法結構都與“自見”“自伐”“自矜”一致。

總而言之，因出土本《老子》“自視者不彰”“不自視故彰”二句都用“視”字，又《老子》再無其他“是”字可以讀作“認爲正確”，故可順理成章地推斷出《老子》原文本寫作“視”。再者，春秋時期“自”並不常與“是”搭配以表主謂結構的“自以爲是”，而多表“自此、從此”，特别是在出土文獻中並未發現“自是”的用例，足以説明在先秦兩漢時期，“自是”連用爲主謂結構没有“自視”普遍。又“自視”在傳世、出土文獻中多見，可知《老子》原本應寫作“自視者不

---

①“視”字甲骨文作旲（京津2221），从人从目，會視察之意。後爲與見（見）（《甲》2124）字區分，從西周早期起産生了从見，氏聲的形聲字，如“眡（視）事司馬敂，冶王石”（《集成》02773）。秦以後从見，示聲，作視（睡虎地秦簡《秦律十八種》簡160）。《説文》：“視，瞻也。从見、示。”段注：“从見、示聲。大徐無聲字。”是根據其形聲化後的字形來解釋的。“旲”是“視”字的初文，但很快被形聲字“視”所取代。但至少在戰國中晚期，从人从目的“旲”字仍在使用。如郭店簡《老子》丙本（簡15）中有从人从目的“旲”與“見”字區分：“旲（視）之不足見（見）。”包山簡《集箸言》（簡15）中也有類似用法：“僕五帀（師）宵倌之司敗若，敢告旲（視）日。”視日，原釋文作“見”，裘改釋爲“視”，范常喜指出應理解爲“主審官”（參看季旭昇，2014:263；陳偉等，2009:11）。

彰”，“視”應是《老子》的正文。

二、“自視”的讀法

明確此二句的異文關係，有助於進一步確定“自視”的語義。在確認了此二句正文應是“自視者不彰”“不自視故彰”後，我們可以從音韻、句法、文意三個角度去討論“自視”的讀法。傳世本“自是”一語，舊注或不作具體釋讀，或以“自以爲是”釋之。如對於“不自見”句，河上公解爲（王卡點校，1993:90）：

> 聖人不以其目視千里之外也，乃因天下之目以視，故能明達也。聖人不自以爲是而非人，故能彰顯於世。聖人德化流行，不自取其美，故有功於天下。聖人不自貴大，故能久不危。
>
> （《老子道德經河上公章句》）

范應元（2010:40）認爲：

> 有道而不自顯露，故明。有德而不自以爲是，故彰。有功而不自稱，故有功。有所長而不自恃，故長。
>
> （《老子道德經古本集注》）

對於“自見”句河上公解爲（王卡點校，1993:98）：

> 人自見其形容以爲好，自見其所行以爲應道，殊不知其形醜，操行之鄙。自以爲是而非人，衆共蔽之，使不得彰明。所謂輒自伐取其功美，即失有功於人也。好自矜大者，不可以長久。
>
> （《老子道德經河上公章句》）

范應元（2010:44）認爲：

> 世俗之人皆欲自顯自是，故不明不彰。有功而自稱者，喪其功。有所長者而自恃者，失其長。
>
> （《老子道德經古本集注》）

王本在“自是者不彰”“不自是故彰”二句下不注。今人如陳鼓應（2019:161、167）、崔仲平（2004:25、27）、湯漳平與王朝華（2014:87、93）、張松如（1987:149、161）在解讀《老子》時往往在傳世本“自是”的基礎上解釋爲“自以爲是”“自認爲正確”“自我肯定”。北大漢簡整理者將“自視”讀爲“自是”，認爲"視"通"是"。

在正文爲"自視"的基礎上，要將此句理解爲"自以爲是"只有兩個可能：（1）"視"可通"是"，讀爲"自以爲是"；（2）"視"本身具有"認爲正確"的意義。"是"屬禪母支部，"視"屬禪母脂部，張富海（2019:234-244）根據古文字材料補充兩字上古聲母都是舌尖塞音d-，"是"可擬音爲*deʔ，"視"上古音可構擬爲*diʔ和*dis。照理説兩字聲母相同，韻部旁轉，具備假借的條件。但"視"通"是"的用例僅見於《老子》此二句中，在其他出土簡帛中未見，無旁證，以通假解釋爲"自是"可商。又"視"無論是在傳世典籍還是在出土文獻中都未見"認爲正確"的用法。所以將"自視"讀爲"自以爲是"是不合適的。

此外，徐志鈞（2013:448、456）將帛書《老子》此二句的"自視"釋爲"自我顯揚"，認爲"視"通"示"，引申爲以事或物炫耀於人。對於其他出土文獻中的"自視"，學者大多讀爲"自示"。如郭店簡整理者在《語叢三》（簡13、14）中的"自視亓（其）所能，員（損）""自視亓（其）所不族（足），嗌（益）"讀爲"自示"，劉釗（2005:213）指出，"視"本从"示"聲，故可讀"示"，此二句體現儒家的"損益"觀念。

蘇建洲[①]在《北大簡〈老子〉字詞補正與相關問題討論》中指出：

> 第六十三章簡180："不自見故明，不自視故章（彰），不自發（伐）故有功，弗矜故長。"第六十五章："炊者不立，自見者不明，自視者不章（彰），自發（伐）者無功，矜者不長。"整理者將兩處的"自視"同今本讀爲"自是"。（155頁注4）
>
> 謹案："視"讀爲"是"不合用字習慣，"視"當讀爲"示"。"示"與"彰"在古書本相應而言，如《論衡·感類》："狐疑於葬周公之間，天大雷雨動怒示變，以彰聖功。"前言"示變"，後言"彰功"可以爲證。前一句"不自見"的"見"可能要讀爲"現"。這樣"現"與"示"；"明"與"彰"意思正好都相對。

蘇建洲認爲"視"當讀爲"示"。根據前文，已知傳世本的"自是"不確，舊注釋爲"自以爲是"在文意上似可通，但在考察此二句對文情況時便可發現，"自視者"讀爲"自示者"更符合《老子》文本的原意。

綜合各家説法後，我們認爲應依徐志鈞和蘇建洲所説，將"自視"理解爲顯

①參看蘇建洲《北大簡〈老子〉字詞補正與相關問題討論》，簡帛網，2015年9月21日，http://www.bsm.org.cn/show_article.php?id=2313#_ftnref109。

示、展示，這在文意、句法、音韻上皆有理可尋[①]。

在《老子》“自見”句和“不自見”句中，句式皆是“自A者不B”“不自A者B”，A是動詞，B是A的目的。“見”“視（示）”“伐”“矜”即A，“明”“彰”“功”“長”即B。動詞A的主語是“自”，自我、自己，所以“自A”可讀爲“A自”，即“見自”“視（示）自”“伐自”“矜自”。

“明”與“彰”、“伐”與“矜”同義相對，常常互訓，如“明”和“彰”皆表彰顯、顯著，《廣雅・釋詁四》：“彰，明也。”《論衡・書解》：“德彌彰者人彌明。”“伐”與“矜”皆表誇耀。伐，誇耀。《玉篇・人部》：“自矜曰伐。”《韓詩外傳》卷七：“成王壯，周公致政，北面而事之，請然後行，無伐矜之色，可謂臣矣。”《管子・宙合》：“爵尊則肅士，禄豐則務施，功大而不伐，業明而不矜。”《管子・形勢解》：“故曰：‘伐矜好專，舉事之禍也。’”矜，誇大。《國語・晋語二》：“吾固告君曰：‘得衆，衆不利，焉能勝狄？今矜狄之善，其志益廣。’”韋昭注：“矜，大也。”《史記・項羽本紀》：“自矜功伐，奮其私智而不師古，謂霸王之業，欲以力征經營天下，五年卒亡其國，身死東城，尚不覺寤而不自責，過矣。”《史記・淮陰侯列傳》：“假令韓信學道謙讓，不伐己功，不矜其能，則庶幾哉，於漢家勳可以比周、召、太公之徒，後世血食矣。”《吴都賦》：“矜巴漢之阻，則以爲襲險之右。”李善注引劉達曰：“矜，誇其險也。”可見其同義可通。“自伐”和“自矜”講的都是“伐自”“矜自”，誇耀、誇大自己。

按此推斷，“見”與“視”也是同義對文。“見”可通“現”，顯示、顯露，《廣韻・霰韻》：“見，露也。”《集韻・霰韻》：“見，顯也。”《漢書・元帝紀》：“天見大異。”顔師古注：“見，顯示。”“自見”即“見自”，顯示、表現自己。《老子》中的“見”讀爲“現”，顯示、顯露、表現義的文例有：

（1）不尚賢，使民不争；不貴難得之貨，使民不爲盗；不<u>見</u>可欲，使心不亂。（第三章）

（2）民不畏威，則大威至。無狎其所居，無厭其所生。夫唯不厭，是以不厭。是以聖人自知不自<u>見</u>[②]；自愛不自貴。故去彼取此。（七十二章）

---

①匿名審稿人指出：“作者搜集了不少出土與傳世文獻的證據證明《老子》‘自是’‘不自是’當依帛書、北大漢簡本作‘自視’，讀爲‘自示’‘不自示’，但既然徐志鈞、蘇建洲等人已有此説，這並非本文的發明，作者只不過找了更多證據證明而已。文稿在表述方式上應把别人的發明與自己的工作適當區分。”此處修改是爲區分其他學者的發明與筆者的工作，感謝匿名審稿人的提醒。

②王弼（2008:179）注：“不自見其所知，以光耀行威也。”又河上公章句：“自知己之得失，不自顯見德美於外，藏之於内。”（王卡點校，1993:279）

（3）天之道，其猶張弓與？高者抑之，下者舉之；有餘者損之，不足者補之。天之道，損有餘而補不足。人之道，則不然，損不足以奉有餘。孰能有餘以奉天下，唯有道者。是以聖人爲而不恃，功成而不處，其不欲見賢①。（七十七章）

當“視”讀爲“示”，表以事或物示人、表示、顯示義時，與“見”語義相通，與“伐”“矜”文意相成，《老子》中“自視”即“示自”，“顯示、展示自己”，“自視者不彰”“不自視，故彰”則謂“顯示自己的人反而不得彰顯”“不顯示自我，反能彰顯”②。

“示”的显示、表示義本是“視”的引申義（裘錫圭，2016:227）。《詩經·小雅·鹿鳴》“視民不恌”，鄭箋：“視，古示字也。”“示”字屬脂部船母，“視”从“示”聲，兩字讀音相近。顯示、指示之{示}意爲使看、給看，使人視即爲{示}。“示”字在甲骨文中作（乙8670），象神主形，與“視”音近，爲分散“視”的視察義與指示義，假借“示”來表示指示義。《説文》：“示，天垂象見吉凶，所以示人也。”這是以假借義爲本義。

“視”的顯示義與比較義關係密切。在上文提到先秦兩漢中“自視”多釋爲“審視、顯示自己”，且多暗含將自己與他人比較的意味。如《莊子·逍遥遊》：“夫子立而天下治，而我猶尸之，吾自視缺然，請致天下。”此語出於堯，説許由

①王弼（2008:186）注：“是以聖人不欲示其賢以均天下。”又河上公章句：“不欲使人知己之賢，匿功不居榮，畏天損有餘也。”（王卡點校，1993:29）

②匿名審稿人指出：《老子》22、24章排比的“自見”“自是”“自伐”“自矜”，其中的“自伐”“自矜”其實是疊義强化：因爲單説“伐”與“矜”本來就是從“自身”角度説的，不存在在“自伐”“自矜”之外還有“他者”之“伐”與“矜”。但前面的“見”與“是”或作者認爲的“示”，就不是這樣。比如，“自是”如果按傳統理解爲“自以爲是”，它的反面就是“别人説我‘是’”，它要表達的意思是不能自吹自擂，而要别人認可才行，正反之間語義對比鮮明，在“自”之外明顯還有個“他者”的問題。如果理解爲“自示”，那它的反面是什麼呢？難道還有“他示”嗎？這恐怕也是讀爲“自示”的最大問題。

筆者按：“伐”與“矜”本就是自我誇耀、誇大之意，雖“視（示）”與“見（現）”本義没有包含自身，但義爲表現、展現自己，語義也是指向自身的，其强調的重點是反對人們過於注重、在意、表現自身的才能、優長與功勞，而並非强調需要得到他者認可才得以“彰”，才得以“明”，在“自”之外存在的“他者”其實文中第二節也有所提及。無論是“伐”“矜”還是“視”“見”，無論是誇耀還是展示，都需要有他者的參與，因爲只有自己一個人並不能完成誇耀、展示，只有當他者在場，才能將自己的能力、長處、功勞向他人炫耀和展示，而不是爲了求得他者的認同、看見和表揚。

在二次審稿時，匿名審稿人進一步指出：“‘自見’‘自視’意思相近，兩者與‘自伐’和‘自矜’意思也相近。所謂顯示、顯現就是表現。‘自視（示）’是自我顯示、顯現，即自誇。與他對立的，是‘他示’，即他人的誇耀。”感謝匿名審稿人的建議，此説亦可以作爲對上一位審稿專家的回應。

立爲天子，則天下必致太平，而自己猶爲物主，自認爲自己能力遠不足許由，故將帝位讓與賢人。其中“自視”暗含堯審視自己、將自己與許由相比較的含義，所以才會在比較之後説“闕然”。“視”本就有比較之義，《小爾雅·廣言》：“視，比也。”《禮記·檀弓下》：“公室視豐碑，三家視桓楹。”孔穎達疏：“凡言視者，不正相當，比擬之辭也。”而《老子》中的“自視”釋爲“顯示、展示自我”，“視”讀爲“示”，又使人看爲{示}，可見“視”字要實現顯示、展示義需要有他者的參與，將自己的能力、長處、功勞展示給别人，也暗含有比較的意味。

“視”讀爲“示”，在先秦兩漢出土文獻和傳世文獻中的用例很多，以下簡要列舉幾例：

（1）古（故）君民者，章好以視（示）民忩（俗），慬（謹）亞（惡）以渫（御）民淫<淫>，則民不賊（惑）。

（郭店簡《緇衣》簡6）

（2）視（示）之台（以）康樂，慝之台（以）兇（凶）巠（刑）。

（上博簡《用曰》簡1）

（3）争書（署），因恙（佯）瞋目扼捾（腕）以視（示）力，籲詢疾言以視（示）治，誈訏醜言麃斫以視（示）險，阬閬强肮（伉）以視（示）强，而上猶智之殹（也）。

（睡虎地秦簡《語書》簡11）

（4）魚不脱於潚（淵），邦利器不可以視（示）人。

（馬王堆帛書《老子》甲本簡36）

（5）用而視（示）之不用，近而視（示）之遠＝（遠，遠）而視（示）之近。

（銀雀山漢簡《孫子·計》簡6）

（6）公既定宅，伻來，來視（示）予卜休恆吉。

（《尚書·洛誥》）

（7）幼子常視（示）毋誑，童子不衣裘裳。

（《禮記·曲禮》）

（8）視（示）其更難（以）知其勇。

（《淮南子·氾論訓》）

今本《老子》此二句寫作“是”蓋爲音近而訛，後代“自是”一詞用作自以爲是、認爲正確的頻率增加，在傳抄時因“是”與“視”音近，且理解爲“自以爲是”文意亦可通，而誤作“自是”[①]。

三、結語

對讀《老子》出土本和傳世本，可以爲重讀《老子》提供參考。首先本文根據《老子》出土本的用字，以及《老子》中“是”和“視”字的使用情況，確定了此二句的正文應寫作“自視”。又《老子》此二句中“自視”與“自見”“自伐”“自矜”對文，皆爲主謂結構，通過考察文獻用例可以發現，“自是”用作主謂結構“自認爲正確”的情況很少，並非常用義。在出土文獻中也未能發現“自是、自是者”的用例。與之相較，在先秦兩漢文獻中“自視”的用法有“親自看、自己看”“審視、認爲自己”兩種，其中後者較爲多見。這兩種用法在語法結構上皆與《老子》此二句契合。這都爲進一步確定正文提供了證據。

在此基礎上我們可以進一步推斷“自視”應讀爲“自示”，釋爲“顯示、展示自己”。在音韻上，“視”通“是”雖具備音韻條件，但在文獻中一時找不到例證。又“視”無論是在傳世典籍還是在出土文獻中都未見“認爲正確”的用法。所以將“自視”讀爲“自以爲是”是不合適的。今本寫作“是”可能是後人據文意，且因“視”與“是”音近而誤改。將“自視”讀爲“自示”所憑借的主要證據有兩點：（1）“視”可通“示”，且在出土文獻和傳世文獻中都有許多用例；（2）在出土本《老子》中有其他的“視”可讀爲“示”。又“見”“視（示）”“伐”“矜”是同義、近義對文，皆爲表現、展現、誇耀、誇大義。無論是從音韻、文例、句法來講，讀爲“展示、顯示自己”顯然優於“自以爲是”。

綜上所述，今本《老子》二十二、二十四章“自是者不彰”原當作“自視者不彰”，讀爲“自示者不彰”。今本之“自是”蓋爲後人據文意和語音誤改。

---

①在二次審稿時，匿名審稿專家指出：文獻中不見“視”通“是”的用例，最多證明高明等人將出土《老子》中的“視”讀作“是”理據不足。但是，在文獻中有許多“是”通作“視”的例子，這就説明，今本的“自是”或許僅是通假，不是訛誤。不過，“自是”在先秦秦漢文獻中較少表“自以爲是”這個事實就成了反對今本寫作“自是”是訛誤的有力證據。

筆者按：由於我們能够確定此二句原文作“自視”，而如今缺少“視”通“是”的文例證明今本的“自是”通假。雖然文獻中有很多“是”通作“視”的例子，但這並不能作爲輔證，通假往往是單向的，如古代常借“麋”爲“眉”（《荀子・非相》：“伊尹之狀，面無須麋。”），“麋”字有眉毛這一假借義，但“眉”却不能借爲“麋”，並没有文例説明“眉”有能讀作“麋”，這樣的現象很常見，此處不一一列舉。所以“是”通“視”的文例只能説明“是”字有審視、展示這一假借義，却不能説明“視”字有“認爲正確”的假借義。所以我們仍然認爲今本寫作“自是”爲訛誤。感謝匿名審稿人的建議。

參考文獻:

北京大學出土文獻研究所　2012　《北京大學藏西漢竹書（貳）》，上海古籍出版社。
陳鼓應　2019　《老子今注今譯》，商務印書館。
陳偉等　2009　《楚地出土戰國簡册（十四種）》，經濟科學出版社。
崔仲平　2004　《老子道德經譯注》，黑龍江人民出版社。
范應元　2010　《老子道德經古本集注》，華東師範大學出版社。
高　亨　1998　《老子正詁》，中國書店。
高　明（主編）　1996　《帛書老子校注》，中華書局。
國家文物局古代文獻研究室　1980　《馬王堆漢墓帛書（壹）》，文物出版社。
《漢語大字典》編輯委員會　2010　《漢語大字典》，四川辭書出版社。
湖北省荆沙鐵路考古隊　1991　《包山楚簡》，文物出版社。
季旭昇　2014　《説文新證》，藝文印書館。
李　圃（主編）　2002　《古文字詁林》，上海教育出版社。
林義光（主編）　2012　《文源》，中西書局。
劉笑敢　2006　《老子古今：五種對勘與析評引論（上）》，中國社會科學出版社。
劉　釗　2005　《郭店楚簡校釋》，福建人民出版社。
羅竹風（主編）　1994　《漢語大詞典》，漢語大詞典出版社。
馬承源（主編）　2007　《上海博物館藏戰國楚竹書（六）》，上海古籍出版社。
彭　浩（主編）　2002　《郭店楚墓竹簡》，湖北美術出版社。
裘錫圭　2016　《文字學概要》，商務印書館。
睡虎地秦墓竹簡整理小組　1990　《睡虎地秦墓竹簡》，文物出版社。
湯漳平　王朝華（譯注）　2014　《老子》，中華書局。
唐作藩　2013　《上古音手册》，中華書局。
王　弼（注）　樓宇烈（校釋）　2008　《老子道德經校釋》，中華書局。
王　卡（點校）　1993　《老子道德經河上公章句》，中華書局。
徐志鈞　2013　《老子帛書校注》，鳳凰出版社。
張富海　2016　《據古文字論“氏”“視”等字的上古聲母》，《饒宗頤國學院院刊》第6期。
張松如　1987　《老子説解》，齊魯書社。

Proofreading of Zishizhe Buzhang 自視者不彰 in *Laozi* 老子

Yang Ying

Abstract: According to the unearthed and handed-down documents and ancient text characters, Zishi 自是 in Buzishi Guzhang 不自是故彰 (chapter 22) and in Zishizhe Buzhang 自視者不彰 (chapter 24) was supposed to be written as Zishi 自視 read as Zishi 自示, which means to present or show oneself. Besides, the character Shi 是 in the current version of *Laozi* 老子 was erroneously edited by later generations. Although from the aspect of the historical phonology, Shi 視, Shi 是, and Shi 示 satisfied the conditions of interchangeability, but there was no circumstantial evidence to prove that Shi 視 could be literately read as Shi 是. On the contrary, many unearthed and handed-down documents showed that Shi 視 was read as Shi 示 in pre-Qin and Han Dynasty. From the aspect of contextual meaning, the words Jian 見, Shi 視,示, Fa 伐, and Jin 矜 have similar or even the same meaning, when Shi 視 was read as Shi 示. They all mean to present, to show off, or to exaggerate in the text. However, in the case of Ziyiweishi 自以爲是, Shi 是 makes senses when it is in a single sentence, but it does not do if in a paragraph. Thus, Shi 是 reading as Zishizhe Buzhang 自視(示)者不彰 would be better.

Keywords: *Laozi*; Zishizhe Buzhang; Buzishi Guzhang;Proofreading; Corresponding words

（楊瑩　福建師範大學文學院　福州　35000）

厚積薄發承樸學 苦心孤詣結碩果

——讀王貴元教授新著《簡帛文獻字詞研究》*

張穎慧

摘　要：王貴元教授新著《簡帛文獻字詞研究》，是其在語言文字研究領域的第四部著作。該書在學術研究方面具有立足前沿、推陳出新、考釋方法科學恰切等特點，爲語言文字研究提供了新的成果和參考資料，也爲拓展新的研究範圍提供了可資借鑒的範例。

關鍵詞：《簡帛文獻字詞研究》；新材料與新方法；學術性與工具性

引言

中國人民大學王貴元教授治學嚴謹，二十幾年如一日，厚積薄發，其成果量不算多但質頗精。先生的學術研究方向主要集中在三個方面：以《説文解字》爲核心的傳統小學研究、簡帛文獻字詞研究和漢字理論研究。而第二方面的研究則是其時間跨度最長、成果數量最多的一個研究方向。這一方向的研究成果之一今又以一部力作的形式呈現出來——《簡帛文獻字詞研究》，該書於2020年3月由中國社會科學出版社出版。

全書分7章，内容頗爲豐富。第1章爲《疑難字詞考釋》，主要是對未釋和已釋而有争議、有疑問字詞的考釋；第2章爲《同實異字分析》，是對簡帛中所有研究對象同物同詞而用字不同現象的歸納分析；第3章爲《字詞釋讀考辨》，是對簡牘釋文的校訂和文中重點字詞的釋讀；第4章爲《名物量詞詮釋》，是對量詞及其搭配對象的總結分析；第5章爲《簡帛文獻用字研究》，是從漢字發展史的角度進行的漢字理論研究；第6章爲《“十二生肖”名稱新考》，是依據秦漢簡牘對“十二生肖”名稱及相關問題所做的再研究；第7章爲《漢代簡牘書信常用詞語研究》，是對秦漢簡牘中私人信件常用詞語及相關問題的研究（參看王貴元，2020：扉頁“内容簡介”）。

*本文承蒙匿名審稿專家提出大量實貴修改意見，對他們的辛勤勞動，謹致謝忱。文中疏誤，概由作者負責。

該書是一部高水平的簡帛學專著，也是一部出土文獻領域的名物訓詁書，同時也必將是有功於學界之佳作。本文就該書内容、研究方法、學術創新性等方面的特色略陳於下。

一、内容上立足學術前沿，突出重點

該書在内容上立足學術前沿，有的放矢，重點突出。

立足學術前沿。自20世紀以來，隨着古文獻新材料的大發現，相應研究隨之蓬勃發展。陳寅恪（2001:266）有言：

> 一時代之學術，必有其新材料與新問題。取用此材料，以研求問題，則爲此時代學術之新潮流。治學之士得預於此潮流者，謂之預流（借用佛教初果之名）。其未得預者，謂之未入流。

該段話雖針對敦煌學而發，但却切中一切學問之肯綮。簡帛學作爲隨新材料發現而興起的顯學和新學，乃文字考釋、文獻考證的前沿，是學者們關注的新領域和熱點，其重要性不言而喻。王先生不但“預流”，而且是很早就關注到簡帛文獻這一新興研究領域的學者之一，其1994年的博士論文《馬王堆出土帛書漢字構形系統研究》，就是先生簡帛文獻文字研究之濫觴。而今這部新著，以簡帛語言文字理論研究的前提和基礎——字詞爲關注重心，進行了集中考釋，並進而從漢字發展史的角度對簡帛文獻用字進行了理論探討。由是觀之，先生立足簡帛研究這一學術前沿領域二十餘年，今以一己之力攻堅破疑且結此碩果，誠非易事！

有的放矢，重點突出。在該書中，先生於簡帛文獻研究方向並不是把面鋪得很寬，而是核心明確，有的放矢，重點突出。其研究主要集中於簡帛語言學的字詞領域，包括字詞考釋，名物詞、量詞、簡牘書信用詞和簡帛用字理論研究。正是確立了研究重點，並堅持不懈地走下去，先生才能在繁忙的教學之餘，盯住簡帛字詞研究孜孜以求，取得如此不俗之成果。

二、考釋方法運用科學合理

該書在繼承前人研究方法的基礎上，借鑒現代其他學科的研究方法並進行科學而合理地綜合運用。王力先生（1990:50）曾談到：

> 戴震説：“學有三難：淹博難，識斷難，精審難。”拿今天的話

來説，淹博就是充分占有資料，識斷就是具有正確的觀點，精審就是掌握科學的方法。

所以，掌握和運用科學的方法是研究學問的重要方面之一，這也是該書的特色之一。該書運用的主要方法詳述如下。

（一）比較法

周祖謨（2000:62-63）在《談治學的方法》中高度評價了“比較法”：

比較是知識提高一步的必然方法，是引導我們深入思考的一個最好辦法……治學要善於參照各方面的材料加以比證，經過考釋，而後做出判斷。

王先生作爲周先生弟子，學術上深受其影響。該書嫻熟地運用了比較的方法，如“種、穜”條，二者有歷時替代關係已人所皆知，但替代的時間節點起於何時，傳世文獻却没有給出答案（參看王貴元，2020:130）：《説文》中不混；後期字書《玉篇》《廣韻》《集韻》等多可同義互换；段玉裁在《説文解字注》中認爲“隸書互易之”，但“隸書横跨戰國至三國魏晋”，時間節點“仍嫌籠統”。不過先生從出土簡帛文獻材料的比證中找到了答案（參看王貴元，2020:130-132）：“戰國末至秦代出土文獻中，‘穜’未有替代爲‘種’之例”，漢代簡牘中只有西漢後期的邗江胡場五號漢墓把“穜”寫作“種”，故“種”代“穜”始於西漢後期。再如“曲旃、緹紺胡、紺胡、曲繕”條中（參看王貴元，2020:130-132），《中國簡牘集成》有對“曲旃、緹紺胡”的注釋，但先生並未輕信該成説，而是在對比分析西北漢簡關於“曲旃”“緹紺胡”的所有用例後，發現了《中國簡牘集成》注釋上存在的問題。

（二）二重證據法乃至三重證據法

王國維（1994:2）首倡二重證據法：

吾輩生於今日，幸於紙上之材料外，更得地下之新材料。由此種材料，我輩固得據以補正紙上之材料，亦得證明古書之某部分全爲實録，即百家不雅馴之言，亦不無表示一面之事實。此二重證據法惟在今日始得爲之。

此即爲王國維所宣導的著名“二重證據法”。饒宗頤先生在此基礎上提出了三重證據法，即把有字的考古資料、傳世文獻和無字考古資料三者互求。先生書中對二重證據法和三重證據法皆有熟練運用。

王先生在書中不但嫻熟地運用了二重證據法，且能做到二者互求。由“地下之新材料”補正“紙上之材料”方面，如在對漢簡“木關”“關戾”的用例做了詳細考察後説（王貴元，2020:7）：

> 傳世文獻僅反映了在射箭這一詞義“彎”“關”可以通用。從漢簡我們知道，在彎曲意義上，“彎”“關”皆可通用，也就是“關”有彎曲義項。

當然，王先生亦不會因簡帛爲出土新材料而高看之，而是以傳世文獻再審視簡帛文獻，以務求嚴密，如在論證漢簡中“木關”之“關”可通“彎”時，引用了《左傳》《詩經》《集韻》《新序》等傳世經典證漢簡語料中“關”有“彎”義（參看王貴元，2020:5）。先生對傳統小學字書是諳熟的，特别是對《説文》用功極深，了解更透，行文處常常引《説文》以證簡帛字詞之義，而這有時甚至會起關鍵性作用，如（王貴元，2020:16）：

> 其實《説文·㫃部》：“旃，旗曲柄也。”已經指出“旃”是旗杆。

此引用所起之决斷作用應源於其對《説文》文例之熟悉（王貴元，2020:16）：

> 《説文》同一部首内列字往往以義相從，但“旃”並未和其他旗名排在一起，而其他旗名是排在一起的。

而《説文》的這一文例，恰恰是判斷的重要依據。

王先生除注重傳世文獻和出土文獻互證外，還時以考古實物來印證，以達有字的考古資料、傳世文獻和無字考古資料三者互求之目的。如簡帛文獻語料中之“安車、案車”條（參看王貴元，2020:51-53），傳世辭書及《禮記》孔穎達注疏皆釋爲“小車”，但從竹簡遣策記載看，當爲“駕六馬”或“馬四匹”，上“有蓋”，當非“小車”。清人俞正燮著作中對孔疏進行了有理有據的辨證，對此先生亦未多言，直接附上秦始皇陵出土的“安車”圖形一幅，圖中車型很大，車身分禦室和乘室，乘室左右前各有一車窗，内頗爲寬敞，如此，則“小車”釋義不攻自破。再如“甗、甑”條（參看王貴元，2020:53-54），辭書中均釋爲“‘甗’指上下整器，‘甑’指放食物的上器”，但從漢代簡牘中，“我們看到了不同，甚至是相反的情况”。接着分析了漢墓出土簡牘語料和漢代銅器銘文，並附上墓葬中出土的甗、甑等相應圖片，有理有據，形象直觀地印證了“‘甑’指上下成套器，而‘甗’僅指上器”這一確切觀點。

（三）以“窮盡”爲目的的統計方法

窮盡研究的優點是掌握材料非常全面，所得結論更爲準確可信。王先生在考釋簡帛字詞時，常常窮盡性統計所有用例，以保證結論的可靠性。如其指出“從出土文獻看，在漢代‘繩’與‘索’是有區别的。那麼，二者分别指什麼，區别在哪裏”之後（參看王貴元，2020：35-45），遂列出了簡帛中的所有用例，然後再進行歸納分類並做深入分析。再如在湖北隨縣曾侯乙墓竹簡、河南信陽長臺關竹簡等六批竹簡中，王先生發現（參看王貴元，2020：187-190）：

> 表示物量的詞句共885例，依組合關係的不同分四式……A式共677例，占76.5%……B式僅在曾侯乙簡、信陽簡、包山簡中出現，共56例，占物量表示詞句總數的6.3%……C式共33例，占物量表示詞句總數的3.7%……D式共119例，占物量表示詞句總數的13.4%。

此例中這些具體數據，是基於湖北隨縣曾侯乙墓竹簡、河南信陽長臺關竹簡等六批竹簡所有用例得出的。並且從上述諸例我們也可以看出，先生絶不是唯數字而數字，而是以這些窮盡性統計數據爲基礎，爲後面的觀點論證和規律解釋來服務的。

（四）嚴密的邏輯推理方法

在行文中，先生除運用以窮盡爲目的的統計數據外，還善於利用嚴密的語言、事實和公認的結論進行演繹，以進一步推出新的合理判斷。如“甗、甑”條（參看王貴元，2020：61），辭書、專著等皆釋“甗”爲上下兩層整套蒸煮器，“甑”爲上器——蒸器，但先生在閲讀漢代簡牘時却發現情况與之有很大不同，甚至相反。在梳理了迄今爲止發現的漢簡遣策中所有兩例“甑”和七例“甗”後，發現漢簡中“甑”均是指上下成套器，“甗”則僅指上器；再把出土文獻材料範圍擴大到漢代出土的其他文字材料後，結果亦然，而且出土材料的地域“涵蓋今湖南、湖北、山西、陝西、北京等地”，“並非是區域性、方言性稱謂”。先生進一步考察發現，在漢代《史記》《漢書》《淮南子》等傳世文獻中“甑”却皆指上器，爲什麼會這樣呢？先生考察了西周和春秋時期的銅器銘文例，其皆自名“甗”，爲整套器，無名“甑”者。再核對戰國傳世文獻《周禮》，知上器無底爲甗，上器有底爲甑，而甑因有帶孔的底，常和下器套合，故該名稱有向整套器名發展的基礎和趨向。然後先生遂總結物名演化階段如下：春秋以前：甗（整套）→戰國：甗（上器無底）、甑（上器有底）、釜＋甑（整套）→秦漢：甗（上器）、甑（整套）。最後，先生總結認爲，“《史記》《漢書》等漢代傳世文獻中的‘釜甑’一詞非漢代語言，乃是戰國語言的沿用”。至此，上述關於“甗、甑”釋義的矛盾便涣然冰釋（參看王貴元，2020:61-65）。顯然，經如此嚴密推理後得出的結論無疑是可靠的，也顯示出先生對邏輯推理方法運用得嫻熟。再如“大車”條，首先列《辭源》和《漢語大詞典》釋義：“古時指大夫所乘坐的牛車。”“古代乘用的牛車。”再指出：“從出土文獻看，其解釋存在重要誤差。”接着利用出土文獻詳細分析：從漢代所有含“大車”的出土簡牘遣策用例中，分析出“大車”與牛無關，與大夫用車無關；從含“大車”的睡虎地秦簡和西北漢簡用例中，分析得出“大車”多與牛相配，但其搭配量詞爲用於指載物的“兩”，而非指人的“乘”，故亦與乘不乘人無關。因此就會自然得出結論：“《辭源》《漢語大詞典》‘乘用的牛車’‘大夫所乘之車’等皆不是‘大車’的邏輯詞義”，“‘大車’的本來意義應是大型車，指車型寬大的車”（參看王貴元，2020:82-84）。此分析過程基於材料事實，加上嚴密的邏輯分析，直至結論水到渠成得出，整個分析過程步步爲營，天衣無縫。

此外還有歸納演繹法在考釋中的充分運用，該法已在上述諸方法中連帶言及，兹不贅述。

三、創新性與服務性

（一）勇於創新

創新是發展的動力，在語言學研究領域亦是如此。唯有在立足前人研究成果的基礎上，努力尋求新的材料，運用新的方法，提出新的見解，才能推動研究的進步，做出自己切實的貢獻。先生之書在運用研究方法和提出學術見解方面做出了新的嘗試。

方法上的新嘗試。《簡帛文獻字詞研究·序言》中有言（王貴元，2020：序），在“出土遣策和西北漢簡”的範圍内，採用了“對所有研究對象同物同詞而用字不同現象的歸納分析”方法，“因爲這些材料與書籍等不同，反映的是當時實際使用的字詞狀況，既與傳世文獻不同，也少有人做過全面總結”。

在簡帛同實異字研究方面，這種大規模、窮盡性的考察，確實没有人嘗試過。以窮盡爲目的的數據統計法前已述及，其具有涵蓋面廣、科學性强的特點，能够使結論更具説服力，例如“綜合漢簡全部用例”，得出結論“靳幹、靳幡爲一種旗，曲旃、緹紺胡爲另一種旗，自然不能把緹紺胡當作靳幡的下附部分”（參看王貴元，2020:16-17）。使用窮盡其用例的方法來論證，無疑具有很强的説服力，易爲人所信服。

著名物理學家李政道曾言，能正確地提出問題就是邁出了創新的第一步，而王先生不但在立足已有研究的基礎上提出自己的新見解，而且還對此給予充分合理的論證。如對“木關、關戾”的考釋，首先舉出孫機的説法“弩臂上用來加固弓的小短木”，並指出學界亦“皆依用孫説，無異議”，但先生却獨獨於無疑處有疑：

> （1）如果是弩的部件，一定是核心的、重要的部件，不然不會單獨言及。但起加固作用的短木顯然只是次要的附加性部件，專門提及不合邏輯；（2）依常理，“木關”之説意在提示關乃木制，但簡文未見“銅關”“鐵關”之語；（3）典籍對弩的部件有詳細説明，未見有名“關”及相應部件名稱者……

隨後結合出土文獻和傳世文獻兩種材料論證了“關”有“彎曲”義，頗有新見（王貴元，2020:4–7）。再如對“常韋、裳韋、尚韋”的考釋，先生首先列出已有五種説法，然後以簡帛辭例、常理和傳世文獻爲據提出自己的質疑，最後提出自己的看法：“‘常韋’當是綁腿。”（參看王貴元，2020:12）亦屬勇立新説之舉。

（二）注重學術成果的服務性

該書無疑是玉汝於成的學術著作，但先生常言，所出“學術成果”要多從服務讀者的角度考慮，要從有利於其他學者利用的視閾出發，也就是一定要注重學術的工具性，方便他人利用。本書在立足於探討學術問題的同時，還非常注重其工具性，極力爲服務讀者提供方便。主要的表現就是書後附有字詞索引，以拼音爲序，不但排列了所考釋的字詞，其後還注明了頁碼，便於讀者翻檢，且還列了文中簡帛語料例句中的字詞，甚至包括了在行文論證中引用的簡帛例句所用字詞，也都一一注以頁碼，至纖至悉，爲讀者考慮得甚爲周到，書的工具性、便捷性非常明顯。

四、結語

王先生爲學實事求是，注重積累，該書即是持續研究多年之成果，反映了他不“爲寫書而寫書”的治學態度，其“十年磨一劍”的學術精神值得敬佩。先生的語言文字知識爲社會、爲讀者服務的情懷在該書中也有很好地體現，體現了學術性與工具性、研究性與服務性的有機結合，值得我們細細品味。

該書在内容、研究方法、創新性等方面的諸多特色值得稱道，但個人以爲尚存兩處微瑕，略陳如下：

先生在論證“絝”即“脛衣”時（參看王貴元，2020:13），引用了許嘉璐言：“古代的褲子没有襠，只有兩個褲筒，套在腿上，上端有繩帶以系在腰間。”下又引《説文》：“絝，脛衣也。”《論語》皇侃疏：“膝上曰股，膝下曰脛。”遂作結語爲：“可見絝同綁腿一樣，都是用在小腿上的服飾。”但所引許嘉璐文僅言“腿上”，未區分“大腿”“小腿”，個人以爲此引並不能作爲支撐結論的確切引例。

上文已言，附録中的字詞索引是方便讀者的一大惠舉，但個人以爲美中不足的是應附一《凡例》，言明頁碼前的字詞所含類别，以免去讀者自我揣測之勞。

但瑕不掩瑜，且言瑕乃爲去瑕，以使該書臻於完美。

先生學術源於章黄學派，治學亦是先從傳統的文字訓詁入手，頗得乾嘉學風，行文不事繁縟，有話則長，無話則短，一條字詞考釋，長則數千言，短則寥寥幾十字，只求説清問題而已。如“唐、糖”條僅用50字就説明了馬王堆三號漢墓遣策“唐、糖”的同實異字關係，“唐”有“糖”義，“糖”爲後起專用字，且《漢語大詞典》失收“唐”之“糖”義（參看王貴元，2020:116）。此例雖惜墨如此，但表意已賅。

參考文獻：

陳寅恪　2001　《敦煌劫餘録序》，《金明館叢稿二編》，生活·讀書·新知三聯書店。

王貴元　2020　《簡帛文獻字詞研究》，中國社會科學出版社。

王國維　1994　《古史新證：王國維最後的講義》，清華大學出版社。

王　力　1990　《中國語言學的繼承和發展》，《王力文集》（第16卷），山東教育出版社。

周祖謨　2000　《周祖謨語言文字論集》，人民教育出版社。

Accumulation of Knowledge Bequeaths the Legacy of the Puxue of Chinese Language, and Painstaking Efforts Reach Fruition

——Review of Wang Guiyuan's New Book: *Research on the Characters and Words in the Bamboo and Silk Manuscripts*

Zhang Yinghui

Abstract: Professor Wang Guiyuan's new book, *Research on the Characters and Words in the Bamboo and Silk Manuscripts*, is his fourth book in the field of Chinese Philology. This book features the cutting edge of research, innovation, and scientific and proper methodologies of textology, etc., which provides new achievements and references and also expands the new scope of study as a paradigm to draw on.

Keywords: *Research on the Characters and Words in the Bamboo and Silk Manuscripts*; new materials and methodologies; academism and instrumentalism

（張穎慧　魯東大學國際教育學院　山東　264025）

《出土文獻綜合研究集刊》稿約

（2022年啓用）

《出土文獻綜合研究集刊》是由西南大學出土文獻綜合研究中心、漢語言文獻研究所主辦的學術刊物，旨在探賾索隱，推陳出新，宏揚原創，發表海内外有關出土文獻語言研究、文字研究、文獻研究等方面的學術論文和學術評論。本刊2012年开始籌辦，2014年正式創刊（半年刊），由巴蜀書社出版，現爲中文社會科學引文索引（CSSCI）收録集刊和人大複印資料來源刊物，並已收入中國知網和維普中文期刊服務平臺。

一、注意事項

（一）來稿若不屬本刊範疇，或經查證一稿多投，將直接作退稿處理。

（二）來稿字數以不超過3萬字爲宜，請按本刊规定格式用繁體字（一律使用新字形）排印，全文1.25倍行距。

（三）來稿若用到特殊字體，請用附件形式把相應的字體文件發送過來；若用到自造字、圖表或其他特殊形式，請做成圖像文件發送過來；將Word文件轉換成PDF文件時，請確認來稿内容（尤其是自造字和生僻字）可以在PDF文件中正確顯示。

（四）來稿引文務請核對原文，確保準確無誤。

（五）來稿請正確使用標點，注意兩個書名號（《》《》）、前後表達對等關係的引號（“”“”）之間不用頓號；單書名號用“〈〉”。

二、稿件格式

來稿請按16開（18.4cm×26cm）、每頁34（行）×36（字）排印。稿件内容請按如下順序撰寫：題目、作者、摘要、關鍵詞、正文、（徵引書目）、參考文獻、題目（英文）、作者（英文）、摘要（英文）、關鍵詞（英文）。作者簡介與聯繫方式請另附文檔。

（一）題目、作者、摘要、關鍵詞

來稿的中文題目限20字以内，摘要限300字以内，關鍵詞一般在3至6個。題目字體與字號爲宋體三號加粗（副標題宋體小三號），作者姓名爲仿宋體四號。“摘要”“關鍵詞”爲黑體小五號，摘要、關鍵詞的内容爲宋體小五號（左右縮進2個字符，並且首行縮進2個字符）。

題目、作者、摘要、關鍵詞的英文置於參考文獻後，字體爲Times New Roman。英文題目字號爲小四號加粗，其餘内容字號均爲11號。英文題目與關鍵詞請注意大小寫問題。

（二）題注

來稿若有所關涉的項目及需要向有關人員表示感謝等，應以“*”題注的形式標在稿件正文首頁下方，字體與字號爲宋體小五號，左側縮進2個字符，同時括注項目批準編號。

（三）正文

1. 正文文字請用宋體11號。

2. 正文中標題編排格式爲：一級小標題用“一”（居中、黑體四號）；二級小標題用“（一）”（左側縮進2個字符，宋體11號加粗）；三級小標題用“1. ……”（左側縮進2個字符，宋體11號）。

3. 正文中徵引的文獻例句用楷體11號（左右縮進2個字符，並且首行縮進2個字符），可於句後括注出處；例句如需排列，請採用（1）（2）（3）……的形式連續編號。例如：

（1）牧隻羌。（《甲骨文合集》39490/《合集》39490）

（2）韋橐，大、小十。（《敦煌漢簡》1147）

（3）躍躍毚兔，遇犬獲之。（《詩經・小雅・巧言》）

引文獨立成段時格式如下：

《風俗通義・過譽》有下面這樣的話：

孔子稱：“可寄百里之命，託六尺之孤，臨大節而不可奪。”相於之義，具於此矣。

4. 正文中涉及公元世紀、年代、年、月、日、時刻和計數等，均使用阿拉伯數字。

5. 正文中的圖片一定要清晰（不低於300dpi），達到出版標準；自造字或表外字一律採用圖片格式插入正文（不使用編碼方式造字），未經隸定的原形圖片字應儘量脱去底色。

6. 正文中圖片、表格如超過一個，請分别用“圖1”“圖2”……及“表1”“表2”……的形式標明序號。表格若跨頁，續表加排表頭，同時要標注“續表”二字。圖表内文字一律用宋體小五號，圖片名位於圖片下端並居中；表格名位於表格上端，齊表頭。

7. 正文中引述文獻標注順序爲：作者（編者）、發表年份、（頁碼），作者（編者）與發表年份中間加逗號，發表年份與頁碼中間加“:”號，外加圓括號。例如：（朱德熙，1986）；（裘錫圭，2013:32）。參看文獻格式爲：參看、作者（編者）、發表年份、（頁碼），作者（編者）與發表年份中間加逗號，發表年份與頁碼中間加“:”號，外加圓括號。例如：（參看裘錫圭，1992）；（參看李學勤，1995:78）。

如果引述或參看文獻不止一個，中間用分號隔開。例如：（參看朱德熙，1982；裘錫圭，2013:69）。正文中已出現作者姓名時，可在其後括注發表年份。例如：朱德熙（1986）指出；李學勤（1998:75）認爲；可參看裘錫圭（1992）。

8. 注釋

正文中的説明性注釋均採用當頁脚注（左側縮進2個字符，宋體小五號），每頁重新編號，注碼採用①②③……的形式。僅是參考或引述的文獻等内容一般不作爲注釋出現。

（四）参考文獻

排在正文後，空一行。“参考文獻”黑體小五號，頂格。所引文獻、書目等宋體小五號，另起一行，頂格，回行空7個字符。参考文獻格式爲：

1. 期刊、輯刊或論文集中的文章書寫順序爲：作者或編者（2人以上，中間空1個字符）、出版年份（前後各空1個字符）、文題（加書名號）、(編者名)、刊名或論文集名（加書名號）、(出版社)、期數、(頁碼)。例如：

喻遂生　2002　《甲骨文單個祭祀動詞句的轉换和衍生》,《語言研究》第2期。

裘錫圭　1983　《戰國璽印文字考釋三篇》,《古文字研究》(第10輯)，中華書局。

李學勤　2016　《清華簡的文獻特色與學術價值》，姚小鷗主編《清華簡與先秦經學文獻研究》，生活•讀書•新知三聯書店。

2. 學位論文書寫順序爲：作者（2人以上，中間空1個字符）、出版年份（前後各空1個字符）、文題（加書名號）、學位授予機構及學位論文類型。例如：

陳　劍　2001　《殷墟卜辭的分期分類對甲骨文字考釋的重要性》，北京大學博士學位論文。

3. 專著書寫順序爲：作者或編者（2人以上，中間空1個字符）、出版年份、書名（加書名號）、有關章節的編號、出版社。例如：

張顯成　2004　《簡帛文獻學通論》, 中華書局。

馬承源（主編）　2001　《上海博物館藏戰國楚竹書（一）》，上海古籍出版社。

太田辰夫　2003　《中國語歷史文法》(修訂譯本)，蔣紹愚、徐昌華譯，北京大學出版社。

4. 報紙上的文章書寫順序爲：作者（2人以上，中間空1個字符）、出版年份（前後各空1個字符）、文題（加書名號）、報紙名（加書名號）、日期。例如：

黄德寬　2017　《漢語史研究要避免落入新材料的陷阱》,《文匯報》2月3日。

5. 外文参考文獻等書寫順序同中文。文章、書名排斜體。例如：

鷹取祐司　2017　《肩水金関遺址出土の通行証》，鷹取祐司編《古代中世東アジアの関所と交通制度》，汲古書院。

William H. Baxter, Laurent Sagart　2014　*Old Chinese: A New Reconstruction*, New York: Oxford University Press.

6. 其他。

非正式出版的論著或非紙質媒體發表的論著，可以當頁脚注的形式注明。

同一作者（編者）如有數條文獻的，逐條分行排列，按文章发表年份顺序排列。作者（編者）在三人以上時，可在第一作者（編者）後加“等”字。

中文目録的編排順序以作者（編者）姓氏的音序排列；譯著按中文目録格式寫。外文目録一律排在中文目録後，順序先日文（文獻順序按作者姓氏中文讀音排序）後西文。

（五）作者簡介與聯繫方式

宋體五號。作者簡介包括：作者姓名、出生年月、籍貫、單位、職稱、學位、研究方向等。作者聯繫方式包括：通訊地址、郵政編碼、電子郵箱、聯繫電話等。

三、來稿處理

（一）本刊採用雙向匿名審稿制度。編輯部一般在收到來稿後三個月内將審稿結果通過電子郵件告知作者。若編輯部未能如期處理稿件，作者可在三個月後來信咨詢。若需撤稿，請及時告知編輯部。

（二）本刊不向作者收取版面費、審稿費等。稿件一經發表，本刊將贈送樣書兩册並支付薄酬。

四、聯繫方式

投稿網址：https://ctwj.cbpt.cnki.net（本刊已經開通知網"騰雲"期刊協同采編系統。作者投稿、查看審稿進度等均可通過此系統完成。來稿切勿投寄個人，以免延誤審稿進度）。

通訊地址：重慶市北碚區天生路2號西南大學漢語言文獻研究所《出土文獻綜合研究集刊》編輯部（400715）

電子郵箱：ctwxzhyj@163.com

聯繫電話：023-68252385

圖書在版編目（CIP）數據

出土文獻綜合研究集刊. 第十五輯/西南大學出土文獻綜合研究中心、西南大學漢語言文獻研究所主辦. —成都：巴蜀書社，2022. 5

ISBN 978-7-5531-1712-6

Ⅰ. ①出… Ⅱ. ①西…②西… Ⅲ. ①出土文物—文獻—研究—中國—叢刊 Ⅳ. ①K877. 04-55

中國版本圖書館CIP數據核字(2022)第068942號

出土文獻綜合研究集刊（第十五輯） 西南大學出土文獻綜合研究中心 西南大學漢語言文獻研究所 主辦

CHUTU WENXIAN ZONGHE YANJIU JIKAN

責任編輯	周昱岐
封面設計	冀帥吉
出版發行	巴蜀書社
	四川省成都市錦江區三色路238號新華之星A座36樓
	邮编：610023
	總編室電話：（028）86361843　發行科電話：（028）86361847
網　　址	www.bsbook.com
經　　銷	新華書店
印　　刷	成都蜀通印務有限責任公司
	電話：（028）64715762
版　　次	2022年5月第1版
印　　次	2022年5月第1次印刷
成品尺寸	260mmx185mm
印　　張	12.75
字　　數	250千
書　　號	ISBN 978-7-5531-1712-6
定　　價	75.00圓